WESTEND

PATRIK BAAB

RECHERCHIEREN

Ein Werkzeugkasten zur Kritik der herrschenden Meinung

WESTEND

Mehr über unsere Autoren und Bücher:
www.westendverlag.de

Die Deutsche Nationalbibliothek verzeichnet diese Publikation in der Deutschen Nationalbibliografie; detaillierte bibliografische Daten sind im Internet über http://dnb.d-nb.de abrufbar.

ISBN: 978-3-86489-324-7

Umschlaggestaltung: Buchgut, Berlin
Satz: Publikations Atelier, Dreieich
Lektorat: Emil Fadel
Druck und Bindung: CPI – Clausen & Bosse, Leck
Printed in Germany

Der kritische Weg ist allein noch offen.

Immanuel Kant: *Kritik der reinen Vernunft* (1781)

***

Die rastlose Selbstzerstörung der Aufklärung
zwingt das Denken dazu, sich auch die letzte Arglosigkeit
gegenüber den Gewohnheiten und Richtungen
des Zeitgeistes zu verbieten.

Max Horkheimer & Theodor W. Adorno: *Dialektik der Aufklärung* (1944)

Inhalt

1. **Recherchieren heißt aufklären** 9

2. **Der journalistische Werkzeugkasten** 24

2.1 Themen finden 24
2.2 Quellen erschließen 37
2.3 Quellen prüfen 49
2.4 Quellen schützen 64
2.5 Memos schreiben 85
2.6 Interessen analysieren 93
2.7 Hypothesen entwickeln 103
2.8 Recherchen planen 111
2.9 Fragen stellen 119
2.10 Recherchen dokumentieren 140
2.11 Geschichten erzählen 145
2.12 Fakten prüfen 158
2.13 Recherchen publizieren 170
2.14 Reaktionen auswerten 178

3. **Recherchieren in Zeiten der Gegenaufklärung** 188

Dank 228

Literatur 229

Namensregister 250

Sachregister 254

1. Recherchieren heißt aufklären

Dieses Buch ist den Gedanken der Aufklärung verpflichtet. Zu ihrem Kernbestand zählt die Einhegung politischer Macht. Kritik und Kontrolle derselben ist eine journalistische Kernaufgabe. Die Selbststilisierung als »Vierte Gewalt« macht dies auf Kongressen und in Sonntagsreden immer wieder deutlich – in der Praxis jedoch wird die Presse häufig zum Apologeten der Mächtigen und zum publizistischen Verteidiger des Status quo. Statt Macht- und Gewaltverhältnisse aufzuklären, vernebelt sie oft die Interessen von Machteliten und wird so zum Unterstützer der Gegenaufklärung. Dieses Buch will zeigen, wie Kritik und Kontrolle von Eliten wieder in den Mittelpunkt der Recherche rücken können. Es zeigt einen Werkzeugkasten mit Instrumenten der Aufklärung.

Die Überlegungen, machtpolitische Exzesse zu begrenzen, sind der Versuch, aus den historischen Erfahrungen mit Macht- und Gewaltverhältnissen Konsequenzen zu ziehen und sich auf Prinzipien zu einigen, durch die sich eine Einhegung politischer Macht erreichen lässt.

> »Aufklärung ist der Ausgang des Menschen aus seiner selbstverschuldeten Unmündigkeit. Unmündigkeit ist das Unvermögen, sich seines Verstandes ohne Leitung eines anderen zu bedienen. Selbstverschuldet ist die Unmündigkeit, wenn die Ursache derselben nicht am Mangel des Verstandes, sondern der Entschließung und des Mutes liegt, sich seiner ohne Leitung eines anderen zu bedienen.«[1]

Diese Begriffsbestimmung von Immanuel Kant aus dem Jahre 1784 findet sich in jeder Philosophiegeschichte. Nicht zitiert wird meist, wie der Text weitergeht. Kant setzt seine Hoffnung auf demokratische Öffentlichkeit:

> »Zu dieser Aufklärung aber wird nichts erfordert als Freiheit; und zwar die unschädlichste unter allem, was Freiheit nur heißen mag, nämlich die: von seiner Vernunft in allen Stücken öffentlichen Gebrauch zu machen.«

Auch wenn sich Kant in der Folge vor dem Gehorsam verneigt, so bleibt der Anspruch der Aufklärung auf öffentlichen Gebrauch der Vernunft und politische Freiheit bis heute gültig. Immer wieder wird das Kernproblem der Einhegung von Macht von den Aufklärern beschrieben. Ohne Anspruch auf Vollständigkeit zeigen dies drei Beispiele; zunächst Montesquieu 1748:

> »Freiheit ist das Recht, alles tun zu dürfen, was die Gesetze erlauben … Politische Freiheit findet sich nur, wo der Regierung Schranken gesetzt sind. Aber auch da, wo den Befugnissen der Regierung Grenzen gezogen sind, stellt sich die Freiheit nicht von selbst ein … Damit die Gewalt nicht missbraucht wird, müssen Maßnahmen getroffen werden, dass die eine Gewalt die andere im Zaum hält.«[2]

Um den erwähnten Gewaltmissbrauch zu verhindern, hat bereits John Locke ein Widerstandsrecht formuliert. Er geht davon aus, dass eine Regierung nur legitim ist, wenn sie die Zustimmung der Regierten besitzt und die Naturrechte Leben, Freiheit und Eigentum beschützt:

> »Jeder, der in Ausübung seines Amtes über die ihm gesetzlich eingeräumte Macht hinausgeht und von der Gewalt, über die er verfügt, dahingehend Gebrauch macht, den Untertanen etwas aufzuzwingen, was das Gesetz nicht gestattet, hört damit auf, Obrigkeit zu sein; und da er ohne Autorität handelt, darf ihm Widerstand geleistet werden …«[3]

Die Einleitung der amerikanischen Unabhängigkeitserklärung von 1776 baut direkt auf Locke auf. Historisch haben jedoch Machteliten nichts unversucht gelassen, die Überlegungen der Aufklärung umzuwandeln in eine Form der instrumentellen Vernunft, die sich wiederum zum Ausbau und zur Absicherung der Macht, zur Rechtfertigung bestehender Macht- und Gewaltverhältnisse und zur Beteuerung ihrer Alternativlosigkeit, nutzen ließ. Die Philosophie der Aufklärung formuliert den Anspruch des Bürgertums an sich selbst; in der Praxis bleibt davon oft wenig übrig.

Der kubanische Romancier Alejo Carpentier hat diesen Umschlag von Aufklärung in die Durchsetzung neuer Gewaltverhältnisse in seiner Erzählung »El Siglo de las Luces« (wörtlich »Das Jahrhundert der Aufklärung«) in eine Allegorie gekleidet. Der Roman beschreibt, wie in den Jahren ab 1790 die Segnungen der Aufklärung und der Französischen Revolution Guadeloupe und die anderen karibischen Inseln erreichen. Die Schiffe des Emissärs der französischen Revolutionsregierung, Victor Hugues, führen den Erlass zur Abschaffung der Sklaverei und zur Gleichberechtigung der Inselbewohner vor dem Gesetz ohne Ansehen von Rasse und Stand mit sich. Doch Hugues bringt noch mehr:

> »Dann durchmaß er mit festem Schritt das Oberdeck, trat auf die Guillotine zu und nahm die geteerte Umhüllung ab, dass das Blutgerüst zum ersten Mal im Licht der Sonne erstrahlte, mit nackter, scharf geschliffener Beilschneide. Im Glanz aller Insignien seiner Autorität, unbeweglich, zur Statue erstarrt, die rechte Hand an die Pfosten der Maschine gestützt, hatte sich Victor Hugues plötzlich in eine Allegorie verwandelt. Zusammen mit der Freiheit hielt die erste Guillotine ihren Einzug in der Neuen Welt.«[4]

Damit gemeint ist die Verwandlung von Aufklärung in ihr Gegenteil: Die Überlegungen zur Einhegung von Macht werden instrumentalisiert im Dienst neuer Herrschaftsverhältnisse. Dabei handelt es sich, so formulieren es Max Horkheimer und Theodor W. Adorno, um den Umschlag »von Aufklärung in Positivismus, den Mythos dessen, was der Fall ist«[5]. Distanz zum herrschenden Meinungsklima wird deshalb zur Voraussetzung von Erkenntnis:

> »Was die eisernen Faschisten heuchlerisch anpreisen und die anpassungsfähigen Experten der Humanität naiv durchsetzen: die rastlose Selbstzerstörung der Aufklärung zwingt das Denken dazu, sich auch die letzte Arglosigkeit gegenüber den Gewohnheiten und Richtungen des Zeitgeistes zu verbieten. Wenn die Öffentlichkeit einen Zustand erreicht hat, in dem unentrinnbar der Gedanke zur Ware und die Sprache zu deren Anpreisung

> wird, so muss der Versuch, solcher Depravation auf die Spur zu kommen, den geltenden sprachlichen und gedanklichen Anforderungen Gefolgschaft versagen, ehe deren welthistorische Konsequenzen ihn vollends vereiteln.«[6]

Da Freiheit in einer Gesellschaft unabdingbar an aufklärendes Denken geknüpft ist, wird sich auch dieses Buch vom Zeitgeist lösen. Die Frage nach der Einhegung von Macht steht nicht nur im Zentrum der Aufklärung; sie muss auch im Zentrum eines Journalismus stehen, der sich der Aufklärung verpflichtet fühlt. Dieser durchdringt die Ideologien der Machteliten und begreift Ideologiekritik als seine zentrale Aufgabe.

In der *Kritik der reinen Vernunft* formuliert Kant die Anforderungen an eine Untersuchung, die wissenschaftlichen Standards gerecht wird. Kritik wird dabei zu einem Schlüsselbegriff:

> »Was nun die Beobachter einer szientifischen Methode betrifft, so haben sie hier die Wahl, entweder dogmatisch oder skeptisch, in allen Fällen aber doch die Verbindlichkeit, systematisch zu verfahren ... Der kritische Weg ist allein noch offen.«[7]

In der neoliberalen Ära, erst recht in ihrem Übergang zum digitalen Kapitalismus, beanspruchen die Überlegungen der Aufklärung kontrafaktische Geltung. In der Folge wird versucht, ein solches systematisches Recherche-Verfahren vorzuschlagen. Ziel ist ein kritischer Weg in Distanz zur Macht. Nie waren Kritik und Kontrolle der Eliten so aktuell und wichtig wie in der Corona-Krise. Denn der Kampf gegen die Viren, warnt die Menschenrechtsanwältin Eda Seyhan, ist »die perfekte Ausrede für den Griff nach der Macht«[8].

Aufklären – das heißt in der Praxis: Recherchieren. Durch Recherche lassen sich Falschinformationen und Rechtfertigungslügen der Machteliten widerlegen. Recherchieren im engeren Sinne ist ein Verfahren zur Beschaffung von Informationen, die ohne diese Arbeit nicht preisgegeben und damit nicht bekannt würden. Investigatives Recherchieren bedeutet, Informationen gegen die Interessen und den Widerstand mächtiger gesellschaftlicher Kräfte zu beschaffen.

Recherchieren wird so zu einem oppositionellen Konzept. Dazu gehört auch die Realitätsprobe. Das bedeutet zu überprüfen, ob eine Aussage der Wirklichkeit entspricht. Eine Aussage, die nicht von den Fakten gedeckt ist, kann als Ideologie bezeichnet werden. Mit Ideologie ist damit nicht jedes beliebige in sich geschlossene Gedankengebäude gemeint, sondern vielmehr »falsches« Bewusstsein. Dennoch gewinnen Aussagen, die einer Realitätsprobe nicht standhalten, öffentliche Verbreitung. Wenn Aussagen, die von der Realität nicht gedeckt sind, dennoch verbreitet werden, stehen dahinter in der Regel Interessen. Es gilt also, über die Realitätsprobe hinauszugelangen und die Verbreiter einer Ideologie zu identifizieren, sie zu benennen und ihre Interessen transparent zu machen. Diesen Vorgang bezeichnet man als Ideologiekritik.

Ideologiekritik ist ein Handwerk. Man kann es erlernen. Die Methode der Ideologiekritik geht auf die Überlegungen der Aufklärung zurück. Ihren historischen Auftrag beschreibt Friedrich Schiller 1795 in *Über die Ästhetische Erziehung des Menschen,* in einer Reihe von Briefen so:

> »Der Geist der freien Untersuchung hat die Wahnbegriffe zerstreut, welche lange Zeit den Zugang zu der Wahrheit verwehrten, und den Grund unterwühlt, auf welchem Fanatismus und Betrug ihren Thron erbauten.«[9]

Karl Marx und Friedrich Engels schreiben in *Die deutsche Ideologie* von 1846:

> »Die Gedanken der herrschenden Klasse sind in jeder Epoche die herrschenden Gedanken, d.h. die Klasse, welche die herrschende materielle Macht der Gesellschaft ist, ist zugleich ihre herrschende geistige Macht«.[10]

Um eine Ideologie zu identifizieren, die Verbreiter zu benennen und ihre Interessen zu entlarven, gibt es Arbeitsschritte, die sich zu einem methodischen Instrumentarium zusammenfügen. Diese Instrumente bilden den Werkzeugkasten des Rechercheurs und um ebenjenen geht es auch in diesem Buch.

Die Öffentlichkeit ist ein umkämpfter Raum. Hier entscheidet sich, ob in einer parlamentarischen Demokratie eine Mehrheit für eine politische Richtungsentscheidung gewonnen werden kann. Der Austausch zwischen unterschiedlichen Partikularinteressen findet im öffentlichen Raum statt. »Indem er Beteiligten mit unterschiedlichen Interessen«, so der Kieler Kognitions-Psychologe Rainer Mausfeld,

> »eine Möglichkeit zur Konsensfindung gibt und sie verpflichtet, argumentative Anstrengungen zur Objektivierung ihrer subjektiven Interessen zu unternehmen, ist der öffentliche Debattenraum das Herzstück der Demokratie. Demokratie und Debattenraum hängen somit derart eng aneinander, dass die Intaktheit des öffentlichen Debattenraums überhaupt erst die Bedingung der Möglichkeit von Demokratie ist. Da die jeweils Mächtigen zwangsläufig ein Interesse daran hatten und haben, die für sie mit der Demokratie verbundenen Risiken zu minimieren, war und ist der öffentliche Debattenraum stets massiven Angriffen ausgesetzt.«[11]

In den vergangenen Jahrzehnten kam es, so Mausfeld weiter,

> »zu einer schleichenden aber äußerst tiefgreifenden Einschränkung des öffentlichen Debattenraums, die weitgehend durch die Medien hervorgebracht wurde. Sie war eine Folge der neoliberalen Ideologie, die zu einer massiven ideologischen Homogenisierung ökonomischer und politischer Eliten führte und damit einhergehend auch der Massenmedien ... Bei sämtlichen Themen, die vitale Interessen der ökonomischen und politischen Zentren der Macht berühren – sei es Syrien, Iran, Israel, Ukraine, Russland oder Venezuela – weisen die Auswahl von Fakten und ihre Einbettung in ein politischen Narrativ in den Konzernmedien praktisch keine erwähnenswerten Variationen auf.«[12]

Das politische Narrativ, von dem hier die Rede ist, macht eine Reihe von Vorgaben. Dazu gehören: Deutschland als freiheitlicher Rechtsstaat und Teil der westlichen Wertegemeinschaft; das Existenzrecht des Staates Israel und die Aussöhnung zwischen Juden und Deutschen; die Unterstützung der NATO und die Solidarität mit Amerika; die Verteidigung der marktwirtschaftlichen Ordnung; die Unterstützung der EU und mehr. Das Narrativ des Sparens und des Schuldenabbaus gehört in Teilen ebenfalls dazu. Wer dieser »Erzählung« nicht folgt, kann es als Journalist oder allgemein als Wortführer in der politischen Öffentlichkeit Deutschlands schwer haben. Der Hamburger Jura-Professor Reinhard Merkel sieht darin einen Rückfall hinter die Standards der Aufklärung:

> »Wenn die Macht der Gegenaufklärung so stark ist, dass die Äußerung der eigenen Meinung die Biografie gefährden kann, muss man die Möglichkeit der freien Meinungsäußerung erst einmal wiederherstellen.«[13]

Wer seine Gedanken in der Öffentlichkeit verbreiten und damit die Homogenisierung eines Narrativs durchsetzen kann, verfügt über Geld, Macht oder Produktionsmittel, die ihm Publizität sichern. Oft geben diese Personen vor, höheren politischen und moralischen Zielen zu dienen. Sie folgen in Wahrheit aber eigenen Interessen. Im Kern geht es darum, Geld und Macht zu mehren, ohne dass Dritte diese Ungleichheit beseitigen wollen. Marx und Engels schreiben in *Die heilige Familie* von 1845: »Die ›Idee‹ blamierte sich immer, soweit sie von dem ›Interesse‹ unterschieden war.«[14]

Es kommt also beim Recherchieren darauf an, hinter den wohlklingenden Ideen die wahren materiellen Interessen zu erkennen: »Follow the money.«[15] Wir konzentrieren uns darauf, welche Werkzeuge dabei helfen können.

Journalistische Handbücher gibt es reichlich, auch zum Thema Recherche. Die Arbeiten von Michael Haller[16] und Markus Kaiser[17] seien stellvertretend für viele genannt. Sie alle geben viele nützliche Tipps und manche Arbeitsmethode an die Hand. Deshalb konzentriere ich mich darauf, die einzelnen Arbeitsschritte des Recherchierens, also die Werkzeuge des journalistischen Handwerks, unter der Perspektive der Ideologiekritik und Interessenanalyse systematisch zusammenzustellen. Die Aufgabe erscheint aktueller denn je: Zwar sind Lügen in der Politik nichts Neues, doch gewinnen sie im Zeitalter der Fake News, der Filterblasen und der Resonanzräume besondere Bedeutung. In einer Zeit, in der Nationalismus und Rechtsextremismus auf dem Vormarsch sind, in der seit vierzig Jahren die neoliberale Ideologie mit ihrem Gerede von der Alternativlosigkeit des Sparens, der Zwangsläufigkeit der Märkte und der »marktkonformen Demokratie« die Gehirne vergiftet haben, sind die Methoden der Wahrheitssuche und der Ideologiekritik aber in besonderer Weise aktuell.

Recherchieren ist keine Kunst. Es ist vielmehr ein Handwerk. Dieses Buch soll dafür die Werkzeuge liefern, die helfen, den Dingen auf den Grund zu gehen und Informationen zu bekommen, die andere vorenthalten wollen. Dieser Werkzeugkasten enthält, in der Reihenfolge der Verwendung: den Recherche-Impuls als Auslöser der Arbeit; die Suche nach Quellen und Informanten; das Memo als Gedächtnisstütze und Teil der Dokumentation; die Quellenmatrix (also den Versuch, Ordnung in die Quellen zu bringen); die Interessenanalyse (das Nachdenken über die Interessen der Akteure hinter den Kulissen); die Bildung einer Hypothese, die das Thema in der Tiefe erfasst; den Recherche-Plan, der die anstehenden Aufgaben beschreibt; die systematische Befragung zur Informationsbeschaffung (den Befragungsplan); das Interview als Recherche-Werkzeug und als Darstellungsform; das Recherche-Protokoll, in dem die recherchierten Fakten und Positionen zusammengetragen werden; die Vor-Ort-Recherche; das »Bauen« einer verständlichen, logischen und spannenden Geschichte (also das, was auf Englisch »Storytelling« genannt wird); die Überprüfung der präsentierten Informationen (der Fakten-Check); die Auswertung der Publikums-Reaktionen (also die Impulse von Kollegen, Lesern, Zuschauern und Hörern und damit das Sammeln weiterer Recherche-Impulse).

Quellen benötigen wir, um an Informationen zu gelangen. Eine Zeitung ist eigentlich keine Quelle, sondern eine **Darstellung**, die es kritisch zu überprüfen gilt. Denn sonst schreibt einer vom anderen ab. Sie ist daher vielmehr ein **Recherche-Impuls.** Entscheidend ist nämlich nicht nur, was in der Zeitung steht, sondern auch, was dort nicht steht. Dies erfahren wir von mündlichen und schriftlichen Quellen. Sie fallen uns nicht zu. Wir müssen sie suchen. Zu der Arbeit mit Quellen gehört der **Quellenschutz**. Davon wird meist nur geredet. Wer Redaktionen kennt, der weiß: In der Praxis wird der Quellenschutz oft vernachlässigt. Allerdings kommt ihm in Zeiten der digitalen Speicher und Datenspuren besondere Bedeutung zu, denn zu den bisherigen Themenfeldern »Schweigen über Quellen« und »Sicherung von Zugängen« kommen nun digitale Speicher- und Verschlüsselungstechniken, die ein Ausforschen von Quellen und ein Mitlesen von Informationen verhindern müssen.

Ein **Memo** ist wichtig, damit wir interessante Details nicht vergessen und dieselbe Person nicht zweimal befragen müssen. Durch die **Gesprächsnotiz** werden die recherchierten Informationen intersubjektiv überprüfbar. Das Memo zwingt auch zur Disziplin. Wir müssen genau zuhören. Wenn zwei voneinander unabhängige Quellen deckungsgleiche Hinweise geben, dann gilt die Information als belegt und wir können uns vorerst darauf stützen. Das nennt man das **Zwei-Quellen-Prinzip.**

Eine **Quellenmatrix** zeigt uns, in welchem Verhältnis sich Quellen zueinander bewegen, und auch, aus welcher Perspektive unsere Quellen auf das betreffende Thema blicken. Sie hilft uns, Quellen besser einzuschätzen, widerstrebende Positionen zu erkennen und die Gegenseite in die Recherche einzubinden: »**Audiatur et altera pars.**« Das ist Latein und heißt übersetzt »Auch die andere Seite werde gehört«. Die Integration der Gegenseite in die Überlegungen ist ein zwingendes Arbeitsprinzip bei jeder Recherche. Wer darauf verzichtet, produziert selbst interessengeleitete Zweckpropaganda. Damit wird die Quellenmatrix zur Grundlage der **Interessenanalyse**. In der Politik geht es um die Durchsetzung von Interessen – wie im Privatleben oft auch. Nur wenn wir analysieren, welche Interessen die Spieler auf dem Spielfeld haben, können wir herausfinden, welche Tendenz, welchen »Spin«, unsere Quellen ihren Informationen geben und welche Informations-Teile sie weglassen. Außerdem können wir so herausfinden, wer das größte Interesse daran hat, mit uns zu reden. Dies sind meist jene Personen oder Gruppen, die nicht den Nutzen haben, sondern den Schaden.

Eine **Hypothese** bilden – das bedeutet, probeweise einmal festzuhalten, was überhaupt passiert sein könnte. Dazu legen wir uns fest – auf einen oder mehrere **Verursacher,** auf **Opfer,** auf **Ursachen,** auf **Folgen.** Die Kernfrage ist: Wer fügt wem Schaden zu? Die zweite Frage: Wie macht er das? Die dritte: Wie kann der Schaden wieder behoben werden? Eine Hypothese hilft uns, in die Tiefe statt in die Breite zu recherchieren. Wir müssen nicht jedes Detail wissen, sondern vor allem jene Fakten, die für die Klärung unseres Anliegens erforderlich erscheinen. In der weiteren Recherche kann sich eine Hypothese als falsch herausstellen. Dann wird sie verworfen – zugunsten einer neuen.

Der **Recherche-Plan** hält fest, was wir schon wissen – und was wir alles noch herausfinden müssen. Deshalb notieren wir darin auch schriftliche und mündliche Quellen, genauso wie die Kernfragen – und wir überlegen, wo wir Antworten finden. Bei komplexen Projekten enthält der Recherche-Plan eine lange Liste mit Hausaufgaben. Daher ist die Verwendung einer **Zeitleiste (Timeline)** oder **Chronik** sinnvoll, in der wir festhalten, was wann geschehen ist. Weil sich Angaben im Fortgang der Recherche als falsch herausstellen können, notieren wir in unserer Tabelle auch, woher wir die jeweilige Information haben, fügen also Quellenangaben ein. Widersprüchliche Angaben sensibilisieren uns für Probleme bei der Darstellung des Geschehens. Damit machen wir unsere Zeitleiste überprüfbar, ohne lange suchen zu müssen. Die Timeline wird so korrigierbar. Sie ist das Rückgrat einer späteren Rekonstruktion des Geschehens.

Teil des Recherche-Plans ist auch der Befragungsplan. Darin finden sich alle Fragen, die wir an das Thema stellen, und alle Personen, die darauf Antwort geben können. Hier notieren wir auch, in welcher Reihenfolge wir die Quellen befragen. Für die verschiedenen Quellen erarbeiten wir besondere Fragelisten. Wir konkretisieren und ergänzen also den **Befragungsplan** mit Blick auf die jeweiligen Informanten.

Die Informationen, die wir auf diese Weise erhalten, übertragen wir aus den Memos und den sonstigen Belegen in den Recherche-

Plan. So wird dieser allmählich zu einem **Recherche-Protokoll**. Dort finden wir alle Informationen, die wir später verwenden – mit Quellenangabe. Die im Recherche-Protokoll zusammengetragenen Fakten und Stimmen sind die Basis der späteren Darstellung in einem Narrativ – einem Film, einer Reportage, einem Artikel, einem Diskussionsbeitrag.

Auf die **Vor-Ort-Recherche** bereiten wir uns gut vor. Denn nun geht es darum, die Dinge in Augenschein zu nehmen, sich einen persönlichen Eindruck von Personen und Schauplätzen zu verschaffen. Wir ziehen dazu Informationen über den Handlungsraum heran. Diese Vorbereitungen sind wichtig, um vor Ort keine Fehler zu machen. Niemand würde beispielsweise ohne Gummistiefel in einem Sumpfgebiet recherchieren oder in einem Londoner Honoratiorenclub ohne Anzug. Wir brauchen dazu auch einen Terminplan, welcher Verabredungen, Fahrstrecken, Pausen und Übernachtungen enthält. Bei einer Fernseh-Produktion wird dies in den Drehplan integriert. Weil dabei auch Reportage-Elemente, Fotos, Filmaufnahmen und weiteres Basismaterial gesammelt werden, kann man auch für alle anderen Medien von einem »**Produktionsplan**« sprechen.

Wie eine Geschichte gebaut wird – das ist eine Kunst für sich. Das sogenannte **Storytelling** ist genauso wichtig wie die Recherche selbst, denn eine Information ist nicht viel wert, wenn sie ihren Adressaten nicht erreicht. Storytelling ist im Radio etwas anderes als im Fernsehen, in der Zeitung etwas anderes als in Online-Medien. Deshalb lohnt es sich, über das Medium der Informationsvermittlung und über die jeweilige Zielgruppe nachzudenken. Gerade für die adressierte Zielgruppe muss die Information verständlich sein. Verständlichkeit ist im Kreis von Laien etwas anderes als unter Experten. Das Ergebnis muss auch spannend berichtet werden, damit ihr der Empfänger seine Aufmerksamkeit schenkt.

Fehler passieren oft dort, wo man sich sicher ist, dass man etwas ganz genau weiß. Umso wichtiger ist es, nach dem Schreiben (auch

Fernseh- und Hörfunk-Geschichten werden meist geschrieben) noch einmal alle präsentierten Informationen zu überprüfen. Woher weiß ich das? Ist die Quelle durch weitere Quellen belegt? Kann ich mich auf diese Quellen verlassen? Welche Interessen hat die Quelle? Gehe ich einem Informanten auf den Leim? Diese Fragen helfen, Informationen zu überprüfen und die Fakten zu sichern. Neudeutsch ist dies der **»Fakten-Check«.**

Nach der Recherche ist vor der Recherche. Deshalb ist es wichtig, die bisherige Arbeit auszuwerten, entlang der Fragen »Was lief gut?« und »Was lief schlecht?«. Nur so lässt sich aus Fehlern lernen. Wichtig ist auch, die **Reaktionen** auf unsere Veröffentlichung genau zu betrachten: Häufig melden sich Informanten, die wir brauchen, denn sie liefern Hinweise für weitere Recherchen oder zwingende Korrekturen.

Wenn Recherchieren bedeutet, etwas gegen Widerstände herauszufinden – dann lohnt es sich auch, einen Blick auf das Recherche-Umfeld zu werfen. Der Strukturwandel der bürgerlichen Öffentlichkeit grenzt den Wendekreis des Rechercheurs ein. Wie Karl Marx es in *Der achtzehnte Brumaire des Louis Bonaparte* ausdrückt:

> »Die Menschen machen ihre eigene Geschichte, aber sie machen sie nicht aus freien Stücken, nicht unter selbstgewählten, sondern unter unmittelbar vorgefundenen, gegebenen und überlieferten Umständen. Die Tradition aller toten Geschlechter lastet wie ein Alp auf dem Gehirne der Lebenden.«[18]

Deshalb ist es wichtig, individuelle, redaktionelle, medienstrukturelle und sozioökonomische **Recherche-Barrieren** im Blick zu behalten. Zusammengenommen bilden diese vier Punkte ein Ensemble von einschränkenden Rahmenbedingungen, die der Recherche enge Grenzen setzen und dem Mythos des Journalisten als Kämpfer für Freiheit und Gerechtigkeit eine nüchterne Beschreibung der Realität entgegenstellen.

Ein Werkzeugkasten dient dazu, Werkzeuge herauszunehmen und zu verwenden. Für sich genommen ist ein Hammer wertlos. Jemand muss ihn in die Hand nehmen und benutzen. Dieser Nutzer kann mit dem Hammer einen Nagel in die Wand hauen – oder jemandem den Schädel einschlagen. Der Hammer erfüllt seinen Zweck durch das Gestaltungsinteresse seines Benutzers.

Die Werkzeuge, die der Leser hier findet, sind nur so gut wie der Handwerker, der sie benutzt. Zu einem Handwerk gehört Übung. Übung macht Mühe. Ein guter Handwerker hütet sich auch davor, jedes Problem zu einem Nagel zu machen, weil er vielleicht nur einen Hammer im Werkzeugkasten hat. Die Werkzeuge müssen zur Aufgabe passen und bei der Lösung eines Problems nützlich sein. Sie dürfen die Aufgabe nicht umformulieren. Die hier vorgestellten Werkzeuge anzuwenden wird also ohne Anstrengung nicht möglich sein. Die Leserinnen und Leser sind aufgefordert, die Werkzeuge in diesem Buch anzufassen und sie zu benutzen. Dabei ist es ratsam, nur jene Werkzeuge zu verwenden, die bei der Lösung eines Problems nützlich erscheinen.

Diese Publikation wendet sich nicht nur an Journalistinnen und Journalisten, Blogger und Internet-Aktivisten, sondern auch an Menschen, die politischen Lügen nicht auf den Leim gehen wollen. Zur Zielgruppe gehören alle, welche die Transformation der Öffentlichkeit von einem demokratischen Debattenraum zu einem Raum zur Veröffentlichung von Herrschaft nicht hinnehmen wollen.[19] Inhaltlich basiert das Buch auf den Arbeitspapieren, die ich für meine Studierenden an der Christian-Albrechts-Universität zu Kiel und der Hochschule für Medien, Kommunikation und Wirtschaft in Berlin entwickelt habe. Ihnen ist dieses Buch auch gewidmet.

Recherchieren ist das Einfache, das schwer zu machen ist. Wie Luuk Sengers und Mark Lee Hunter halte ich daran fest: Es ist nicht die Aufgabe von Journalisten, für ein Gleichgewicht bei ihren Recherchen zu sorgen, solange im Machtgefüge der Welt kein Gleichgewicht herrscht.[20] Ich bin auf den Widerstand gefasst, dem die »Kritik der herrschenden Meinung« sich aussetzt. Aber ich biete jenen die Stirn, die mit Ablenkungsmanövern und Symbolpolitik von der sozialen Frage ablenken wollen: dem Hauptwiderspruch zwischen Kapital und Arbeit. Aufklärung muss wieder zu einem Kampfbegriff werden – und Recherche zu einer Waffe.

Dieses Buch beschränkt sich auf den Instrumentenkasten des Recherchierens – und legt nur die wichtigsten Werkzeuge hinein. Manches musste entfallen, zum Beispiel Überlegungen zu einem Produktionsplan zur Gestaltung von Recherche-Ergebnissen. Auch weiterführende Überlegungen zur öffentlichen Meinung, zum Recherche-Recht, zur journalistischen Ethik und zu persönlichen und politischen Recherche-Barrieren bleiben einer späteren Publikation vorbehalten.

In der sprachlichen Gestaltung orientiert sich der Autor an den Richtlinien des Rats für deutsche Rechtschreibung. Dieser ist die maßgebende Instanz für Fragen der Rechtschreibung, denn er koordiniert das Regelwerk zwischen sieben deutschsprachigen Ländern und Regionen.[21]

Der Autor hält am Anspruch der Aufklärung auf ungeteilte Emanzipation des Menschengeschlechts fest – und wendet diesen Anspruch auch an auf den sozialen Träger der Aufklärung: das Bürgertum.

Anmerkungen

1 Kant, 1999, S. 20.

2 »La liberté est le droit de faire tout ce que les lois permettent ... La liberté politique ne se trouve que dans les gouvernements modérés. Mais elle n'est pas toujours dans les Ètats modérés ... Pour qu'on ne puisse abuser du pouvoir, il faut que, par la disposition des choses, le pouvoir arrete de limites.« Montesquieu 1979, S. 292 f.

3 »Whosoever in authority exceeds the power given him by the law, and makes use of the force he has under his command to compass that upon the subject which the law allows not, ceases in that to be a magistrate, and acting without authority may be opposed ...« Locke 1823, S. 193.

4 »Luego cruzó el combés con paso firme, y, acercándose a la guillotina, hizo volar la funda alquitranada que la cubría, haciéndola aparecer, por primera vez, desnuda y bien filosa la cuchilla, a la luz del sol. Luciendo todos los distintivos de su Autoridad, inmóvil, pétreo, con la mano derecha apoyada en los montantes de la Máquina, Víctor Hugues se habia transformado, repentinamente, en una Alegoría. Con la Libertad, llegaba la primera guillotina al Nuevo Mundo.« Carpentier 1962, S. 114.

5 Horkheimer 1982, S. 9.

6 Ebd., S. 1.

7 Kant 1974, S. 711 f.

8 Seyhan 2020.

9 Schiller 2005.

10 Marx & Engels 1978, S. 46.
11 Mausfeld 2018, S. 192 f.
12 Ebd., S. 191 f.
13 Zit. n. Krischke 2020, S. N4.
14 Marx & Engels 1980, S. 85.
15 Vgl. Radu 2008.
16 Vgl. Haller 2017.
17 Vgl. Kaiser 2015.
18 Marx 1982, S. 115.
19 Vgl. Agnoli & Brückner 1978, S. 66.
20 Vgl. Sengers & Hunter 2019, S. 20.
21 Vgl. Rat für deutsche Rechtschreibung: www.rechtschreibrat.com/regeln-und-woerterverzeichnis/.

2. Der journalistische Werkzeugkasten

2.1 Themen finden

In Berlin geht Anfang der Zwanzigerjahre ein Mann spazieren, vom Hintereingang des Zoologischen Gartens Richtung Tiergarten. Eine idyllische Gegend, so bemerkt er. Am Landwehrkanal kommt er zur Liechtensteinbrücke. Er sieht über der Brüstung der kleinen Brücke einen Rettungsring hängen. Ein Seil ermöglicht es, den Rettungsring in den Landwehrkanal zu schleudern. An dem Kandelaber, der den Ring hält, hängt eine Papptafel mit illustrierten Anweisungen zur Wiederbelebung Ertrinkender. Daneben ist ein Schild befestigt mit dem Hinweis, dass sich die nächste Rettungsstelle in der Budapester Straße 9 befinde. Dazu die Schrift: »Ein Menschenleben kann nicht hoch genug bewertet werden.« Er wundert sich: Für wen ist der Rettungsring eigentlich? Ertrinkenden fehlt die Kraft, Selbstmörder lassen sich nicht helfen. Der Spaziergänger überlegt weiter:

> »Von dem Rettungsgürtel in Wurfweite entfernt ist die Stelle, wo uniformierte Männer einen Frauenkörper ins Wasser warfen. Irgendwelche Bürger von der Einwohnerwehr hatten sich Rosa Luxemburgs in dem Haus bemächtigt, in dem sie wohnte, und aus irgendwelchen Gründen gerade ins Eden-Hotel gebracht, wo der Stab der Gardekavallerie-Schützendivision hauste, forsche Herren, monokelnd und näselnd, die nun kurzerhand übereinkamen, die ›Galizierin‹ um die Ecke zu bringen … Das Haus muss rein bleiben, und erst in der Sekunde, da Rosa Luxemburg, vom herbeigeholten Mordkommando begleitet, den Fuß aus dem Hotelportal setzte, zertrümmerten die Helden mit Gewehrkolben von hinten ihr Schädeldach und legten sie ins Auto. Herr Leutnant Vogel fuhr mit, er saß verkehrt neben dem Führersitz, presste seines Revolvers Mündung auf die Stirn der halb-

toten Rosa Luxemburg und drückte ab. Der Schuss ging nicht los, die Waffe war nicht entsichert; nun, so entsicherte er sie eben, presste von neuem seines Revolvers Mündung auf die Stirn der halbtoten Rosa Luxemburg und drückte von neuem ab … Dann wurde Rosa Luxemburg ins Wasser geworfen. Da der Körper, tot oder halbtot, auf der Oberfläche schwamm, soll er (gewiss weiß man es nicht; denn die des Meuchelmordes angeklagte Garde-Division stellte selbst den Gerichtshof) wieder herausgefischt worden sein, mit Draht umwickelt und mit Steinen beschwert. Woher nahm man so eilig den Draht? Wahrscheinlich vom Rettungsgürtel … Auf der anderen Seite beginnt der Neue See; dort haben zwölf Minuten früher die Kameraden des Leutnants Vogel den Kameraden von Rosa Luxemburg um die Ecke gebracht … An der ersten Stelle, die dunkel war, ein Seitenweg zweigte ab, zerrte man den beim Ausgang des Eden-Hotels gleichfalls halb erschlagenen Karl Liebknecht aus dem Auto und forderte ihn auf, zu Fuß zu gehen … Kapitänleutnant Horst von Pflugk-Hartung feuerte von hinten den ersten Schuss ab, Signal zu dem Bombardement auf Liebknecht. Als dieser tot zusammenbrach, todsicher tot, konnte er auf die Unfallstation gebracht werden, deren Adresse neben dem Rettungsgürtel an der kleinen Brücke angegeben ist … Obwohl die Gardekavallerie-Schützendivision aus dem Eden-Hotel das Divisionsgericht stellte, also keinem der Herren Mörder etwas passieren konnte, muss anerkannt werden: Alle verleugneten tapfer ihre Mannespflicht, drückten sich, verlangten keinerlei öffentliche Anerkennung von ihrem Chef Noske und ihrem Oberchef Ebert dafür, dass sie, sieben Mann, Liebknecht überwältigt hatten, und verzichteten auf Orden und Ehren, damit im Interesse von Staat und Gesellschaft die Wahrheit über seinen Tod verschwiegen werde. Ein Menschenleben kann nicht hoch genug bewertet werden. Das alles fällt einem so ein, wenn man auf dem idyllischen Brücklein steht, an dem fürsorglich ein Rettungsgürtel hängt.«[1]

Der Spaziergänger war der Journalist Egon Erwin Kisch. 1924 wollte er den Text in das Buch *Der rasende Reporter* aufnehmen, das ihn berühmt machte. Aber die Reportage über den Mord an Rosa Luxemburg und Karl Liebknecht durch Freikorps-Soldaten und mit Duldung der SPD-Führung musste er auf Drängen des Verlegers aus dem Band herauslassen. Sie konnte erst vier Jahre später in *Die Weltbühne* erscheinen.[2]

Die Reportage zeigt exemplarisch, wie Egon Erwin Kisch Themen findet: Er arbeitet nicht nur am Schreibtisch, sondern vor Ort. Dort nimmt er die Dinge in Augenschein. Er macht Augen und Ohren auf und schaut genau hin. Er lässt sich vom schönen Schein der Idylle nicht blenden, sondern ordnet das, was er sieht, in das historische Geschehen ein. So stellt er das Augenfällige in einen politischen Zusammenhang und erläutert zugleich sein Recherche-Ergebnis. Kisch hält sich streng an die Fakten. Gerade dadurch gewinnt der Text seine politische Brisanz.

Die Geschichte zeigt auch, was aus publizistischer Sicht ein Thema ist: ein abzuhandelnder Diskussionsgegenstand, der von jemandem gesetzt wird, der die Macht dazu hat. Wer nicht die Mittel hat zu publizieren, kann ein Thema zwar finden, er kann es aber nicht präsentieren, denn beide Aspekte gehören dazu. Der Publizist Walter Lippmann schreibt 1922 in seinem Buch *Public Opinion*:

> »Jede Zeitung ist im Augenblick, wo sie den Leser erreicht, das Endergebnis einer ganzen Reihe von Auswahlvorgängen, die bestimmen, welche Artikel an welcher Stelle mit wieviel Raum und unter welchem Akzent erscheinen sollen. Dafür gibt es keine objektiven Regeln. Es gibt aber Konventionen … Je leidenschaftlicher der Leser gepackt wird, umso mehr wird er dazu neigen, nicht nur eine abweichende Ansicht, sondern bereits eine unangenehme Kurznachricht zu verübeln. Hierin liegt der Grund, warum manche Zeitung, die in ehrlicher Weise die Gefolgschaft ihrer Leser erworben hat, nicht einfach ihre Stellungnahme ändern zu können glaubt, selbst wenn es die Tatsachen nach Auffassung des Redakteurs rechtfertigen. Wenn ein Positionswechsel notwendig ist, muss man den Übergang mit äußerstem Geschick und Fingerspitzengefühl bewerkstelligen. Gewöhnlich wird eine Zeitung ein so riskantes Spiel nicht wagen. Es ist einfacher und sicherer, die Nachrichten über den betreffenden Gegenstand auslaufen und verschwinden zu lassen. Man lässt das Feuer verlöschen, indem man ihm keine Nahrung mehr gibt.«[3]

Diese Funktion der Medien, Themen auszuwählen und Themen zu setzen, wird in der Forschung als »Agenda Setting« bezeichnet. Danach gibt die Medienberichterstattung die Themen der öffentlichen Diskussion vor. Bei näherem Hinsehen wirft diese Hypothese viele Fragen auf: Wie stark ist der Einfluss der Medien wirklich? Wie sehr hängt er vom Thema, dem Medium oder dem Publikum ab? Wie stabil sind die Effekte? Wodurch werden die Medien selbst beeinflusst? Welche Rückkopplungen gibt es innerhalb der Medienlandschaft? Lässt sich die Themensetzung steuern? Welche öffentlichen Akteure setzen darüber hinaus Themen? Unstrittig ist aber, dass Agenda Setting als kontinuierlicher Prozess verläuft, der die Themenstruktur der öffentlichen Meinung prägt, und dass die Macht, Themen zu setzen, von entscheidender Bedeutung bei der Gestaltung des öffentlichen Diskurses ist.[4] Dabei ist die Nachrichten-Selektion auch abhängig von den subjektiven Erfahrungen und Einstellungen des Journalisten. Weiter wird die Auswahl mitbestimmt durch die organisatorischen und technischen Zwänge der Redaktion – zum Beispiel durch den Zeitdruck im aktuellen Bereich oder vom verfügbaren Platz im Blatt. Das Ergebnis der Auswahl ist vorgeprägt durch die Nachrichten-Lieferanten, also in erster Linie die Agenturen. Schließlich ist ein wichtiges Selektionskriterium die redaktionelle Linie, die Verleger und Chefredaktion festlegen oder die sich informell durchsetzt. Die Auswahl orientiert sich häufig eher an den Erwartungen der Kolleginnen und Vorgesetzten als an den Bedürfnissen des Publikums.[5]

Lippmann weist darauf hin, dass Zeitungen eine Menge von Ereignissen behandeln, die jenseits unseres Erfahrungshorizontes liegen. Deshalb seien meist nur die an einem Vorgang Beteiligten in der Lage, die Richtigkeit eines Berichtes zu prüfen. Dennoch stutzten die Leser nicht bei solchen Nachrichten, sofern diese ihren Stereotypen entsprächen.[6] Deshalb unterscheidet Mausfeld zwischen normativen Aspekten der Rolle von Medien und deskriptiven Aspekten ihrer tatsächlichen Funktionsweise: Da in einer Demokratie

> »Medien den öffentlichen Diskussionsraum erst schaffen, müssen sie allen gesellschaftlichen Gruppen ein Sprachrohr bieten, mit dem sich diese gleichberechtigt in den öffentlichen Diskussionsraum einbringen können.«

Es gebe allerdings reiches empirisches Material zur tatsächlichen Funktionsweise vieler Medien, das in eine andere Richtung weise:

> »Es belegt in geradezu überwältigender Weise, dass die Medien vorrangig dazu dienen, den gesellschaftlichen und ökonomischen Status derer zu stabilisieren, in deren Besitz sie sind oder von denen sie ökonomisch abhängig sind. Das impliziert insbesondere, dass sie die politische Weltsicht der jeweils herrschenden ökonomischen und politischen Eliten vermitteln,

so dass natürlich auch die Auswahl und Interpretation von Fakten hierdurch bestimmt ist.«[7]

Für den US-amerikanischen Markt hat das die Studie von Martin E. Lee und Norman Solomon eindrucksvoll nachgewiesen.[8]

Von Noam Chomsky kommt der Hinweis, dass es für die großen Medien und die vorgeblichen Intellektuellen typisch sei, sich in einer Krise auf die Seite der Macht zu stellen und zu versuchen, die Bevölkerung mitzuziehen. Als Beispiele erwähnt er die völkerrechtswidrige Bombardierung Serbiens durch die NATO 1999 und den Golfkrieg 1990/91.[9] Auch die weltweite Krise nach der Verbreitung des Corona-Virus belegt dies eindrucksvoll. Der Jura-Professor David Jungbluth von der Frankfurt University of Applied Sciences sieht in diesem Zusammenhang gar eine Rückkehr der Obrigkeitshörigkeit:

> »Diese Hörigkeit, die ja letzten Endes in einer fehlenden Kritikfähigkeit begründet liegt, wird nach meiner Einschätzung durch den parteipolitischen Betrieb in Verbindung mit den sogenannten Mainstreammedien herangezüchtet, die uns ein bestimmtes Bild der Welt vermitteln wollen, das im wahrsten – und damit auch schlechtesten – Sinne einer absolutistischen Weltanschauung gleichkommt, der man sich unterzuordnen hat. Gleichzeitig werden die sogenannten alternativen Medien, die ja gerade deswegen so bezeichnet werden können, weil sie alternative Sichtweisen aufzeigen, mit dem Totschlagargument der »Verschwörungstheorie« diffamiert und dabei dann auch praktischerweise gleich, pauschalisierend, dem rechten Spektrum zugeordnet. Von einer sachlichen Auseinandersetzung im Sinne von Rede und Widerrede, die eine notwendige Bedingung für ein demokratisches Gemeinwesen darstellen, ist hier nichts zu sehen. Nicht umsonst hat auch das Bundesverfassungsgericht die Meinungsfreiheit und die Versammlungsfreiheit, ohne die freie Rede und Gegenrede undenkbar sind, für eine freiheitlich-demokratische Grundordnung als ›schlechthin konstituierend‹ bezeichnet.«[10]

Wenn diese Diagnose zutreffend ist – und die Liste der wissenschaftlichen Referenzen ließe sich leicht verlängern –, dann gibt es nicht nur (wie unter anderem auch von Uwe Krüger dargestellt[11]) eine Kluft zwischen öffentlicher und veröffentlichter Meinung, sondern auch ein Spannungsverhältnis zwischen medialer und erlebter Realität für die von der Corona-Krise Betroffenen. Dies hat auch Folgen für die Suche nach Themen. Es ist nicht überraschend, dass die Verlierer gesellschaftspolitischer Entscheidungen in den meisten Medien entweder gar nicht oder nur als Statisten vorkommen. Dadurch werden diese Teile der Bevölkerung nicht mehr angemessen repräsentiert und so auch ihres Sprachrohres beraubt.

Für die Recherche bedeutet dies zweierlei: Zum einen kommt es bei der Prüfung von Medien-Produkten nicht nur darauf an, was sie berichten, sondern auch darauf, was nicht berichtet wird – was fehlt. Agenda-Setting ist immer auch Agenda-Cutting. Natürlich kann keine einzelne Nachrichtensendung in Themen und Standpunkten ausgewogen sein. Es gibt einfach Tage, an denen ein Ereignis oder eine Gruppierung die politische Szene beherrscht. Aber es kommt darauf an, dass die Redakteure ein Ereignis nicht nur aus einem Blickwinkel beschreiben, sondern stets in seiner Gesamtheit, also in allen Aspekten. Nichts anderes bedeutet Ausgewogenheit: alle wesentlichen Aspekte eines Themas berücksichtigen.[12]

Zum anderen muss sich der Rechercheur immer wieder klarmachen: Den Schreibtisch, den Fernseh-Sessel und die Pressekonferenz nicht zu verlassen führt letztlich nur zum Mainstream zurück. Denn die besten Ideen für eine gute Recherche finden sich immer noch dort, wo das Leben ist. Deshalb gehört es unabdingbar zur Themensuche, den Schreibtisch zu verlassen. Also aufzustehen, rauszugehen, sich auch unbequemen Situationen auszusetzen und mit betroffenen Menschen zu reden.[13]

Dabei helfen die sogenannten W-Fragen. Mit ihrer Hilfe lassen sich die wesentlichen Aspekte eines Sachverhalts klären. Die wichtigsten Fragen beginnen alle mit dem Buchstaben »W«. Journalistische Lehrbücher zählen sieben Fragen dazu: Wer? Wo? Was? Wann? Wie? Warum? Woher kommt die Information? Insbesondere die Frage nach dem Warum führt in den Hintergrund des Geschehens. Die Suche nach Antworten auf diese Fragen leitet die Themenfindung – und im Folgenden die gesamte Recherche.[14]

Für den Werkzeugkasten

W-Fragen

- ▷ Wer?
- ▷ Was?
- ▷ Wann?
- ▷ Wo?
- ▷ Wie?
- ▷ Warum?
- ▷ Woher die Meldung?

Das Wichtigste beim Versuch, eine Antwort auf diese Fragen und damit neue Themen zu finden, ist, Augen und Ohren zu öffnen. Wer im Alltag und in seiner gewohnten Umgebung genau beobachtet, Veränderungen registriert und Menschen zuhört, der erfährt auch, wo Probleme liegen und welche Interessen die Betroffenen haben. Wer weiß, »wo der Schuh drückt«, kann seine Themen-Ideen an den Interessen seiner Zielgruppe ausrichten – für Walter Lippmann eine Voraussetzung für die Leserbindung von Zeitungen.[15]

Außerdem ist ratsam, in Subkulturen abtauchen. Wer sich in Milieus begibt, die seiner gewohnten Lebenswelt fremd sind, lernt andere Verhältnisse und Sichtweisen kennen. Ein Besuch im Pflegeheim, bei einem Hip-Hop-Konzert oder beim Pferderennen fördert manchmal Überraschendes zutage.[16]

Der nächste Schritt ist dann, das Berichterstattungsgebiet systematisch zu erschließen – fachlich und räumlich. Der recherchierende Journalist kann dafür seinen Bereich soweit möglich zu Fuß ablaufen und wichtige Personen kennenlernen – sowohl auf der Leitungs- als auch auf der Arbeitsebene. Er macht sich Notizen zu Schauplätzen, Namen, Begebenheiten.[17] Dem britischen Schriftsteller Iain Sinclair gelingen bei ausgedehnten Wanderungen in London immer wieder überraschende Beobachtungen, die einen Blick in die Tiefenstruktur der Metropole ermöglichen und in ihrer Gesamtheit die neoliberalen Verwüstungen des Soziotops Stadt sichtbar machen:

»Rätsel lösen, sich befassen mit den Namen und der Ausstattung von Straßen, Zeichen auf Steinmauern, Spraydosen-Übermalungen an Plakatwänden, gefundenen Bruchstücken, Gegenständen, Listen oder Briefen, durchnässten Spielkarten, wie herausgerissene Seiten aus einem liegengelassenen Buch, das macht aus London eine Detektivgeschichte. Eine Story mit unendlich vielen Kapiteln und ohne Auflösung …«[18]

Dazu gehört es auch, ein Informanten-Netz aufzubauen. Wer gezielt auf Schlüsselpersonen zugeht, seine Informanten nie verrät, eine Informanten-Kartei anlegt, Nachkontakte pflegt, Visitenkarten sammelt, die Hobbies seiner Gesprächspartner ebenfalls notiert, neben der Leitungs- auch die Arbeitsebene einbezieht, Organisationsdiagramme aufbewahrt und sich als verlässlicher Partner zeigt, hat langfristig einen Informationsvorsprung.[19]

Nicht vergessen: Termine im Blick behalten! Eigentlich ist das eine Binsenweisheit. Aber wer recherchieren will, muss wissen, was kommt, und führt dazu eine Terminmappe. Einladungen, Pressetermine, Gerichtstermine – all das wird darin abgelegt. So lässt sich einfach eine Wiedervorlage organisieren. Fast immer gibt es in einem Recherche-Feld zurückliegende Ereignisse wie Gerichtsurteile, Flugzeugunglücke, Straftaten, deren Spätfolgen noch offen sind. Deshalb können sie auf Wiedervorlage zu passenden Stichtagen gelegt werden. Dann hat man einen Anlass zu prüfen, was aus einem Opfer, einem schadhaften Bauwerk, einem Gesetzespaket usw. geworden ist.

Das alles kann man sich nicht merken. Auch deshalb ist es wichtig, ein Archiv aufzubauen. Der Rechercheur legt sich ein Sach- und ein Personenarchiv an, das auf die Anforderungen des Recherche-Themas und des Berichterstattungsgebiets ausgerichtet ist. Bei optischen Recherchen gehört ein Bildarchiv dazu. Diese Archive helfen nur dann weiter, wenn sie laufend aktualisiert werden. Die einzelnen Dokumente oder Dateien müssen klar gegliedert und mit Schlagwörtern versehen sein, sodass sie jederzeit wiederauffindbar sind.

Am Schreibtisch läuft parallel die Themenrecherche in anderen Medien. Dazu gehört es, die Presse im Berichterstattungsgebiet im Blick zu haben – nicht nur, um auf dem Laufenden zu bleiben. Auch

Leserbriefe, Newsletter, Szene-Magazine, Internet-Foren, Chatgruppen und Mailing-Listen gehören dazu. Wichtig sind auch Fragen wie: Was fehlt? Wo stecken Widersprüche? Wurden beide Seiten gefragt? Was steckt dahinter? Warum läuft etwas so und nicht anders? Gibt es vergleichbare Vorgänge? Welche Interessen beeinflussen das Geschehen?[20] Die Recherche in anderen Medien hilft dabei, Themen zu übertragen, sei es geographisch (was ist in anderen Regionen passiert und wie sieht das im Berichterstattungsgebiet aus?), interdisziplinär (kann ein Forschungsergebnis auch für andere Fachbereiche von Bedeutung sein?), historisch (gibt es Parallelen bei geschichtlichen Ereignissen?) oder kausal (welche Folgen hat eine übergeordnete politische Entscheidung für das Berichterstattungsgebiet? Welche Bedeutung hat ein regionales Ereignis für den Rest der Welt?).

Für den Werkzeugkasten

Themen finden

- ▷ Augen und Ohren aufsperren
- ▷ Mit Leuten reden
- ▷ In Subkulturen abtauchen
- ▷ Ein Berichterstattungsgebiet systematisch erschließen
- ▷ Ein Informanten-Netz aufbauen
- ▷ Termine im Blick behalten
- ▷ Wiedervorlage organisieren
- ▷ Ein Archiv anlegen
- ▷ In anderen Medien recherchieren
- ▷ Themen übertragen, »umlegen« und »regionalisieren«
- ▷ Den eigenen Kopf einschalten
- ▷ Nach Interessen fragen: Wer will, dass dies so ist oder so dargestellt wird?

Das beste Werkzeug bei der Themensuche ist aber der eigene Kopf. Es gilt, in einer ruhigen Minute entlegene Themen und Hinweise mit-

Für den Werkzeugkasten

Die Grundausstattung (»Der Bauchladen«)

Offline-Ausstattung

Handapparat:

- Notizbücher
- Schreibausrüstung
- Kalender
- Wiedervorlage-Mappe

Archive:

- Personenarchiv
- Sacharchiv
- Bildarchiv

Computer-Ausstattung:

- Laptop
- Ipad
- Smartphone
- Headset

Speicher-Medien:

- USB-Sticks
- Externe Festplatten

Online-Ausstattung

Speicher-Medien:

- Dropbox
- Evernote
- Icloud
- Vimeo

Aufzeichnungs-Medien:

- Camera
- Bambuser
- Dragon Dictation
- Trint

Management-Tools:

- Trello
- Slack
- Tweetdeck
- Google+
- Pre-Producer
- Movie Magic Scheduling 6
- Film Engine
- Yamdu Filmproduktions-Management Software

Kommunikations-Tools:

- Slack
- Threema
- Telegram
- Whatsapp
- Skype
- Facebook

- Twitter
- Zoom

Produktions-Tools:
- Adobe Premiere
- Apple Final Cut
- Avid Media Composer
- DaVinci Resolve

einander zu verknüpfen, Widersprüche und Gemeinsamkeiten zu suchen, auch Unwahrscheinliches ernst zu nehmen und nicht vorschnell als Verschwörungstheorie abzutun – sich einfach Zeit zu nehmen, die Gedanken kreisen und auch einmal abschweifen zu lassen. Das Staunen, die Überraschung, löst den Recherche-Impuls aus.[21]

Aus all diesen Schritten und Maßnahmen können also Recherche-Impulse entstehen.

Die routinierte Themensuche bedarf einer Grundausstattung. Das ist der »Bauchladen« des Rechercheurs, der hilft, mit anderen zu kommunizieren, Notizen festzuhalten, Informationen zu archivieren, sich zu organisieren und schließlich die gewonnenen Informationen zu publizieren. Diese Werkzeuge sollen auf den eigenen Bedarf des Rechercheurs ausgerichtet sein. Weniger ist manchmal mehr. Hier folgt eine Liste ohne Anspruch auf Vollständigkeit.

Wenn der Rechercheur nun an die Arbeit geht, wird er nicht jedes denkbare Thema verfolgen. Im Gegenteil: Viele Themen-Ideen wird er verwerfen und sich auf die wesentlichen Themen konzentrieren. Dazu führt er eine Basisrecherche durch. Sie dient dazu, eine vorläufige Hypothese zu bilden und dann das Thema auf seine Brauchbarkeit und Umsetzbarkeit zu prüfen.[22] Dazu zieht der Rechercheur zunächst die klassischen Nachrichten-Faktoren heran:[23]

Für den Werkzeugkasten

Nachrichten-Faktoren

- Relevanz: Hat das Ereignis größere Auswirkungen auf die Gesellschaft?
- Aktualität: Hat sich das Geschehen zeitnah ereignet oder ereignet es sich gerade jetzt?
- Nähe: Liegt das Ereignis räumlich nah bei der Zielgruppe?
- Macht: Geht es um die Interessen von einflussreichen Menschen und Organisationen?
- Prominenz: Geht es um allgemein bekannte Personen?
- Betroffenheit: Geht das Geschehen der Zielgruppe unter die Haut?
- Konflikt: Ziehen Gegensätze und Streitpunkte die Aufmerksamkeit?
- Überraschung: Gibt es Ungewöhnliches zu berichten?
- »Human Interest«: Kann das Thema die typischen menschlichen Interessen wecken? (Übliche Beispiele sind Glück, Erfolg, Rettung, Sex, Tiere oder Show-Effekte.)
- Bekanntheit: Knüpft der Stoff an Themen an, die schon im Gespräch sind?

Lohnt es sich, einem Recherche-Impuls nachzugehen? Dazu kann der Rechercheur noch ein paar weitere Fragen stellen. Wie viele Menschen sind von einem Ereignis oder einem Missstand betroffen? Wie stark sind die Auswirkungen? Wenn sie positiv betroffen sind – lässt sich das andernorts nachahmen? Lassen sich die Leiden und Nachteile der Betroffenen mildern? Wenn ja, wie? Können Verantwortliche ausgemacht werden? Kann sich das Ereignis wiederholen? Luuk Sengers und Mark Lee Hunter definieren:

> »Investigativer Journalismus ist das Aufdecken relevanter gesellschaftlicher Ereignisse, die bewusst unter Verschluss gehalten wurden oder in der Masse an Informationen untergegangen sind.«[24]

Häufig geschieht aber genau das Gegenteil von unabhängiger Recherche. Chomsky hat darauf hingewiesen, dass eine bewährte Methode des Themen-Managements durch die Wortführer des Neoliberalismus wieder an Bedeutung gewinnt:

> »Der intelligente Weg, Menschen passiv und fügsam zu halten, besteht darin, das Spektrum akzeptabler Meinungen strikt zu begrenzen, aber eine sehr lebhafte Debatte innerhalb dieses Spektrums zu ermöglichen – und sogar kritischere und abweichende Ansichten zu fördern. Das gibt den Menschen das Gefühl, dass freies Denken stattfindet, während die Voraussetzungen des Systems immer wieder durch die Grenzen des zulässigen Bereichs der Debatte verfestigt werden.«[25]

Für den Werkzeugkasten

Themen prüfen

Lohnt es sich, dem Recherche-Impuls auf den Grund zu gehen?

- ▷ Wie viele Menschen betrifft dieses Thema?
- ▷ Wie stark sind diese Menschen betroffen – quantitativ und qualitativ?
- ▷ Falls es sich um eine positive Entwicklung handelt: Kann sich die Ursache andernorts wiederholen?
- ▷ Oder sind die Betroffenen in der Rolle der Leidtragenden?
- ▷ Wenn ja: Lassen sich ihre Leiden vermeiden oder mindern?
- ▷ Können wir zeigen, wie dies geschehen kann?
- ▷ Gibt es Täter, die bestraft (oder zumindest öffentlich verantwortlich gemacht) werden können?
- ▷ Können die Interessen von Machteliten transparent gemacht werden?
- ▷ Können wir erzählen, was geschehen ist?
- ▷ Kann sich dies wiederholen oder nicht?

Die Perspektive des Rechercheurs sollte sich dagegen so beschreiben lassen: Die Welt steckt voller Leid, und das meiste davon ist das Ergebnis von Profitgier, Lastern, Irrtümern und Unwissenheit. Es ist wichtig, sich dafür einzusetzen, dass Leiden, Grausamkeiten und Dummheit reduziert werden. Recherche kann helfen, diese Missstände zu beenden. Dies will der Rechercheur mit Menschen diskutieren, die mehr darüber wissen. Er will ihnen sagen: »Das, was hier geschieht, ist wichtig, für Dich und für andere. Ich will darüber berichten, und ich will die Wahrheit herausfinden. Dabei musst Du mir helfen.« Und mit dieser Haltung macht er sich auf die Suche nach Quellen.

2.2 Quellen erschließen

> Motorengeräusche zweier Hubschrauber. Die Kamera zeigt eine Straße in einer Vorstadt von Bagdad. Es ist der Morgen des 12. Juli 2007. Stimmen über Sprechfunk: »Verstanden. Ich denke, da sind ungefähr 20 Personen.« »Da ist einer, ja.« »Hey Bordkanonenschütze, lichte die Person 1-6 ab.« »Das ist eine Waffe.« »Ja.« »Hotel 2-6; Crazyhorse 1-8.« Die Kamera geht jetzt näher an die Zielperson heran. »Lichte die Person 1-6 ab, Bordkanone Bushmaster 6-Romeo.« »Verstanden.« »Verdammter Scheißkerl.« »Hotel 2-6, hier spricht Crazyhorse 1-8. Ich habe Personen mit Waffen. Der dort drüben hat ebenfalls eine Waffe.« »Hotel 2-6, Crazyhorse 1-8. Ich habe 5 bis 6 Personen mit AK-47-Sturmgewehren. Bitte um Feuererlaubnis.« Die Kamera schwenkt mit. »Erlaubnis erteilt. Oh, wir haben keine Leute östlich unserer jetzigen Position.« »Also, die Feuererlaubnis ist erteilt. Over.« »In Ordnung, wir greifen an.« »Roger, los.« Die Zielpersonen stehen jetzt an einer Hauswand. »Ich werde … Ich sehe sie jetzt nicht, sie sind hinter diesem Gebäude.« Die Zielpersonen gehen weiter. Die Kamera schwenkt mit. »Hey, Bushmaster-Schütze, das ist eine RPG-Panzerfaust.« »Alles klar, wir haben einen Typen mit Panzerfaust.« Die Zielpersonen bewegen sich wieder auf der Straße. »Ich werde jetzt feuern.« »Okay. Nicht länger warten. Wir kommen vorbei.« Die Zielpersonen werden von einem Gebäude ver-

deckt. »Von unserer Position sind sie jetzt hinter einem Gebäude.« »Okay, wir kommen vorbei.« »Hotel 2-6, Ich habe eine Person mit Panzerfaust im Blick. Feuerbereit. Wir werden nicht … « »Ja, wir haben einen Typen, der schießt. Jetzt ist er hinter dem Gebäude.« Die Kamera schwenkt über Häuser. »Verdammt.« »Negativ. Er war direkt vor dem Brad.« Die Kamera zeigt einen Mann hinter der Brüstung eines Daches. »Oh, da ist er, auf 1 Uhr.« »Seitdem habe ich nichts mehr gesehen.« »Verdammt, wenn Du ihn noch mal vors Rohr bekommst, dann eröffne das Feuer.« Die Kamera zeigt eine Personengruppe auf der Straße. »Ich sehe diesen Gegenstand. Oh, wir haben vier Humvees da draußen.« »Ich bin klar.« »Gut, Feuer!« »Sag Bescheid, wenn Du sie hast. Lass uns jetzt schießen.« »Ich habe sie im Visier.« »Los, Feuer!« Schnelle Schussfolge. Die Bordkanone feuert. Einschläge. Menschen fallen getroffen um. Andere fliehen im Staub. »Schieß weiter, schieß weiter!« Eine weitere Person fällt getroffen zu Boden. »Schieß weiter!« Einschläge auf der Straße. »Schieß weiter!« »Hotel … Bushmaster 2-6, Bushmaster 2 6.« Überall Wirbelt Staub auf. »Wir müssen uns bewegen, jetzt!« »All right, wir haben alle acht Personen getroffen.« »Ja, wir sehen noch zwei Vögel und feuern weiter.« »Roger, holt sie Euch!« Kamera schwenkt über die Straße voller Staub. »2-6, das ist 2-6, wir bewegen uns vorwärts. Oh, Entschuldigung, was läuft gerade?« »Verdammt, Kyle, okay, hahaha, ich treffe ihn …« Schwenk über die leere Straße. »All right, Du bist klar.« »All right, ich versuche wieder Ziele zu finden.« »Bushmaster 6, das ist Bushmaster 2-6.« »Ich sehe da einen Haufen Körper liegen.« »Okay, ungefähr acht Personen haben wir erwischt.« »Einer kriecht noch da unten herum.« »Ja, da kriecht noch einer herum. Aber oh, wir haben definitiv etwas im Blick.« Neue Schüsse. »Wir schießen noch eine Salve.« »Alles klar.« »Hey, Du schießt, ich rede.« »Hotel 2-6, Crazyhorse 1-8.« »Crazyhorse 1-8, das ist Hotel 2-6, over.« »Verstanden. Derzeit ungefähr acht Personen erledigt.« »Verstanden. Acht Personen, im Einsatz getötet, RPG-Panzerfaust und AK-47.« »Hotel 2-6. Ihr müsst jetzt dorthin weiterfliegen, wo Crazyhorse Bilder macht. Over.« Hubschrauber fliegt weiter. »Sergeant Twenty ist der Ort.« Kamera zoomt auf zerstörte Straße mit Toten. »Hotel 2-6, Crazyhorse 1-8.« »Oh ja, schau Dir diese toten Bastarde an.« Überall liegen Leichen. »Nett.« »Wirklich nett.« »Gut gemacht.« »Danke.« Die Kamera schwenkt weiter über leere Straßen. »Crazyhorse 1-8, Bushmaster 7, weitermachen.« »Oh, ein Ort voller toter Körper, Mike Bravo 5-4-5-8 8-6-1-7.« »Hey, gut. Over.« »Das ist Crazyhorse 1-8, das ist ein gutes Bild. Sie sind auf der Straße vor einem offenen Hinterhof mit ein paar blauen LKW, ein paar Fahrzeuge im Hinterhof.« »Da unten läuft eine Person, aber er ist verwundet … Die Kamera zeigt Minuten später: Ein Kleinbus wird unter Feuer genommen. Menschen suchen Deckung. Überall Einschläge von Kugeln aus der Bordkanone. Staub wirbelt auf. Ein Toter liegt vor dem Kleinbus auf der Straße.

Dies ist die teilweise Verschriftung von »Collateral Murder«. Es handelt sich um das Bordvideo eines Kampfhubschraubers und zeigt, wie am Morgen des 12.07.2007 in Bagdad zwei US-Kampfhubschrauber vom Typ »AH-64 Apache« mit ihren 30-mm-Bordkanonen eine Gruppe von neun bis elf Männern unter Feuer nehmen. Die Männer sind angeblich mit mehreren AK-47-Sturmgewehren und einer Panzerfaust bewaffnet; einige sind unbewaffnet. Zwei für Reuters arbeitende irakische Kriegsberichterstatter, Saeed Chmagh und Namir Noor-Eldeen, begleiten die Gruppe. Noor-Eldeens Kamera wird ebenfalls für eine Waffe gehalten. Acht Männer, darunter auch Noor-Eldeen, werden bei dem ersten Angriff getötet. Ein zweiter Angriff gilt dem verletzten Saeed Chmagh und zwei unbewaffneten Männern, die ihm zu Hilfe eilen und versuchen, ihn in ihren Van zu ziehen. Dabei werden die drei Männer getötet und zwei im Wagen sitzende Kinder schwer verletzt.[26]

Am 05.04.2010 veröffentlichte WikiLeaks die von der Bordkamera eines Hubschraubers gemachten Aufnahmen. Das Video war vom US-Militär als geheim eingestuft. Reuters hatte zuvor wiederholt vergeblich versucht, das Video unter Berufung auf den Freedom of Information Act zu bekommen. Wikileaks-Gründer Julian Assange erklärte, dass er nicht sicher sei, ob die Personen am Boden tatsächlich Waffen getragen hätten – was im Irak allerdings nichts Ungewöhnliches sei – sie hätten jedoch die US-Truppen nicht angegriffen. Der *Guardian* schrieb, dass keine Waffen, jedoch die Kamera des Journalisten zu erkennen gewesen sei.[27] Nach einem Hinweis wurde im Mai 2010 der US-Soldat Bradley Manning (heute Chelsea Manning) als mutmaßlicher Informant festgenommen, im Juni 2013 angeklagt und noch im gleichen Jahr unter anderem wegen Geheimnisverrats schuldig gesprochen. Das US-Militär erklärte, das Video sei echt, lasse aber die Umstände des Einsatzes unberücksichtigt. Die beteiligten Soldaten hätten die geltenden Einsatzregeln befolgt.

»Collateral Murder« war die erste Veröffentlichung von WikiLeaks, bei der das Originalmaterial unkommentiert gezeigt und gleichzeitig eine bearbeitete und gekürzte Version ins Netz gestellt wurde. Damit gab WikiLeaks erstmals seine neutrale Position auf und bezog klar gegen das Vorgehen der US-Armee im Irak Stellung. In der Folge geriet auch Wikileaks-Gründer Julian Assange unter Druck. Da eine gewaltsame Stilllegung der WikiLeaks-Server in den USA zu befürchten war, stellte die schwedische Piratenpartei im August 2010 WikiLeaks ihre Internetserver zusätzlich zu den in Solna bestehenden des Unternehmens PRQ AB zur Verfügung. Zur gleichen Zeit beantragte Assange eine schwedische Aufenthalts- und Arbeitserlaubnis. Ebenfalls im August erstatteten zwei Frauen Anzeige wegen sexueller Vergehen gegen ihn. Daraufhin wurde ein Ermittlungsverfahren eingeleitet und ein Haftbefehl ausgestellt. Der Antrag auf Aufenthaltserlaubnis wurde im Oktober 2010 ohne Angaben von Gründen abgelehnt.

Nach seiner legalen Ausreise nach Großbritannien stellte sich Assange zunächst der Polizei, flüchtete im Juni 2012 aber aus seinem Hausarrest in die Botschaft von Ecuador und beantragte politisches Asyl. Damit verstieß er gegen seine Kautionsauflagen und es drohte ihm die Festnahme beim Verlassen der Botschaft. Nach einem Regierungswechsel in Ecuador wurde Assange von dem neuen konservativen Präsidenten Lenin Moreno das Asylrecht entzogen. Am

11. April 2019 wurde er in der Botschaft von der Londoner Polizei festgenommen und später ins Hochsicherheitsgefängnis HM Prison Belmarsh gebracht.

Die USA verlangten auf der Grundlage eines zunächst geheimen Auslieferungsersuchens von 2017 die Überstellung. Im Mai 2019 wurde die Anklage auf insgesamt 17 Punkte erweitert. Nun ging es nicht mehr allein um gemeinschaftliche Verschwörung zum Eindringen in Computernetzwerke der Regierung, sondern um die mutmaßliche Offenlegung und Gefährdung von Geheimdienstquellen nach dem umstrittenen Spionagegesetz von 1917. Nach der erweiterten Anklage droht ihm ein Strafmaß von maximal 175 Jahren Haft.

Der Sonderberichterstatter des UN-Menschenrechtsrates zum Thema Folter, Nils Melzer, der Assange in Belmarsh besucht hatte, äußerte sich sehr besorgt über seinen Gesundheitszustand und forderte in einer Erklärung vom Mai 2019 ein sofortiges Ende der »kollektiven Verfolgung«. Er warf der britischen Regierung und ihren Verbündeten »psychologische Folter« vor und warnte vor einer Auslieferung in die USA.[28] Melzer erklärte, dass sich auch die Bundesregierung nicht für den Fall engagiere, er bewirkte aber eine einstimmige Resolution der Parlamentarischen Versammlung des Europarates, in der die sofortige Freilassung von Assange gefordert wird. Dem Appell »Julian Assange aus der Haft entlassen« von Günther Wallraff schlossen sich zahlreiche Persönlichkeiten und Verbände an, darunter der Deutsche Journalisten-Verband (DJV), die Deutsche Journalistinnen- und Journalisten-Union in Verdi (dju), Reporter ohne Grenzen und das gemeinnützige Whistleblower-Netzwerk an, so wie Tausende andere Unterzeichner.[29]

Für das Erschließen von Quellen haben »Collateral Murder« und das Schicksal von Julian Assange fundamentale Bedeutung. Umberto Eco unterscheidet – wie in der gesellschaftswissenschaftlichen Forschung üblich – zwischen Primär- und Sekundärquellen.[30] Primärquellen sind solche, die sich direkt mit einem Ereignis verbinden lassen. Es kann sich dabei um schriftliche oder um mündliche Quellen, also um Dokumente oder um Augenzeugen, handeln. Sekundärquellen sind dagegen solche, die sich indirekt auf ein Ereignis beziehen, Personen, die sich zu einer Sache äußern, an der sie nicht teilgehabt haben, oder Dokumente, die ein Ereignis zum Untersuchungsgegenstand haben. Sekundärquellen sind also Quellen aus zweiter Hand – und oft Quellen vom Hörensagen. Diesen Unterschied muss man immer gegenwärtig haben. »Collateral Murder« ist nicht nur eine Primärquelle, sondern auch ein Dokument. Dies ist der härteste Beweis für einen Vorgang, denn Augenzeugen können sich täuschen, ihre Erinnerung ist oft unzuverlässig und es ist klar, dass Quellen vom Hörensagen deutlich weniger Beweiskraft haben.

Beim Vorgehen der Staatsorgane gegen Assange und Manning geht es deshalb nicht nur um die Zielpersonen, sondern um all die anderen möglichen Whistleblower und Journalisten, die sich an Themen aus dem innersten Kreis der Staatskriminalität heranwagen. »Es geht um Abschreckung«, so Annegret Falter, »Einschüchterung und damit die Verhinderung von ›Leaks‹.«[31] Hier geht es auch nicht darum, in beiden Fällen Recht und Gesetz besonders hart auszulegen, im Gegenteil: Es geht darum, staatliche Willkür in der Hülle einer Gesetzesattrappe zu demonstrieren, um eine besonders nachhaltig abschreckende Wirkung zu erzielen. »Macht erzeugt also Angst«, so Rainer Mausfeld:

> »Da Angst selbst wiederum Macht über die Geängstigten ausübt, haben diejenigen, die es verstehen, Angst zu erzeugen, eine sehr wirkungsvolle Methode, auf diese Weise ihre Macht zu stabilisieren und zu erweitern. Angsterzeugung ist ein Herrschaftsinstrument, und Techniken zum Erzeugen von gesellschaftlicher Angst gehören zum Handwerkszeug der Macht.«[32]

Dies kann dabei helfen, für die jeweils Mächtigen unliebsame Informationen aus der Öffentlichkeit herauszuhalten. Umgekehrt bedeutet dies für den Rechercheur: Er muss versuchen, nach Möglichkeit an Primärquellen heranzukommen. Stefan Ruß-Mohl zitiert als erste Recherche-Regel den polnischen Dichter Stanislaw Lec: »Wer an die Quelle kommen will, muss gegen den Strom schwimmen.«[33] Dagegen ist für viele Journalisten der direkteste Kontakt zur Wirklichkeit die Kantine. Für Recherchen an der Quelle bleibt oft keine Zeit, und bequemer ist es, sich an Gerüchten zu orientieren.

Zu Beginn der Recherche helfen Bibliotheken, eigene und fremde Archive, Handapparate und das Internet. Jeder kann hier an Erstinformationen herankommen und weltweit unterschiedliche Quellen abfragen – die natürlich im Fortgang der Bemühungen überprüft werden müssen. Die Arbeit beginnt zunächst damit, frei zugängliche Informationen heranzuziehen. In dem, was frei erhältlich und öffentlich zugänglich ist, findet man auch Namen von Personen, die im Zuge der Recherche kontaktiert werden können. Erst in einem zweiten Schritt richtet sich der Blick auf verborgene und noch nicht erschlossene Quellen.[34]

Neben journalistischen Veröffentlichungen kann über Bibliotheken Fachliteratur zum Thema herangezogen werden. Verlage und Medien verfügen über ein Pressearchiv. Staats- und Landesbibliotheken übernehmen auch eine Archivierungspflicht und halten staatliche Akten und andere Aufzeichnungen vor. So finden sich beispielsweise im Schweizer Bundesarchiv wichtige Akten zu einem schwedischen Waffenhändler, der seine Geschäfte auch über die Schweiz abgewickelt hat.[35]

Behörden sind gegenüber Journalisten grundsätzlich zur Auskunft verpflichtet. Dies regeln in Deutschland die Landespressegesetze, auch wenn häufig versucht wird, diese Auskunftsbegehren zu umgehen. Seit 2006 erfolgte mit dem Informationsfreiheitsgesetz ein Paradigmenwechsel: Seither gilt, dass der Zugang zu behördlichen Informationen gewährt werden muss. Auch Gerichte müssen ihre Urteile veröffentlichen, allerdings wird in der Praxis nur ein kleiner Teil ihrer Entscheidungen öffentlich gemacht, dazu sind die Verfahrensbeteiligten anonymisiert. Die Amtsgerichte führen außerdem das Handels- und das Vereinsregister, aus denen man Sitz und Rechtsform von Unternehmen erfahren kann. Das Handelsregister bietet Angaben zu Inhabern und Gesellschaftern, Geschäftsführern, Angaben zu Insolvenzverfahren und zum Erlöschen der Firma. Das Vereinsregister gibt Auskunft über den Vorstand eines Vereins, dessen Satzung, die Höhe der Mitgliedsbeiträge und in wichtigen Angelegenheiten sogar die Protokolle der Mitgliederversammlungen. Bei den Amtsgerichten wird auch das

Grundbuch geführt. Beim Grundbuchamt kann Einsicht oder eine Kopie eines Grundbuchblattes beantragt werden, wenn man ein berechtigtes Interesse geltend machen kann. Dazu zählt auch ein wohlbegründetes öffentliches Informations-Interesse. So erhält der Rechercheur Auskunft über Eigentümer, Vorbesitzer, Kaufverträge oder Grundschulden.

Parlamente können ebenfalls eine wichtige Quelle sein. Alle Drucksachen sind grundsätzlich recherchierbar: Gesetzesentwürfe, Kleine und Große parlamentarische Anfragen und deren entsprechende Antworten, Berichte aus den Ausschüssen, Änderungs- und Entschließungsanträge, Unterrichtungen des Parlaments und Fragen für die Fragestunde im Plenum.

Die Auskunftspflichten für Behörden gelten grundsätzlich auch für private Gesellschaften, die entweder überwiegend dem Staat gehören oder staatliche Aufgaben übernehmen. Darunter fallen zum Beispiel Krankenkassen, Abfallbetriebe oder Religionsgemeinschaften. Bei Wirtschaftsunternehmen gelten diese Pflichten nicht. Der Rechercheur ist auf das angewiesen, was das Unternehmen freiwillig herausgibt, und das ist meistens – wie sollte es anders sein – interessengeleitet. Um an Unternehmensdaten zu kommen, bleibt aber die Möglichkeit, sich an Wirtschaftsauskunfteien zu wenden. Firmen wie Schufa, Creditreform oder die Hoppenstedt Holding sammeln Daten über Firmen und Privatpersonen und bieten Informationen über die Rechtsform, Beteiligungen, Unternehmensgegenstand, Niederlassungen, Unternehmenskennzahlen und Finanzlage an. Diese Auskünfte sind kostenpflichtig.

Auch internationale Organisationen bieten wichtige Informationen an. So müssen öffentliche Auftraggeber ab einer bestimmten Größenordnung Aufträge auf einem europaweiten Portal ausschreiben. Es handelt sich dabei um ein Supplement zum *Amtsblatt der Europäischen Union*. Die Online-Version lässt auch systematische Suchanfragen zu und ist unter dem Namen »Tenders Electronic Daily« erreichbar.[36] Auf dieser Website sind alle Dienste zusammengefasst, die von der EU für Pressevertreter zur Verfügung gestellt werden.[37] Auch viele andere internationale Organisationen bieten Recherche-

Möglichkeiten, so auch der Dokumentenservice der Vereinten Nationen – nach erfolgter Akkreditierung.[38]

Nicht-Regierungsorganisationen (»Non-Governmental Organizations«, kurz NGOs) verfügen häufig über ausgezeichnete Kenntnisse. Auf der Website der »Union of International Associations« (UCI) finden sich viele Informationen über NGOs sowie eine Mitgliederliste.[39] Allerdings verfolgen auch diese Organisationen eine eigene Agenda und arbeiten durchaus interessengeleitet. In diesem Punkt sind sie den PR-Agenturen nicht unähnlich, die auch für die Presse das Bild ihrer Auftraggeber filtern, ebenso wie Branchenverbände (beispielsweise der Tourismusverband oder Nordmetall).

Der Rechercheweg ist also zunächst: von außen nach innen recherchieren. Dann gilt es, die Informationen aus unterschiedlichen Quellen miteinander zu vergleichen. Innerhalb des Segments »Primärquellen« zielt die Recherche darauf ab, Dokumente heranzuziehen, die ein Geschehen eindeutig belegen. Im optimalen Fall wird dies dann durch die Aussagen von Augenzeugen ergänzt. Sekundärquellen – zum Beispiel fachkundige Beobachter oder fachliche Auswertungen – können dann helfen, einen Vorgang zu bewerten und einzuordnen.

Doch wie kommt man an solche Quellen heran? Hier ist wichtig, sich klarzumachen, wer mit einem Vorgang zu tun gehabt haben kann und wo Dokumente über Ereignisse abgelegt sein können. Informanten und Whistleblower sind dabei in letzter Konsequenz unverzichtbar. Aber zunächst kommt es darauf an, Quellen zu sammeln. Hier empfiehlt sich ein Brainstorming. Dabei geht es darum, zunächst ohne journalistische Bewertung und möglichst spontan, eine Vielzahl von Ideen zusammenzutragen. Auch zunächst als abwegig erscheinende Vorschläge sollten nicht ausgeklammert, sondern in die Liste einbezogen werden: Manchmal erweisen sich diese verrückten Ideen als durchaus zielführend. Die Sammlung sollte so umfassend wie möglich, muss – und kann in diesem Stadium der Recherche – aber nicht vollständig sein. Wichtig ist, dass eine Bewertung der Quellen zunächst unterbleibt. Diese Evaluation kommt in einem zweiten Schritt (Kapitel 2.3.). Hilfreich kann auch eine Aufteilung in Offline- und Online-Quellen sein:

Für den Werkzeugkasten

Quellen

Offline-Quellen:

- ▷ Eigene Beobachtung
- ▷ Informanten
- ▷ Pressestellen
- ▷ Presse-Konferenzen
- ▷ Offizielle Vertreter v. Unternehmen o. Behörden
- ▷ Schlüsselpersonen
- ▷ Augenzeugen
- ▷ Experten
- ▷ Zeitungen
- ▷ Magazine
- ▷ Bücher

Online-Quellen:

- ▷ Nachrichtenagenturen
- ▷ Online-Publikationen
- ▷ Fernseh-Magazine
- ▷ Hörfunk-Sendungen
- ▷ Websites
- ▷ Chatrooms
- ▷ Mailing-Lists
- ▷ Online-Dienste
- ▷ Datenbanken
- ▷ Facebook
- ▷ Twitter
- ▷ Instagram

Klar im Vorteil ist der Rechercheur, der sein Berichterstattungsgebiet oder sein Themenfeld gut erschlossen hat. Er kennt schon wichtige Ansprechpartner, hat ihre Kontaktdaten vollständig gespeichert, verfügt bereits über erstes Zugangswissen und Kerninformationen, die helfen können, ein Geschehen einzuordnen. Die Erschließung des Berichterstattungs-Feldes macht Mühe, aber Schlüsselpersonen und »Türöffner« schätzen es meist, wenn sie nicht erst bei einer aktuellen Recherche angesprochen werden, sondern bereits im Vorfeld eine solide Grundlage für eine Zusammenarbeit geschaffen wurde. Dies funktioniert selten am Telefon und noch weniger per Mail, sondern am besten im persönlichen Gespräch. Informanten gewinnt, wer persönlich auf sie zugeht. Vertrauliche Hintergrundgespräche sind also unabdingbar. Oft sind mehrere, am besten regelmäßige Treffen sinnvoll. Hier geht es darum, so viel wie möglich von der Quelle zu erfahren, Akten zu bekommen, Hinweise auf weitere Quellen zu erhalten und sicherzustellen, dass die Quelle aufrichtig ist.

Hans-Martin Tillack unterscheidet drei Kategorien von möglichen Quellen: zum einen Insider, also Beamte, Abgeordnete oder Firmenmitarbeiter. Zum anderen Außenseiter, die einmal Insider waren, also zum Beispiel entlassene Mitarbeiter von Betrieben oder Behörden, und schließlich Nicht-Insider, die mit Insidern zu tun hatten, zum Beispiel Unternehmen, die bei einer Vergabeentscheidung benachteiligt wurden.[40] Zunächst einmal ist es wichtig, das Vertrauen der Informanten zu gewinnen. Dazu gehört Fairness, Verlässlichkeit und Nachhaltigkeit, es kostet Zeit und Erfahrung. Hartnäckigkeit und Geduld zahlen sich hier aus. Dabei geht es zunächst um das Vertrauen, dass der Rechercheur die Hinweise auf Missstände auch ernsthaft überprüft und nicht nur die Pressestelle anruft – wo er mit Sicherheit ein Dementi oder eine verharmlosende Darstellung erhält. Weiter müssen die Informanten darauf vertrauen können, dass der Rechercheur so sorgfältig arbeitet, dass die Veröffentlichung im Zweifel auch vor Gericht Bestand hat beziehungsweise dass die Betroffenen gar nicht erst wagen, vor Gericht zu ziehen. Und last but not least muss der Informant Vertrauen darin haben, dass seine Identität geschützt bleibt. Informanten werden dies im Vorfeld häufig überprüfen. Wer seine Quellen nicht schützt, wird sie verlieren – und neue Quellen nicht mehr gewinnen. Denn es spricht sich herum, wenn jemand dieses Vertrauen missbraucht.[41] Dazu mehr in Kapitel 2.4.

Bei fast allen Informanten wird der Rechercheur auf Dauer nur Erfolg haben, wenn er sachkundig ist. Gesprächspartner erwarten, dass sich Journalisten vorbereiten und im Thema sind. Wer zum Beispiel Fachartikel gelesen hat, bevor er zum Telefonhörer greift oder ein Treffen arrangiert, gilt in der jeweiligen Branche schnell als gut informiert und gründlich. Aber ein Informanten-Netz entsteht nur, wenn die Kontakte auch gepflegt werden. »Wer immer nur kommt«, so Hans Leyendecker, »weil er eine Quelle braucht, wird auf Dauer von der Quelle nicht unterstützt werden.«[42] Der Aufbau eines tragfähigen Informanten-Netzes ist auch wichtig, um Meinungs- und Informationskartelle zu umgehen, die Zugänge zu Quellen versperren oder nur selektiv zulassen und so Deutungshoheit über einen Vorgang erlangen wollen.[43]

David Crawford nennt zehn Grundregeln im Umgang mit Quellen. Erstens empfiehlt er, mit leicht zugänglichen Informationen zu beginnen, bevor man sich an schwierigere und weniger kooperative Quellen heranwagt. Zweitens unterstreicht auch Crawford die Bedeutung gründlicher Vorbereitung: Nur wer etwas über ein Thema weiß, kann die richtigen Fragen stellen und neue Informationen gewinnen. Drittens regt er an, die Art und Weise der Kontaktaufnahme zu planen – nicht immer ist ein Anruf der richtige Weg, manchmal leistet ein Brief mehr. Viertens rät er, keine Fragen zu stellen, wenn man mit einem »Nein« als Antwort rechnet, denn es sei sehr schwer, ein »Nein« wieder in ein »Ja« zu verwandeln. Fünftens solle man sich mit wichtigen Quellen mindestens dreimal treffen, denn es brauche Zeit, eine vertrauensvolle Arbeitsbeziehung herzustellen. Sechstens soll der Rechercheur seiner Quelle nichts versprechen – Informanten-Schutz sei auch ohne Zusage selbstverständlich. Siebtens zeigt er der Quelle den fertigen Text niemals vor der Publikation, damit sie nicht zu viel Einfluss auf das Ergebnis bekommt. Achtens rät er, die Aussagen der Gesprächspartner zu hinterfragen und es anzusprechen, wenn man die Quelle nicht für vollkommen offen oder aufrichtig hält. Neuntens schlägt er vor, auch unwilligen Gesprächspartnern auf die Nerven zu gehen und sie nach Möglichkeit zur Kooperation zu zwingen. Zehntens soll der Rechercheur selbstsicher auftreten, denn Quellen arbeiteten gerne mit Journalisten zusammen, die davon überzeugt sind, eine tolle Geschichte zu schreiben.[44]

In den vergangenen Jahren kam es, so Rainer Mausfeld, zu einer schleichenden, aber tiefgreifenden Einschränkung des öffentlichen Debattenraumes, die zu einem großen Anteil durch Medien hervorgebracht wurde. Mausfeld betrachtet dies als eine Folge der neoliberalen Ideologie, die zu einer massiven geistigen Homogenisierung der Eliten und damit auch der Massenmedien geführt habe.[45]

Ziel der Quellensuche ist es, diese Verengung des Debattenraumes rückgängig zu machen, Alternativen aufzuzeigen und so das Diskussionsfeld im Sinne einer breiten Debatte wieder zu öffnen.

2.3 Quellen prüfen

Eine zunehmende Verengung des Blickfeldes haben Medienforscher insbesondere für den Wirtschafts-Journalismus diagnostiziert. Die meisten Fachredakteure aus dem Wirtschafts-Ressort wurden 2007 vom Ausbruch der Finanzkrise ebenso überrascht wie viele Normalbürger. Dies ist offensichtlich nicht nur darauf zurückzuführen, dass in den führenden Wirtschaftsmedien fast durchgängig Stellen abgebaut wurden, denn es gab genug Warnsignale, die darauf hindeuteten, dass sich insbesondere in den USA eine Finanzblase überwiegend auf der Basis von Immobilienkrediten gebildet hatte, die zu Wertpapieren verbrieft wurden und denen keine ausreichenden realen Werte zugrunde lagen. Der Journalistik-Professor Siegfried Weischenberg:

> »Der Wirtschaftsjournalismus hat versagt … Dass diese Blase irgendwann platzen würde, war keine große Überraschung. Den Medien konnte man das aber nicht entnehmen. Ganz pauschal formuliert: Der Journalismus, speziell der Wirtschaftsjournalismus, ist als Frühwarnsystem weitgehend ausgefallen … Man findet sicher ein paar Ausnahmen, aber gerade der Wirtschaftsjournalismus befindet sich seit Jahren in einer Art neoliberalem Rausch. Deswegen wurde gar nicht erkannt, welche Gefahren drohen und falls es doch erkannt wurde, wurde es nicht hinreichend thematisiert … Ich glaube, dass Wirtschaftsjournalisten, ähnlich wie Sport-, Reise- und Motorjournalisten, das Problem der zu großen Nähe zum Gegenstand der Berichterstattung haben. Da gibt es zu wenig Distanz auch zu einer bestimmten Art von Wirtschaftswissenschaftlern. Diese ganzen Weisen, die immer zitiert werden, haben meines Erachtens auch keine Glanznummer hingelegt. Diese persönliche und ideologische Nähe ist einer unabhängigen und neutralen Berichterstattung nicht zuträglich.«[46]

Der New Yorker Publizist Dean Starkman vom *Columbia Journalism Review* spricht sogar von einem »Stockholm-Syndrom« des Wirtschaftsjournalismus, also einer Identifikation der Mainstream-Presse mit den Finanzjongleuren an der Börse. Lediglich die Alternativpresse habe vor der Entwicklung am Markt für zweitklassige Kreditverbriefungen gewarnt.[47] Dabei hätte die Presse nur abschreiben brauchen. Der Finanzinvestor Warren Buffett notierte bereits 2003 im Geschäftsbericht seiner Investment-Gesellschaft:

»Der Geist der Derivate ist nun endgültig aus der Flasche, und diese Instrumente werden sich nun gewiss vermehren nach Art und Anzahl, bis irgendein Ereignis ihre giftige Wirkung klar werden lässt … Zentralbanken und Regierungen haben bisher kein wirksames Mittel zur Kontrolle oder wenigstens zur Überwachung der Risiken solcher Kontrakte gefunden … Nach unserer Ansicht sind Derivate finanzielle Massenvernichtungswaffen, die Gefahren bergen, die jetzt noch verborgen bleiben, aber potentiell tödlich sind.«[48]

Es kam, wie es kommen musste: Alle Warnsignale wurden übersehen, weil nicht sein kann, was nicht sein darf. Ähnlich problematisch war die Rolle der Presse bereits in der »Dotcom-Krise«. Damit wird jene Spekulationsblase bezeichnet, die im Jahre 2000 weltweit zu erheblichen Vermögensverlusten im Bereich der New Economy führte. Betroffen waren unter anderem der Neue Markt an der Deutschen Börse und der US-amerikanische NASDAQ. Seit Mitte der Neunzigerjahre wurden im Bereich der Technologie-Unternehmen vermehrt Start-ups gegründet und immer mehr Anleger richteten ihre Investitionen auf dieses Segment aus. Sie sahen die Chance, hohe Gewinne einzufahren. Dadurch vervielfachten sich die Börsenbewertungen vieler Technologieunternehmen. Doch gerade junge Unternehmen benötigten das investierte Kapital dazu, das eigene Wachstum voranzutreiben, Börsenwert und materieller Gegenwert sowie Gewinne standen in keinem Verhältnis zueinander. Infolgedessen waren viele Unternehmen hoffnungslos überbewertet. Das Platzen der Dotcom-Blase löste einen Börsencrash aus, der auch die deutschen Banken schwer belastete. Darüber berichtete am 15.02.2002 ein Wirtschaftsmagazin im Fernsehen.[49] Der Film ist hier in Form eines Treatments verschriftet: links Bildausschnitt und Bildinhalt, in der Mitte die Film-Zeit und rechts der Text:

Sendetag: 15.02.2002
Länge: ca. 5'13

Banken in der Dotcom-Krise

Bild	Zeit	Text
Start-up Party Ibbenbühren, Totale über ein Zelt im Schlossgarten	0'01	Ibbenbühren in Westfalen. Kurz nach der Bundestagswahl
Begrüßung der Gäste, nah	0'05	wird hier zu einer inzwischen seltenen Feier geladen. Es gilt,
Sektgläser groß	0'09	ein neues Internet-Unternehmen aus der Taufe zu heben.
Begrüßung Minister Schwanhold, nah	0'13	Ehrengast beim Sektempfang: der nordrhein-westfälische Wirtschaftsminister Ernst Schwanhold.
Gäste an Stehtisch, halb nah	0'19	Doch dem ist nicht gerade feierlich zumute.
O-Ton Ernst Schwanhold, SPD, Wirtschaftsminister NRW	0'22	**»Die Wahrheit sieht aus, dass wir eine tiefe Bankenkrise in der Bunderepublik Deutschland haben.«**
Auditorium im Zelt, halb total	0'27	Ein Satz, der alarmieren muss. Denn
Zuhörer am Tisch, halb nah	0'30	so etwas hat noch kein Minister gesagt, seit es die Bunderepublik gibt.
O-Ton Ernst Schwanhold-Rede auf Bildschirm, groß	0'33	**»Die Wahrheit sieht aus, dass wir eine tiefe Bankenkrise in der Bunderepublik Deutschland haben.«**
Schwenk von Bildschirm auf Schwanhold im Schneideraum.	0'38	Schwanhold muss es wissen. Er ist auch Verwaltungsratsvorsitzender der WestLB und damit Branchen-Insider. Wir bitten den Politiker um Präzisierung.

Bild	Zeit	Text
O-Ton Ernst Schwanhold, SPD, Wirtschaftsminister NRW, im Schneideraum	0'48	**»Präzise heißt das, dass die Kernfelder der Bankentätigkeit der großen deutschen Banken – und das geht auch in den Sparkassen-Bereich hinein – Verlustbringer im Jahre 2002 gewesen sind und schon im Jahre 2001 waren, und dass Banken, wenn man in die Geschäftsberichte hineinschaut, kann man das nachlesen, stille Reserven auflösen. Sie haben Eigenkapital-Schwäche und keine so große Substanz mehr.«**
Börse Frankfurt außen, halb total	1'18	Die Banken haben zu sehr auf die Börse gesetzt. Und sie haben sich dabei
Fahne Deutsche Börse, nah	1'22	am »Neuen Markt« verzockt, analysiert Schwanhold.
O-Ton Ernst Schwanhold, SPD, Wirtschaftsminister NRW, im Schneideraum	1'26	**»Es haben die Banken versagt, die nicht erkannt haben, dass das nicht alles solide Geschäfte sind. Sie haben »New Economy« gesagt, geträumt, und haben vergessen, dass die alte Wirtschaft, wenn man Nägel produziert und diese am Markt absetzt, vielleicht noch immer die solidere Wirtschaft ist als die, die nur Internet-Auftritte produziert.«**
Bankengebäude in Frankfurt, Totale, Vogelperspektive	1'44	Als Börsenmakler und Großaktionäre haben die Banken
Bankengebäude in Frankfurt, Totale, Froschperspektive	1'47	Milliarden verloren. Darüber sprechen die Herren in den
Zufahrt aus Häuserflucht auf Zentrale Dresdner Bank	1'50	Frankfurter Wolkenkratzern nicht gerne. Allein die Dresdner Bank gibt ein paar allgemeine Informationen preis. Schon die lassen tief blicken.
O-Ton Michael Heise, Chef-Volkswirt Dresdner Bank	**1'58**	**»Die Banken befinden sich in einem ganz drastischen Struktur-Umbruch zurzeit, den manche nicht zu Unrecht schon als Bankenkrise bezeichnet haben. Es handelt sich dabei um eine Krise der Erträge. Die Erträge sind zu gering.«**

Bild	Zeit	Text
Eingang Sparkasse, Halbtotale	2'12	Denn das Filialnetz der deutschen Banken ist zu eng geknüpft.
Dresdner-Bank-Filiale in Frankfurt, Runterschwenk außen	2'17	Eine Bankstelle betreut gerade einmal 1400 Kunden. Viel zu wenig, um rentabel zu wirtschaften.
Filiale Commerzbank, Halbtotale	2'23	Nicht nur deswegen steht den Banken das Wasser bis zum Hals.
Spiegelung in verglasten Bankentürmen, Halbtotale in Unschärfe	2'27	Die Konjunktur lahmt. Rückzahlungen von Krediten bleiben zunehmende aus.
Hochhäuser Deutsche Bank Frankfurt, Totale	2'32	Die Banken müssen herbe Verluste hinnehmen. Dieser Aderlass geht zunehmend an die Substanz.
Geldzählmaschine mit Schwenk auf Scheine, groß	2'37	Die Folge: Besonders Privatbanken meiden häufig das Kreditgeschäft. Damit wälzen sie
Schwenk durch Schalterhalle	2'45	viele Kunden auf die Genossenschafts-banken und Sparkassen ab, wie auch hier in Steinfurt registriert wird.
O-Ton Otto Lohmann, Verwaltungsrat Kreissparkasse Steinfurt	2'51	**»Die Folgen sind dramatisch. Ganz plötzlich und ohne Vorankündigung werden Bankverbindungen abgebrochen. Unternehmer, die jetzt investieren wollen, bekommen von ihren alten Banken keine Kredite mehr und müssen sich zunächst einmal eine neue Hausbank suchen, was natürlich von heute auf morgen nicht geht.«**
Hand zählt Geld, groß	3'05	So stürzen ausbleibende Kredite auch Betriebe in die Pleite, die eigentlich gesund sind.
Gespräch am Schalter, halb nah	3'11	Der Teufelskreis schließt sich. Auch das
Institut für Kredit- und Finanzwirtschaft, Zufahrt auf Gebäude	3'16	von Banken getragene Institut für Kredit- und Finanzwirtschaft der Uni Bochum setzt nur noch auf das Prinzip Hoffnung.

Bild	Zeit	Text
O-Ton Prof. Stephan Paul, Institut für Kredit- und Finanzwirtschaft	3'21	**»Das hängt in einem exportabhängigen Land wie der Bundesrepublik ganz sicherlich auch davon ab, wie sich die Weltwirtschaft entwickelt. Davon können wir uns nicht abkoppeln. Ich könnte mir aber schon vorstellen, dass sich im Laufe des nächsten Jahres tatsächlich Besserungstendenzen zeigen. Nichtsdestotrotz muss man darauf hinweisen, dass erstmals in der Nachkriegszeit zwei Dinge zusammen-kommen: Eine sehr starke Konjunktur-krise, die Sie ansprachen, und krisenhafte Erscheinungen in der Kreditwirtschaft selbst.«**
Verkehrsschild »Vorsicht«, auf Bankenturm Dreh-Rückfahrt	3'49	Massive Probleme haben die Banken also auf ihren klassischen Geschäftsfeldern.
Grafik: Wertberichtigung Börsen und Kredite	3'53	Börsen und Kredite. Hier mussten die Banken gleichzeitig in ihren Bilanzen horrende Wertberichtigungen von sechzig bis achtzig Prozent vornehmen.
Bankentürme, Drehschwenk aus Froschperspektive	4'04	Was das aber in absoluten Zahlen heißt, will niemand beziffern. Angeblich können diese Fehlbeträge noch nicht ermittelt werden. Hingegen – das Minus der japanischen Kollegen kennen die deutschen Banker ganz genau:
O-Ton Michael Heise, Chef-Volkswirt Dresdner Bank	4'16	**»Die Probleme der japanischen Kreditwirtschaft im Bereich der notleidenden Kredite sind gewaltig. Es gibt einen negativen Jahresüberschuss in Japan von 58 Milliarden Euro, wenn man das umrechnet.«**
Schalterhalle, Totale, Schwenk aus Decke	4'27	Das hiesige Minus bleibt einstweilen unter dem Teppich. Denn die Geldinstitute haben Angst vor einer schlechten Presse.
Schalterhalle, Schwenk aus Vogelperspektive	4'34	Sie brauchen Vertrauen. Doch das schwindet längst. Amerikanische Rating-Agenturen bewerteten deutsche Banken stets positiv.
Bankangestellte geht zum Kunden, Kamera schwenkt mit	4'40	Inzwischen wurden sie aber deutlich herabgestuft.

Bild	Zeit	Text
Gespräch am Schalter, halbnah	4'45	Drohen uns damit schon
Bankangestellte am Computer, Draufsicht halb total	4'48	japanische Verhältnisse?
O-Ton Ernst Schwanhold, SPD, Wirtschaftsminister NRW, im Schneideraum	4'51	**»Man muss nicht wirklich Angst zum gegenwärtigen Zeitpunkt haben. Aber aus der jetzigen Situation kann eine Situation werden, die dann uns wirklich Angst machen muss. Und ich bin nicht ganz sicher, ob wir sehr weit von einem solchen Punkt entfernt sind.«**
Bankentürme in Frankfurt, Schwenk aus Vogelperspektive	5'04	Bleibt als Fazit: Beste Aussichten genießen die Frankfurter Banker einstweilen nur, wenn sie die obersten Stockwerke ihrer Wolkenkratzer erklimmen.
Ende des Beitrags, Tafel mit Berichts-Insert	5'13	

Dem ersten Eindruck nach informiert der Film sachgemäß und umfassend. Dieser Eindruck kommt dadurch zustande, dass die Kamera oder der Bildinhalt ständig in Bewegung sind, auch wenn sehr viele Fassaden von Bankgebäuden gezeigt werden. Ständig findet ein »Augenkitzel« statt, bei dem der Inhalt auf der Strecke bleibt.[50] Sonst hätten wir nämlich bemerkt, dass Form und Inhalt des Films dem Thema »Bankenkrise« gar nicht gerecht werden. Das Problem beginnt mit den Quellen.

Eine Quelle ist alles, was Informationen bereithält, die bislang nicht bekannt oder in dieser Form nicht bekannt waren. Der Autor des Films verwendet, soweit nachvollziehbar, folgende Quellen: ein Internet-Unternehmen aus Ibbenbühren; den NRW-Wirtschaftsminister Ernst Schwanhold (SPD); die Frankfurter Börse; den Chefvolkswirt der Dresdner Bank Michael Heise; den Verwaltungsrat der Kreissparkasse Steinfurt Otto Lohmann; Prof. Stephan Paul vom Institut für Kredit- und Finanzwirtschaft; eine Statistik zu Wertberichtigungen; US-Ratingagenturen. Aber ist damit tatsächlich das Reservoir möglicher Quellen zum Thema Bankenkrise ausgeschöpft?

Ein Brainstorming erbringt zahlreiche weitere potenzielle Quellen, die in den Film keinen Eingang gefunden haben: die Bundesanstalt für Finanzdienstleistungs-Aufsicht; das Bundesfinanzministerium; Gewerkschaftsvertreter; Bankangestellte, die von Entlassung bedroht sind oder bereits entlassen wurden; Investoren und Anleger, die geschädigt wurden; Finanzanwälte, die ihre Interessen wahrnehmen; die Deutsche Schutzvereinigung für Wertpapierbesitz; Firmen, die in eine Kreditklemme geraten sind, weil sie volle Auftragsbücher haben, aber kein Geld zur Vorfinanzierung von ihrer Hausbank bekommen; Industrieverbände; Ratingagenturen; Bankenverbände; die zuständigen EU-Aufsichtsbehörden. Die Liste ließe sich leicht um weitere Organisationen und Behörden verlängern, hier geht es aber lediglich darum, deutlich zu machen, dass es zahlreiche Quellen gibt, die offensichtlich keinen Eingang in die Recherche gefunden haben. Nun ist es natürlich das Ziel, in die Tiefe und nicht in die Breite zu recherchieren. Die Auswahl der Quellen stellt für den Bericht ein Präjudiz (also eine vorentscheidende Wirkung) aus vollendeten Tatsachen dar. Er bekommt inhaltlich Schlagseite und ist nicht ausgewogen, denn er blendet wesentliche Aspekte des Themas aus. Die Verengung des Diskussionsraumes beginnt mit der Auswahl der Quellen.

Um sich Klarheit über die Beziehungen der einzelnen Quellen zum Kernthema zu verschaffen, kann eine Mindmap sinnvoll sein. Dabei handelt es sich um eine kognitive Technik zum Erschließen und Visualisieren eines Themenfeldes. Freie Assoziation soll helfen, die Gedanken nicht vorschnell einzuengen und Kategorien von Ideen und Zugängen zu bilden. In unserem Fall kann damit auch verhindert werden, das Themenfeld nicht sofort einzugrenzen, sondern möglichst viele Aspekte einzubeziehen. Eine Mind Map zum Thema Dotcom-Blase könnte – gezeichnet mit der Software »Mind-Manager«[51] – etwa so aussehen:

Mind-Mapping

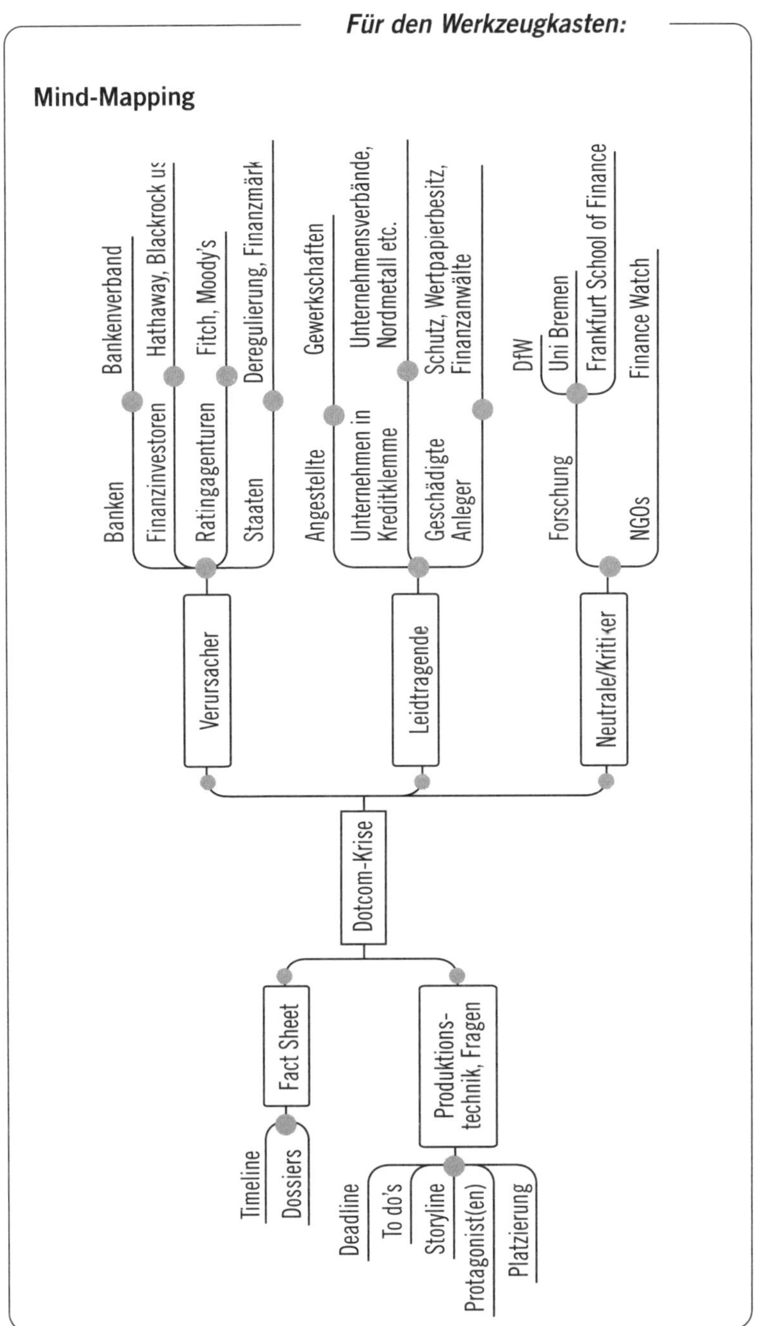

Unser kurzes Brainstorming fördert also ein viel breiteres Spektrum an Quellen zutage. Vor allem sind darunter auch Organisationen, Firmen oder Menschen, für die aus einer Bankenkrise Nachteile erwachsen. Daraus gewinnen wir einen ersten Hinweis für die weitere Bearbeitung der Quellen. Nun könnten wir Quellen nach dem Zufallsprinzip auswählen und mit ihnen in Verbindung treten. Würden wir so, wie in dem Beitrag geschehen, einen Vertreter des Banken-Gewerbes ans Telefon bekommen, wäre das Ergebnis vorhersehbar: Mit hoher Wahrscheinlichkeit dürften wir eher beschwichtigende Auskünfte erhalten.

Deshalb lohnt es sich, darüber nachzudenken, was die einzelnen Quellen leisten können und in welcher Reihenfolge sie angefragt werden. Dazu können wir nun unsere Quellen in drei Gruppen aufteilen. Die Kernfrage ist dabei: Wer schadet wem?[52] Das Ergebnis sind dann drei Gruppen von Personen und Organisationen:

Die **Opfer:** Wo es Missstände gibt, finden sich auch Betroffene. Manche Opfer verschaffen sich selbst Gehör, klagen an, stellen Forderungen oder warnen. Andere schweigen, aus Angst, Scham oder Hilflosigkeit. Bei der Suche nach diesen Menschen können meist jene Organisationen nützlich sein, die ihnen zur Seite stehen: Hilfsorganisationen, Gewerkschaften, Interessenvertretungen, Ombudsleute, Anwälte, Bürgerbeauftragte, Sozialarbeiter. Die Suche nach Betroffenen ist nicht sensationsheischend oder reißerisch. Denn dem Rechercheur geht es im Idealfall nicht um die Zurschaustellung von Leid, er will nicht auf die Tränendrüsen drücken und so die Auflage steigern, sondern herausfinden, wo die Ursachen der Probleme liegen und wie sie gelöst werden können.

Die **Täter:** Wo es Opfer gibt, sind die Verantwortlichen für Missstände nicht weit. Damit meine ich jenen Personenkreis, der die Probleme herbeigeführt hat. Dabei handelt es sich meist um Personen aus der Riege der Mächtigen, dem Kreis der Entscheider, der Politik- oder Finanzeliten – eben jemandem, der die Macht hat, einer Vielzahl von Menschen zu schaden. Auch dieser Gruppe können meist wieder

Interessenverbände, Parteien, Staatsorgane oder Unternehmen zugeordnet werden.

Die **Zeugen** oder die »**Neutralen**«**:** Damit ist die Gruppe eher distanzierter, in das Geschehen nicht eingebundener Beobachter gemeint. Es kann sich hier um fachwissenschaftliche Experten handeln, bei denen allerdings kontrolliert werden muss, ob (und wenn ja, wie) sie mit einer der Konfliktparteien verbunden sind, beispielsweise durch Drittmittel, Forschungsaufträge, Studien, Drehtüreffekte beim Personal, gemeinsame Ausbildungswege oder Militärdienst, Parteimitgliedschaft, Verwandtschaft oder gemeinsame Urlaube. Es kann sich auch profan um Unfallzeugen und Beobachter eines Vorfalls oder um staatliche Aufsichtsbehörden handeln.

Das Ergebnis ist also eine Quellenmatrix. Sie hilft uns zu analysieren, in welchem Verhältnis zueinander sich die einzelnen Personen oder Personengruppen bewegen und welche Rolle sie bezogen auf das Recherche-Thema spielen. Wir können nun herausfinden, welche Standpunkte sie einnehmen, welche taktischen Möglichkeiten sie haben und auf welche Weise sie in das Spiel eingreifen werden. Damit analysieren wir ihre Interessen (siehe Kap. 2.6). Dies hilft uns erstens herauszufinden, wer überhaupt bereit ist, mit uns zu sprechen (meist jene, die in einer Veröffentlichung Vorteile sehen). Zweitens finden wir so heraus, wer wem aus welchen Gründen Vorteile oder Nachteile bringt. Und drittens können wir so leichter im Auge behalten, dass Reden und Handeln oft zwei Paar Stiefel sind. Es ist weniger entscheidend, was jemand zu wollen vorgibt, als vielmehr, was er wirklich erreichen will.

Der Rechercheweg führt dann zunächst von außen nach innen. In der Folge führt er weiter von den »Opfern« über die Neutralen zu den mutmaßlichen »Tätern.« Denn klar ist: Auch die Gegenseite muss zu Wort kommen: »**Audiatur et altera pars!**« Dies ist nicht nur ein Gebot der Fairness. Jeder Kritisierte muss eine faire Chance bekommen, auf die Kritik zu antworten. Auch dies gehört zur sachlichen Prüfung von Quellen. Genau überlegen muss man, ob die Gegenseite erst am

Ende der Recherche – wie in unserem Beispiel – oder bereits in einem früheren Stadium eingebunden wird. Das hängt vom Thema ab, aber auch davon, wie belastbar die Vorwürfe sind und ob beide Seiten ein Interesse daran haben, Missstände zu beseitigen. Auch wenn eine Seite auf Zeit spielt, um die Berichterstattung zu verhindern, oder eine Anfrage unbeantwortet lässt, gehört zumindest ein Hinweis in die Berichterstattung, dass eine Konfrontation stattgefunden hat, aber ergebnislos blieb. Damit ergibt sich folgende mögliche Quellenmatrix beim Thema Bankenkrise:

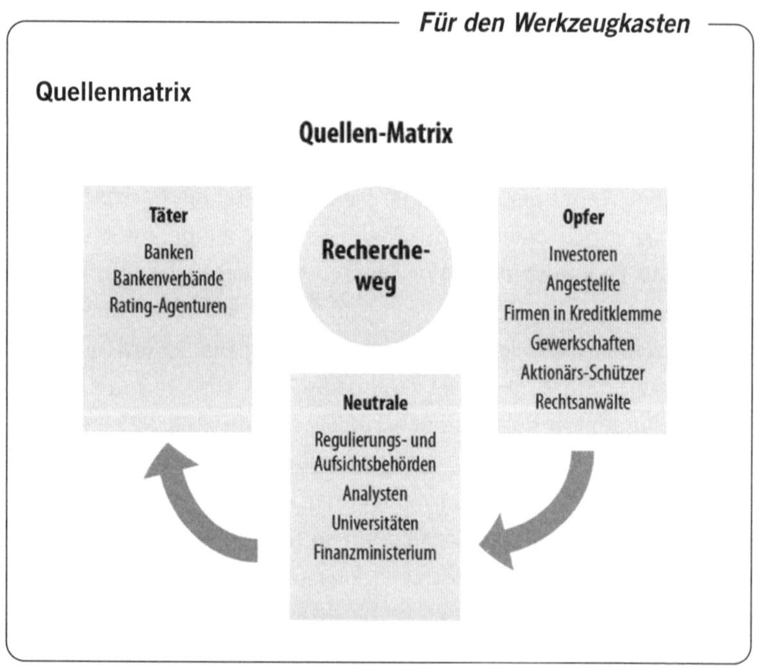

Nachdem wir uns eingelesen haben und uns damit von außen nach innen an das Thema herangearbeitet haben, beginnt nun die Detailrecherche bei den Betroffenen und ihren Interessenvertretern. Denn sie haben allen Grund, in der Hoffnung auf Besserung mit dem Rechercheur zu kooperieren und ihre Probleme öffentlich zu machen. Bei der Gruppe der Zeugen und Neutralen können wir uns dann vergewissern, ob die genannten Missstände tatsächlich existieren, ob eine große Gruppe von Menschen betroffen ist, ob die von den Opfern genannten Ursachen zutreffend sind und wie Abhilfe geschaffen werden kann. Mit all diesen Informationen konfrontieren wir nun die mutmaßlichen Verursacher. Im Falle eines Dementis können wir nun Beispiele liefern, im Falle einer beschwichtigenden oder verharmlosenden Darstellung können wir mit Zahlen und Fakten aufwarten.

Damit haben wir einen effizienten Weg gefunden, Quellen zu prüfen und zu bearbeiten. Am Ende der Recherche – und der Dreharbeiten – könnte dann ein ganz anderer Film über die Bankenkrise stehen, der das Thema viel besser dimensioniert. Seine Protagonisten kommen aus dem Kreis der Geschädigten. Er würde vielleicht beginnen mit einem geschädigten Anleger und dessen Anwalt, käme dann zu entlassenen oder von Entlassung bedrohten Bankangestellten und befasste sich dann mit einem Unternehmen, das in der Kreditklemme steckt – volle Auftragsbücher, aber kein Geld von der Bank. Alle drei Aspekte könnten Experten im Interview vertiefen und ergänzen. Sie könnten Ursachen benennen und Lösungen vorschlagen. Die mutmaßlich Verantwortlichen – die Täter – werden integriert, können ihren Standpunkt darlegen und ihrerseits den Diskussionsraum erweitern.

Damit hat die Prüfung der Quellen die Möglichkeit erbracht, Zusammenhänge zu erkennen, Machtverhältnisse transparent zu machen und Kausalketten zu erläutern. Dies ist das Ziel der Recherche: Sachverhalte detailliert darstellen, den Geschehensverlauf rekonstruieren, die Beteiligten und ihre Verantwortung nennen, Ursachen und Folgen skizzieren und die Bedeutung des Geschehens für die Zielgruppe erklären.[53]

Nun ist das Verschleiern von Machtverhältnissen, Problemursachen und elitären Netzwerken in einer »marktkonformen Demokratie« wichtiger denn je. Das verdeutlicht Andreas Whittam Smith, Gründer und Redakteur des Londoner *The Independent*, am Beispiel des Labour-Politikers Peter Hain im Jahre 2008. Hain hatte für seine gescheiterte Kandidatur zum Parteivorsitz nicht deklarierte Spenden entgegengenommen:

»Wenn Geschäftsleute Spenden an einen Politiker oder eine Partei zur Verfügung stellen, dann verlangen sie Anonymität, nicht weil sie daran glauben, im Verborgenen Gutes zu tun, sondern weil Öffentlichkeit sehr wahrscheinlich den stillschweigend inbegriffenen Handel ruiniert. Sobald die Verbindung enthüllt wird, kann der Politiker die Gegenleistung einfach nicht mehr erbringen. Es ist mindestens blamabel und im schlimmsten Fall stellt es eine Einladung für Korruptionsvorwürfe dar. Wenn es Publicity gibt, dann ist die Spende die reinste Verschwendung.«[54]

Wer in einem solchen Fall für Aufklärung sorgt, muss mit Sanktionen rechnen. Das betrifft insbesondere auch mündliche Quellen. Deshalb begehren Whistleblower aus dem Inneren von Machtapparaten meistens Anonymität. Sie ist die Bedingung für eine vertrauensvolle Arbeitsbeziehung.

Das klassische Beispiel ist »Deep Throat«, die geheime Quelle der Watergate-Enthüller. Wenn Bob Woodward seinen Informanten treffen wollte, stellte er einen Blumentopf auf seinem Balkon um. Die Quelle meldete sich mit Hinweisen in einer Zeitung, die Woodward las. Sie trafen sich nachts in einer Tiefgarage außerhalb Washingtons. »Deep Throat« wird der Satz zugeschrieben: »Follow the money« – den er aber in Wirklichkeit so nie gesagt hatte.[55]

Angefangen hatte die Affäre am 17.06.1972. Fünf Männer brachen in die Wahlkampfzentrale der oppositionellen Demokraten ein. Dort installierten sie Mikrofone. Ihre Spur führte ins Weiße Haus, zum Wahlkampfteam der Republikaner und schließlich zu US-Präsident Richard Nixon selbst. Bob Woodward und Carl Bernstein, damals bei der *Washington Post*, recherchierten den Fall. Die Regierung vertuschte, log und leugnete. Doch zwei Jahre später, nach monatelangen parlamentarischen und gerichtlichen Anhörungen, war Nixon am Ende. Am 08.08.1974 dankte er ab.

Vor allem die Hinweise von »Deep Throat« führten Carl Bernstein und Bob Woodward zum Ziel. Nur sieben Personen kannten seine Identität.[56] Mehr als dreißig Jahre später outete sich die Quelle selbst: Es war der frühere stellvertretende FBI-Chef Mark Felt. Doch woher wussten die beiden Reporter, ob ihre Quelle die Wahrheit sagte? Eine anonyme Quelle könnte schließlich auch einfach ein

Gerücht in die Welt setzen wollen. Die Antwort ist: Sie hatten die Quelle überprüft. Bob Woodward kannte Mark Felt persönlich, sie hatten sich im Sommer 1969 in einem Warteraum des Weißen Hauses kennengelernt, als Woodward als Kapitänleutnant im Pentagon diente. Seither hielten sie losen Kontakt. Deshalb wusste Woodward, dass Felt direkten Zugang zu den angebotenen Informationen hatte, auch das Interesse der Quelle war klar: Felt hatte gehofft, FBI-Chef zu werden, war aber von Nixon übergangen worden. Er hatte in zurückliegenden Fällen im Gespräch mit Woodward immer wahrheitsgemäße Angaben gemacht. Er konnte Hinweise auf weitere Belege geben. Seine Angaben konnten mit Informationen aus weiteren Quellen überprüft werden. Sie fügten sich damit zu einem schlüssigen Gesamtbild – einem der größten Politskandale in der Geschichte der Vereinigten Staaten.

Eine Prüfung insbesondere anonymer Quellen kann also nach mehreren Kriterien stattfinden. Im Ergebnis läuft es darauf hinaus, die Belastbarkeit der Quelle zu klären, ihre Motive im Blick zu haben und weitere Quellen heranzuziehen, die von der anonymen Quelle unabhängig sein müssen, den Sachverhalt aber bestätigen oder näher belegen.[57]

Für Rechercheure gilt also das Zwei-Quellen-Prinzip. Es genügt nicht, dass jemand eine Behauptung aufstellt. Wir brauchen eine Bestätigung aus einer zweiten Quelle. Diese zweite Quelle muss von der ersten unabhängig sein. Es darf sich also nicht um eine Person handeln, die sich auf die erste Quelle beruft oder mit ihr in enger Verbindung steht. Die Bestätigung kann natürlich auch eine Akte oder ein anderes Dokument sein. Ohne eine solche zweite Quelle ist eine Information zunächst einmal ein Hinweis, dem weiter nachgegangen werden muss. Es ist keine Information, die zur Veröffentlichung taugt. Allerdings führt der Aktualitätsdruck immer wieder zu fehlerhaften Meldungen. Eine zweite Quelle bietet natürlich auch keine hundertprozentige Sicherheit, aber sie hilft zum Beispiel, nicht auf haltlose Behauptungen oder falsche Anschuldigungen hereinzufallen. Es geht bei einer Recherche also immer auch um das Falsifizieren von Informationen oder eigenen Vorurteilen.[58]

Für den Werkzeugkasten

(Anonyme) Quellen prüfen

- Hat die Quelle überhaupt Zugang zu den angebotenen Informationen?
- Ist der Informant persönlich bekannt?
- Wenn nein: Lässt sich die Verlässlichkeit der Quelle prüfen?
- Welches Interesse hat die Quelle, diese Informationen weiterzugeben?
- Hat der Informant in zurückliegenden Fällen verlässliche und zutreffende Informationen angeboten?
- Kann der Informant seine Angaben mit Dokumenten und überprüfbaren Fakten belegen?
- Können weitere vom Informanten unabhängige Quellen die Angaben bestätigen (Zwei-Quellen-Prinzip)?
- Passen die Angaben in ein plausibles und belegbares Gesamtbild?

Wichtig ist: Der Umgang mit Quellen hat ein Präjudiz für die gesamte Recherche. Er kann das Blickfeld verengen und damit die Reichweite der Recherche begrenzen, oder aber den Diskussionsraum öffnen, den Hintergrund eines Themas dimensionieren und damit ermöglichen, in die Tiefe, statt in die Breite zu recherchieren. Im Ergebnis sind dabei Informanten unerlässlich. Sie müssen geschützt werden.

2.4 Quellen schützen

Am Nachmittag des 17.07.2003 verließ der Biowaffen-Experte David Kelly sein Haus in Southmoor in der Grafschaft Oxfordshire für einen Spaziergang. Als er bei Einbruch der Dämmerung noch nicht zurückgekehrt war, verständigte die Familie die Polizei. Am nächsten Morgen wurde er etwa eine Meile entfernt in einem Waldstück tot aufgefunden. Seine Ellenarterie war mit einem Taschenmesser durchtrennt worden. Es wies keine Fingerabdrücke auf. Neben der Leiche lag eine leere Schachtel mit Schmerztabletten. Die in Kellys Körper gefundene Menge Dextropropoxyphen (ein Opioid, das im britischen Schmerzmittel Coproxamol enthalten ist) entsprach etwa einem Drittel der letalen Dosis.

David Kelly war Berater des britischen Verteidigungsministeriums. Er forschte über die Abwehr biologischer und chemischer Kampfstoffe. Als UN-Beauftragter war er an der ersten Kontrollmission im Irak beteiligt. Anfang Juli hatte Kelly ein Hintergrundgespräch mit dem BBC-Journalisten Andrew Gilligan. Es ging um das Dossier der britischen Regierung über irakische Massenvernichtungswaffen vom September 2002, in dem behauptet wurde, Saddam Hussein verfüge über einige Massenvernichtungswaffen, die innerhalb von 45 Minuten einsatzfähig seien.[59] Kurz darauf berichtete Gilligan im BBC-Programm »Radio 4 Today«, diese Behauptung sei auf Drängen von Premierminister Tony Blairs Spin Doctor Alastair Campbell, dem Kommunikationsdirektor der Downing Street und damit dem wichtigsten Medien- und Politikberater des Regierungschefs, eingefügt worden – eine Information, die von Kelly bestritten wurde, sich aber später als richtig herausstellte.[60] Kellys Name geriet in die Presse, und er musste am 15.07.2003 vor zwei parlamentarischen Ausschüssen aussagen.

Bis heute ist umstritten, ob Kelly sich selbst tötete, unter Druck gesetzt und in den Suizid getrieben oder umgebracht wurde. Eine regierungsamtliche Untersuchung durch Lordrichter Brian Hutton bestätigte die von Polizei und Toxikologen präsentierte Selbstmord-Version, entlastete die Regierung und belastete die BBC.[61] Allerdings lassen Obduktionsbericht und toxikologisches Gutachten auch andere Schlussfolgerungen zu.[62] Der liberaldemokratische Abgeordnete Norman Baker zeigte sich überzeugt, dass Kelly im Auftrag irakischer Exilpolitiker ermordet wurde, die in Verbindung mit CIA und MI6 standen.[63]

Unter dem Druck der Regierung erklärte die BBC, dass David Kelly die »Hauptquelle« für Gilligans Bericht über das frisierte Dossier gewesen sei: »Ein Tabubruch vor laufender Kamera«, so der damalige Vorsitzende des Netzwerks Recherche, Thomas Leif:

> »Die Intensität des blinden Verfolgungsdrucks illustriert die Bedeutung einer journalistischen Quelle – den Herzstücken des recherchierenden Journalismus … Je wichtiger und bedeutsamer eine Sache für die Öffentlichkeit ist, umso schärfer fallen die ›Gegenmaßnahmen‹ der Verantwortlichen aus, die unter Rechtfertigungsdruck stehen.«[64]

Wenn man ihm glauben darf, dann gehört der Quellenschutz ganz oben auf die Liste einer verdrängten berufsethischen Debatte im Journalismus. Der Mitgründer und frühere Redakteur des *Independent*, Andreas Whittam Smith, machte in einem Kommentar zur Kelly-Affäre deutlich, welche Maßstäbe beim Quellenschutz gelten müssen:

> »Zunächst muss gesagt werden, dass die Identität derer, die vertraulich Informationen liefern, niemals und in keiner Weise diskutiert wird. Ich schlage vor, hier innezuhalten und diesen Satz bis zum Erbrechen zu wiederholen. Der zweite Punkt ist geradeheraus zu sagen: Wenn man mit einer Staatsmacht konfrontiert ist, die das Recht für sich in Anspruch nimmt, eine Offenlegung zu erzwingen, dann soll man lieber guter Laune ins Gefängnis gehen als den Informanten zu präsentieren … Wenn Du Dich in einem Kampf mit dem Staat befindest, ist dies die Regel: Der Staat gibt nichts preis, und Du gibst nichts preis … Ich würde lieber frohgemut ins Gefängnis gehen als den Namen zu nennen.«[65]

Andreas Whittam Smith gibt hier keine guten Ratschläge vom grünen Tisch aus; er weiß, wovon er redet, schließlich ist er selbst einmal mit einer Geldstrafe in Höhe von 25 000 Pfund wegen Missachtung des Gerichts belegt worden, weil er eine Quelle nicht preisgegeben hatte. Diese Klarheit hat seinen Ruf und seine Autorität als einer der führenden britischen Journalisten ausgemacht. Fortan verfügte er über ausgezeichnete Quellen.

Die Ausweitung und Öffnung des Diskussionsraumes gelingt also auch über den Quellenschutz. Nur, wer sich Whittam Smith zum Vorbild nimmt, kommt dauerhaft an vertrauliche Informationen. Zur Kontrolle der Machteliten sind solche Informationen unverzichtbar.

Dies gefällt den Mächtigen im Lande überhaupt nicht, und sie wollen verhindern, dass Journalisten von Whistleblowern auf Missstände aufmerksam gemacht werden. Die Schicksale von Chelsea Manning, Julian Assange und Edward Snowden zeigen, welche Konsequenzen es für Informanten haben kann, wenn sie enttarnt werden. Dem steht ein oft nachlässiger Umgang von Journalisten mit dem Thema Informantenschutz gegenüber. Sie kümmern sich meist schlicht nicht um dieses Thema – und wissen nicht, welche Datenspur sie hinterlassen. Das spielt all denen in die Hände, die Rechtsbrüche, Gaunereien oder Korruption unter der Decke halten wollen. Jeder Rechercheur muss wissen, dass ein effektiver Informantenschutz nicht mit der Publikation beginnt, sondern mit dem Recherche-Impuls.[66]

Ähnlich wie Signor Sigma bei Umberto Eco, der vom Aufwachen bis zu einem Besuch beim Arzt bereits mit einer Vielzahl von Zeichensystemen konfrontiert wird,[67] die er kennen und beherrschen muss, so hinterlässt ein Tag im Leben eines Reporters eine untrügliche Datenspur. Peter Welchering und Manfred Kloiber haben dies einmal beispielhaft zusammengestellt.[68] Daran angelehnt ein Tagesablauf der Beispielreporterin Harriet Hirsch:

Harriet Hirsch lässt sich morgens um sieben mit der Weckfunktion ihres Smartphones aus dem Schlaf läuten. Heute will sie einen wichtigen Informanten treffen. Deshalb hat sie in einem Berliner Hotel übernachtet. Noch im Bett liest sie auf dem Handy die ersten Nachrichten, und schaut sich dabei auch sogenannte »alternative« Online-Medien wie Telepolis oder die Nachdenkseiten an. Vor dem Frühstück geht sie im örtlichen Park eine Runde laufen und prüft ihren Puls anschließend mit ihrer Smart Watch. Nach dem Duschen zappt sie durch die Fernsehkanäle. Dann beantwortet sie auf ihrem Tablet ein paar Mails. Zur Vorbereitung auf ihr Treffen googelt sie noch ein paar Themen, nach denen sie ihre Quelle fragen will. Das Hotel bezahlt sie beim Auschecken mit Kreditkarte. Nach dem Frühstück läuft sie ein Stück durch eine Einkaufspassage und hebt an einem Bankautomaten Geld ab. Für die Fahrt zum Treffpunkt nutzt sie U-Bahn und Bus. Beim Gespräch mit dem Informanten hat sie ihr Smartphone und ihr Tablet dabei, denn schließlich möchte sie sich

Notizen machen. Der Gesprächspartner wiederum ist mit dem Wagen zum Treffpunkt gekommen. Er übergibt ein paar Dokumente auf einem USB-Stick. Nach ihrer Rückfahrt geht sie in die Bibliothek und entleiht ein paar Bücher, die ihr die Quelle empfohlen hat. Wieder zu Hause holt sie sich eine Rhabarber-Schorle aus dem Kühlschrank, duscht und wälzt sich noch eine Zeit lang ruhelos im Bett.

Die Weckzeit gibt das Smartphone an den Server weiter, zusammen mit dem Standort. Nachrichtendienste und Sicherheitsbehörden können darauf zugreifen. Allein dies ist schon ein wichtiger Hinweis auf eine Recherchereise oder ein Treffen mit einer Quelle. Die Nachrichtenauswahl am frühen Morgen gibt Hinweise auf Interessengebiete, Internet-Protokolladressen in Verbindung mit der installierten Software, die Gerätenummer oder der Fingerprint des Browsers mit seinen Plug-Ins führen zur Identität des Gerätenutzers. Blutdruck und Puls, also die Daten der Smart Watch, liefern Daten zu ihrem Gesundheitszustand und ihrem Erregungsprofil. Weitere Verbindungs- und Metadaten erzeugt Harriet Hirsch, wenn sie ihre Mails liest und beantwortet. Verbindungsdaten außerhalb der üblichen Bürozeiten werden von Nachrichtendiensten deutlich höher bewertet. In der Einkaufspassage wird unsere Reporterin von Überwachungskameras aufgezeichnet, ohne dass sie sich dessen bewusst ist. Am Bankautomaten fallen weitere Daten an. Die Höhe des abgehobenen Betrags, der Standort des Automaten, der genaue Zeitpunkt der Transaktion – all das speichert das Rechenzentrum der Bank. Diese Daten können bei Bedarf von Finanz- und Sicherheitsbehörden abgefragt werden. Bei Bankautomaten lässt sich auch über die zu Wartungszwecken angebrachte USB-Schnittstelle vom technischen Personal Spionagesoftware einschleusen. Auch bei der Fahrt mit U-Bahn und Bus wird Harriet Hirsch aufgezeichnet: in der U-Bahn-Station und in den Wagen. Mit einer Gesichtserkennungs-Software lässt sie sich identifizieren. Auch beim Lösen eines Fahrscheins per App hinterlässt sie eine Datenspur. Am Ort des Treffens kann sie – genauso wie ihr Informant – über die Standortfunktion ihres Handys getrackt werden. Eine neue Software des US-Militärs kann von einem Mobilgerät auf jedes andere in der Umgebung überspringen und sich so Zugang zu den Benutzerdaten und zur Steuerung von Smartphones, Computern, Fitness-Trackern, Routern und Auto-Elektronik verschaffen.[69] Schon bei der Anfahrt ist der Informant vielleicht schon an diversen Kennzeichen-Scannern vorbeigefahren, die das KFZ-Kennzeichen, den Standort und die Fahrtrichtung weitergeben. Auch wenn diese Überwachungstechniken in Deutschland derzeit nicht flächendeckend eingesetzt werden – LKA, BKA, die Landesämter für Verfassungsschutz, die Polizei oder der BND können sich auf diese Daten Zugriff verschaffen (beispielsweise über befreundete Dienste, die in Deutschland tätig sind).

Die Notizen auf dem Tablet von Harriet Hirsch können nach Aufspielen einer Spyware mitgelesen werden. Solche Schadprogramme sind zu Tausenden in Umlauf und nutzen Sicherheitslücken der Geräte aus. Die Dokumente des Gesprächspartners auf dem USB-Stick enthalten – sofern nicht gelöscht – Metadaten, aus denen hervorgeht, wer und wann genau an dem Dokument gearbeitet hat, bei Fotos sind in der Regel auch die Standort- und Aufnahmedaten eingebettet. Was Journalisten in Suchmaschinen eingeben oder welche Bücher sie in der Bibliothek ausleihen – auch dafür interessieren sich Geheimdienste. Das Einkaufsverhalten von Harriet Hirsch kann ebenfalls wichtige Informationen liefern – beispielsweise über eine mögliche Schwangerschaft, Hygienegewohnheiten oder häusliche Mitbewohner.[70] Ein Smart TV zu Hause gibt preis, welche Programme geschaut wurden. Patentiert ist bereits, über die Web-Cam Informationen über die Fernsehzuschauer zu sammeln.[71] Sprachassistenz-Systeme wie Alexa (Amazon), Cortana (Microsoft), Assistant (Google), SAM (Samsung) und Siri (Apple) hören mit, was im Apartment gesprochen wird. Denn sie reagieren auf Startbegriffe und leiten Sprachdateien an zentrale Server weiter, wo sie analysiert werden.[72] Vom intelligenten Stromzähler erfährt ein interessierter Überwacher, ob die Wohnung genutzt wird, wie viele Personen anwesend sind und wann sie essen oder schlafen. Denn die gleichzeitige Nutzung von Stromquellen lässt entsprechende Rückschlüsse zu. Das Fitnessarmbändchen gibt nicht nur Körperdaten preis, sondern zeichnet auch auf, wie viele Stunden Schlaf unsere Reporterin findet oder ob sie sich ruhelos im Bett wälzt. Mit alldem hinterlässt Harriet Hirsch eine detaillierte Datenspur, die es möglich macht, ein Bewegungs- und Rechercheprofil zu erstellen und die Identität des Informanten herauszufinden.

Zum Quellenschutz in der Offline-Welt sollten Rechercheure eine Reihe von Punkten beachten. Dabei muss man sich klarmachen, dass bei fast allen Enthüllungs-Geschichten Informanten eine wichtige Rolle spielen. Der Kontakt kann auf mehreren Wegen entstehen. Es kommt vor, dass Informanten dem Rechercheur anonym Material zukommen lassen, dann gilt es, die Informationen durch weitere Quellen zu verifizieren. Informanten melden sich manchmal auch gezielt bei ihnen bekannten Journalistinnen, weil sie sich vorher umgehört haben oder – wie im Falle Mark Felt – bereits persönlich mit ihnen bekannt sind. Wer aber aktiv recherchiert, wird auch Informanten suchen und ansprechen.

Hier lohnt es sich zu überlegen, ob die Kontaktaufnahme über neutrale Dritte organisiert werden kann, was Vorteile bieten kann. Ein unauffälliger Treffpunkt lässt sich beispielsweise so leichter finden. Die Rechercheurin kann mit der persönlichen Empfehlung eines neutralen Dritten ein Entrée erhalten, das ihr den Zugang erleichtert. Es kann so auch ein verdeckter Kommunikationskanal oder ein »toter Briefkasten« aufgebaut werden. Postkarten mit unverfänglichen verabredeten Botschaften hinterlassen so wenige Datenspuren, dass Geheimdienste daraus keinen Nutzen ziehen können, im Gegensatz zu Briefen fehlt dort meist auch der Absender. Die Wahl des Motivs der Postkarte kann bereits eine verschlüsselte Botschaft enthalten, beispielsweise bezüglich des Orts oder des Zeitpunkts eines Treffens.

Eine Kommunikationsmöglichkeit für den Notfall kann über eine sichere Mobilfunknummer erfolgen. Hierzu eignet sich ein Prepaid-Handy allerdings nicht, da SIM-Karten in Deutschland mittlerweile nur bei Registrierung des Kunden ausgegeben werden. Besser ist eine freigeschaltete ausländische SIM-Karte, die ohne Angaben von Personendaten beschafft wurde und deshalb anonym genutzt werden kann. Ebenfalls ist Vorsicht bei der Weitergabe von Dokumenten

Für den Werkzeugkasten

Informanten schützen – und sich selbst

Quellenschutz in der analogen Welt

- Bei Treffen mit Informanten kein Mobiltelefon mitnehmen oder zumindest den Akku herausnehmen. Denn auch ein ausgeschaltetes Handy kann als Wanze, versteckte Kamera oder zur Ortung benutzt werden. Hier helfen spionagesichere Mobilfontaschen oder Störsignalerzeuger (audio jammer).
- Keine Papiere offen herumliegen lassen. Den Computer beim Verlassen des Raums immer sperren. Keine E-Mails ausdrucken.
- Bei Dritten keine Andeutungen über die Identität des Informanten, seine Herkunft, seine Funktion, seinen Wohnort oder seinen Namen machen.
- Prüfen, ob es theoretisch mehrere Informanten geben könnte. Wenn die Quelle singuläre Zugänge hat, wird der Verdacht sehr schnell auf sie fallen.
- Den Informanten über mögliche Gefahren und Konsequenzen im Umgang mit Medien aufklären.
- Darauf achten, dass Treffen mit dem Informanten nicht von Dritten beobachtet werden – schon gar nicht von jenen, für die eine geplante Publikation bedeutsam ist.
- Genau prüfen, ob der Informant durch Angaben im Text (Alter, Wohnort usw.) identifiziert werden kann. Anonymisieren bedeutet, jede Spur zu verwischen.
- Keinen Informanten durch eigenen Leichtsinn gefährden. Dazu gehört auch, dass Namen von Informanten nicht im Kollegenkreis oder mit dem Chef diskutiert werden.

geboten, auf keinen Fall sollte diese per E-Mail erfolgen. Auch beim Ausdrucken muss man aufpassen, denn die gängigen Farbkopierer und Farbdrucker betten sogenannte »Yellow Dots« in den Ausdruck ein, die später sichtbar gemacht werden können und so den Drucker und teilweise den Zeitpunkt des Drucks identifizieren.[73] Durch diese Methode soll auch die Whistleblowerin Reality Winner aufgeflogen sein, die NSA-Dokumente an *The Intercept* weitergegeben hat.[74] Wenn möglich, Informanten nicht in geschlossenen, einsehbaren Räumen treffen, sondern im Freien. Denn Telefone können als Abhörstationen genutzt werden. Sogar aus den Vibrationen der Glühlampen kann die mündliche Kommunikation rekonstruiert werden.[75]

In Memos und im Recherche-Plan kann man ein Pseudonym verwenden. Manchmal lässt sich ein Informant auch dadurch abschatten, dass man ihn in der Publikation mit einer unverfänglichen Äußerung oder einem Dementi zitiert. Die folgende Liste beschreibt Mindest-Standards und erhebt keinen Anspruch auf Vollständigkeit.[76]

Vergleichbare Vorsichtsmaßnahmen sind auch ratsam in der digitalen Welt.

Der Whistleblower Edward Snowden hat öffentlich gemacht, wie weit die Überwachungsmaßnahmen der US-Geheimdienste CIA, NSA und DIA gehen. Bis Mai 2013 arbeitete Snowden als Systemadministrator für das Beratungsunternehmen Booz Allen Hamilton im Kunia Regional SIGINT Operations Center der NSA auf Hawaii. Dort hatte er Zugang zu streng geheimen Informationen. Sie betrafen die US-amerikanischen Überwachungsprogramme der weltweiten Internet-Kommunikation XKeyscore, PRISM, Stellarwind (als Teil des President's Surveillance Program) und Boundless Informant sowie das noch umfassendere Programm Tempora der britischen Government Communications Headquarters (GCHQ), das Daten direkt an Unterwasserkabeln abgreift. Snowden gab seine Informationen unter dem Decknamen »Citizenfour« an die Dokumentarfilmerin Laura Poitras und den Journalisten Glenn Greenwald weiter, der sie im Juni 2013 ohne Quellenangabe veröffentlichte. Da Snowden mit seiner schnellen Enttarnung rechnete, gab er am 09.06.2013 in Hongkong seine Identität preis. Kurz darauf erwirkte das FBI einen Haftbefehl wegen Spionage. Snowden konnte Hongkong verlassen, saß dann für längere Zeit im Transitbereich des internationalen Flughafens Moskau-

Scheremetjewo fest und erhielt schließlich Asyl in Russland. 2015 empfahl das Europäische Parlament den Mitgliedsstaaten, die Vorwürfe gegen Snowden fallen zu lassen und ihm Schutz zu gewähren. Wie andere europäische Staaten hat auch die Bundesrepublik einen Asylantrag abgelehnt.[77]

Die Snowden-Dokumente zeigen, wie wichtig Daten- und Informantenschutz sind. Dabei geht es um vier Bereiche: Datenspuren auf dem Computer, beim Surfen, beim Mailen und beim Telefonieren.

Im Jahr 2017 wurde in der Bundesrepublik das sogenannte Staatstrojaner-Gesetz – der volle Name lautet »Gesetz zur effektiveren und praxistauglicheren Ausgestaltung des Strafverfahrens« – verabschiedet. Darin ist unter anderem geregelt, dass private Chat-Verläufe nicht mehr »nur zur Terrorabwehr« mitgelesen werden dürfen, sondern auch, wenn ein Verdacht auf schwere Straftaten besteht. Damit können Ermittlungsbehörden Computer, Tablets und Smartphones überwachen und Messenger-Nachrichten mitlesen. Denn mit einer heimlich installierten Spionagesoftware lassen sich Ende-zu-Ende-Verschlüsselungen umgehen: Auf dem Rechner sind auch die verschlüsselten Daten notgedrungen entschlüsselt und lesbar. Gegen diesen »Staatstrojaner« haben mehrere Organisationen Verfassungsbeschwerde erhoben, allen voran der Verein Digitalcourage. Jan Roggenkamp, Professor an der Hochschule für Wirtschaft und Recht in Berlin, hat an der Klageschrift mitgearbeitet. Er sagt, mit dem Trojaner dringe der Staat tief in die Privatsphäre eines Verdächtigen ein. Fotos, Standort-Daten, Dokumente – alles kann eingesehen werden: »Jemand anderes hat mal gesagt, das ist schon die Befugnis zum Gedankenlesen.«[78] Die Spionage-Software wird über Sicherheitslücken ins Betriebssystem eingeschleust. Das sind meist versteckte Zugänge der Programmierer, die absichtlich im Code gelassen werden, um eine einfachere Arbeit mit dem Code zu ermöglichen. Diese können dann von Sicherheitsbehörden oder Nachrichtendiensten angekauft und vorgehalten werden. Das Potenzial zum Machtmissbrauch, so Roggenkamp, sei immens: »Da gibt es überhaupt keine Sicherheitsvorkehrungen.«

In der Politik läuft die Diskussion momentan noch weiter. Immer aufs Neue geht es um eine Ausweitung staatlicher Eingriffe.[79] Der

Staatstrojaner ist als Schadsoftware anzusehen, dennoch kann man sich nicht darauf verlassen, dass aktuelle Anti-Viren-Programme ihm auf die Spur kommen. Denn hier geht es um einen individualisierten Eingriff. Anders ausgedrückt: Der Trojaner wird auf die Zielperson zugeschnitten.

Hier kann nur auf das gründliche Buch von Peter Welchering und Manfred Kloiber verwiesen werden, das einen guten Überblick über Maßnahmen zum Informanten-Schutz insbesondere in der digitalen Welt gibt.[80] Sie machen ganz deutlich, dass neben den Nachrichtendiensten noch andere überwachen:

> »Etwa 1000 Unternehmen weltweit überwachen uns im Netz, und zwar lückenlos. Ein Großteil dieser Datenhändler tauscht die Überwachungsdaten untereinander aus, ein Teil verkauft diese Überwachungsdaten an Nachrichtendienste und andere Sicherheitsbehörden. Und diese Überwachung erfolgt geräteübergreifend. Mit anderen Worten: Wer im Internet surft, Messenger-Dienste nutzt, twittert oder postet, dessen Verhalten wird getrackt. Er wird umfassend kontrolliert. Mit modernen Überwachungsmethoden und intensiver Zusammenarbeit auf der technischen Ebene wissen die internationalen Datenhändler genau, was die Netz-Nutzer denken, lesen und kaufen wollen.«[81]

Deshalb sind für Rechercheure eine Reihe von Punkten wichtig:

Datenspuren auf dem PC: Auch wenn Rechercheure alle sensiblen Daten auf der Festplatte ihres PC löschen – es bleiben genügend Informationen zurück, um herauszufinden, womit er sich befasst und woher er seine Informationen bezieht. Hier lohnt es sich nicht nur, wichtige Daten auf externen und verschlüsselten Festplatten zu speichern, sondern diese auch nur auf einem Rechner ohne Netzanbindung zu bearbeiten. Das bedeutet, die Dateien werden mithilfe einer Festplatte auf den Arbeitsrechner transferiert, entschlüsselt und dort bearbeitet. Fast jede Anwendungs-Software erzeugt temporäre Dateien, um Daten zwischenzuspeichern, zusammenzufügen oder zu sichern. Dokumente haben Meta-Daten, über welche sie Rückschlüsse auf den Informanten zulassen. So steht in einem Word-Dokument viel mehr, als das Bearbeitungsfenster zeigt. Ein Blick in die

»Eigenschaften« gibt jede Menge Meta-Daten preis – beispielsweise, wer der erste Autor ist, wann es angelegt und wann geändert wurde. Noch informativer ist die Option »Änderungen verfolgen«. Wer allerdings mit einem Spezialwerkzeug (einem sogenannten Binäreditor) die Datei öffnet, findet unter Umständen die ganze Dokumentengeschichte. Deshalb ist es besser, Dokumente in einem anderen Format weiterzugeben, beispielsweise als PDF-Dokument. Das beliebteste Umwandlungs-Tool ist der PDF-Creator.[82] Die Dokumentenhistorie ist dann weg, aber auch in PDF-Dateien können sich Metadaten befinden. Reine Text-Dokumente lassen sich auch als »Text-Datei ohne Formatierung« abspeichern, zum Beispiel mit der Datei-Endung ».txt«. Internet-Browser legen alle angesteuerten Webseiten standardmäßig in den Cache. Das ist ein Verzeichnis auf der Festplatte, in dem alle Daten der Online-Suchen zwischengespeichert werden. Viele Seiten hinterlassen dazu Cookies. Deshalb empfiehlt es sich, den Cache mit der im Browser integrierten Funktion »Cache leeren« zu säubern. Hilfreich sind auch die Funktionen »Verlauf löschen« und »Cookies löschen«. Noch besser ist es, den »privaten Surfmodus« einzustellen, aber selbst dann werden noch Spuren erzeugt – beim Netzwerk-Administrator und beim Provider. Was aus dem Papierkorb gelöscht wird – das ist nicht wirklich gelöscht, sondern erst, wenn die Daten überschrieben werden. Wer sicher löschen will, findet im Netz eine Menge Freeware-Programme, wie zum Beispiel »Eraser« für Windows.[83] USB-Speichersticks und Solid-State-Disks, die sog. SSD-Festplatten, bieten gegenüber den herkömmlichen magnetischen Festplatten Vorzüge: Sie benötigen weniger Energie und sind robuster, aber eben auch teurer und ihre Lebensdauer ist begrenzt. Beim Löschen von Daten muss man wissen: Auch Formatieren ist kein Löschen. Eine fachgerechte Entsorgung bieten dagegen Aktenvernichter an.

Mails tarnen und verschlüsseln: Peter Welchering und Manfred Kloiber raten, Tarnidentitäten im Netz aufzubauen.[84] Getarnte E-Mail-Adressen sind wichtig, weil sie zur Einrichtung von Fake-Accounts auf sozialen Plattformen benötigt werden. Plattformen wie Facebook, Twitter, YouTube (Videos mit Vorschlägen für Treffpunkte) oder Instagram (Fotos mit Textbotschaften) werden manchmal benötigt, um mit Informanten zu kommunizieren. Ein anonymer E-Mail-Account kann bei deutschen Free-Mail-Anbietern oder bei einem Spezialanbieter eingerichtet werden. Bei deutschen Anbietern ist nicht immer geklärt, ob über eine Anonymisierungs-Plattform[85] zugegriffen werden kann, um seine Internet-Protokoll-Adresse zu verschleiern. So kann man sich aber einen kleinen Vorrat an Mail-Accounts einrichten. PGP steht für »Pretty Good Privacy« und ist eine Entwicklung des US-Informatikers Phil Zimmermann. Heute gibt es in Europa einen Standard für den offenen Austausch der Schlüssel (OpenPGP). Das heute bekannteste Tool für die Verschlüsselung von E-Mails ist »GNU Privacy Guard« (GnuPG).[86] Das Problem: Eine E-Mail wandert wie eine Postkarte durch die E-Mail-Server im Netz. Mit PGP werden sie asymmetrisch verschlüsselt. Das bedeutet, dass es zwei Schlüssel gibt, einen öffentlichen und einen geheimen. Der öffentliche Schlüssel hat zwei Funktionen: Beim Verschlüsseln benutzt der Absender den öffentlichen Schlüssel des Empfängers, um die Botschaft zu verschlüsseln. Für die Funktion »Digitale Unterschrift« hingegen nutzt der Empfänger einer E-Mail den öffentlichen Schlüssel des Absenders, um die Identität des Absenders und die Unverfälschtheit der E-Mail zu prüfen. Dies macht aber auch den Informanten identifizierbar.

Mit dem geheimen Schlüssel verhält es sich genau umgekehrt: Für die Verschlüsselung nutzt der Empfänger seinen geheimen Schlüssel, um eine verschlüsselte E-Mail zu öffnen. Für die Funktion »Digitale Unterschrift« benutzt der Absender seinen geheimen Schlüssel, um sie digital zu signieren. Kurz: Um sicher kommunizieren zu können, müssen die Botschaften mit dem öffentlichen Schlüssel verpackt werden. Entpackt werden können sie aber nur mit dem geheimen Schlüssel. Das Mailprogramm »Thunderbird« bietet hier gute Möglichkeiten, denn über verschiedene Betriebssysteme hinweg lassen sich Verschlüsselungstools nach OpenPGP-Standard integrieren.[87] Die Open-Source-Software ist als E-Mail- und Newsreader-Programm einfach zu benutzen.

Anonym surfen: Jeder Rechercheur muss wissen, dass er mit seiner IP-Adresse bei allem, was er im Netz tut, eine Visitenkarte hinterlässt und damit identifizierbar ist. Um das zu verhindern, legt er sich auf Twitter, Facebook, Instagram und YouTube anonyme Accounts an. Zum Anlegen dieser Accounts werden anonyme Mail-Konten benutzt, die von Anbietern wie »Anonymous Speech«, »Zwooka«, »Hushmail« oder »Hide My Ass« zur Verfügung gestellt werden. Das darf nur anonym über einen PC getan werden, nicht über ein Smartphone. Wenn mein PC den Provider-Rechner für einen Datentransport kontaktiert, werden die Daten in einzelne Päckchen zerlegt, die zuerst auf dem nächsten Internet-Knotenrechner landen. Dieser schickt die Datenpäckchen weiter zum Provider. Jedes Datenpäckchen hat außer den Nutzdaten auch noch sogenannte Headerdaten, die für Transport und das Wiederzusammensetzen der Päckchen gebraucht werden. Allein mit diesen Headerdaten können Rechercheure umfassend überwacht werden, zum Beispiel von Geheimdiensten. Die Methoden zur Überwachung im Netz sind weltweit ähnlich. In erster Linie geht es um das Anzapfen von Glasfaserkabeln. Dies kann man an Schnitt- und Wartungsstellen tun oder die Lichtstreuung (»Rayleigh-Streuung«) der Kabel nutzen. Aufwändiger ist das Anzapfen von Knotenrechnern. Um die Datenpäckchen entschlüsseln zu können, benötigen die Empfänger eine Entschlüsselungs-Erlaubnis, ein sogenanntes Zertifikat. Diese gibt es beim Provider – oder man fälscht sie. Welchering und Kloiber gehen davon aus, dass auf diese Weise dreißig Prozent des weltweit standardmäßig verschlüsselten Datenverkehrs entschlüsselt werden.[88] Für sensible Recherchen empfehlen sich also Rechner in Internet-Cafés oder Bibliotheken mehr als der eigene Rechner. Hilfreich sind Einmal-Browser. Man kann beispielsweise den Web-Browser »Browzar« auf einem Stick mitbringen. Jeder Browser bietet auch Datenschutz-Einstellungen an. So lohnt es sich, beim Firefox von Mozilla den Befehl »about:cache« in die Browserzeile einzugeben. Hier sieht man dann, wo überall gesurft wurde. Solche Verzeichnisse sollten regelmäßig gelöscht werden – am besten mit dem Programm »Eraser«, das von der NSA entwickelt wurde. Aber auch dann ist man nicht anonym: Denn Anfragen in Unternehmen laufen meist über einen Proxy-Surfer, der alle internetrelevanten Daten und das Surfverhalten des Mitarbeiters aufzeichnet. Zugang haben die System-Administratoren und all jene, die Benutzernamen und Passwort kennen. Das können auch Detekteien oder Mitarbeiter von Nachrichtendiensten sein. Deshalb verbieten sich sensible Recherchen vom Arbeitsplatzrechner.[89] Für Anfangsrecherchen vom häuslichen Rechner sollte man die Anonymisierungsplattform »anonymouse.org« benutzen. Die übermittelt die eigenen Daten über den eingesetzten Browser, das Betriebssystem und die IP-Adresse an die angesteuerte Seite. Internet-Provider protokollieren zwar, welche IP-Adresse sie wie lange welchem Kunden vergeben, diese Daten dürfen den Ermittlungsbehörden aber nur zum Zwecke der Strafverfolgung mitgeteilt werden. Allerdings können sich Geheimdienste diese Daten einfach direkt am Internet-Netzknoten abgreifen. Damit wird auch »anonymouse.org« ausgehebelt, denn vom Kunden bis zum Server kann die IP-Adresse gelesen werden – das »Problem der ersten Meile«. Hier kommt der TOR-Browser ins Spiel. Die Abkürzung »TOR« steht für »The Onion Router«. Hier müssen mehrere Verschleierungsschalen entfernt werden (wie bei einer Zwiebel), was aufwändiger ist und deshalb einen recht hohen Sicherheitsstandard bietet.[90] Die Bielefelder Digitalcourage-Gruppe um die Künstler und Aktivisten »padeluun« und Rena Tangens bietet für zwanzig Euro eine Version auf dem sogenannten Privacy Stick an, bei der die TOR-Software schon fertig konfiguriert ist. So muss der TOR-Browser nur vom Stick gestartet werden. Man darf natürlich nicht mal über TOR und dann direkt auf einen Server zugreifen, denn dann können die Server Cookies platzieren, die eine Identifizierung trotz Tor möglich machen. Ein weiteres Problem: Das letzte Stück vom Tor-Ausgangsserver zum Zielrechner ist ebenfalls nicht mehr verschleiert. Hier entsteht das »Problem der letzten Meile«. Dieses wiederum lässt sich lösen, wenn man das TOR-Netzwerk mit anonymouse.org kombiniert.[91] Verbindungen ins Hotel-WLAN und vom ICE verbieten sich, denn diese Datenfunknetze haben viele Sicherheitslücken. Bei allen Geräten ist wichtig, keine automatische Verbindung zu Hotspots zuzulassen. Bei Phone und iPad muss dafür die Funktion »auf Netze hinweisen« abgeschaltet werden. Gegen Tracking hilft die »Trutzbox«. Sie beantwortet die Anfragen der Überwachungs-Server mit falschen Daten und kann deshalb auch eingesetzt werden, um unentdeckt zu surfen, den eigenen E-Mail-Verkehr abzusichern und anonym zu chatten. Die Trutzbox wird an den eigenen DSL-Router oder an das Kabelmodem angeschlossen, die Endgeräte können sich dann per Kabel oder WLAN mit ihr verbinden. Auf der Trutzbox läuft auch ein eigener Mailserver, der für den Austausch mit Informanten genutzt werden kann. Ein weiterer anonymer Netzwerk-Dienst ist das »Invisible Internet Project« (abgekürzt i2p). Jeder i2p-Nutzer benötigt einen eigenen Client, der mit dem Gesamtpaket heruntergeladen werden kann.[92] Der Client läuft direkt auf dem Router des i2p-Anwenders und richtet dort unterschiedliche Tunnel für Kommunikationsein- und ausgang ein. Das hat zur Folge, dass Datenpäckchen nur an andere Teilnehmer des i2p-Netzes geschickt werden können. Einen weiteren Ansatz, IP-Adressen zu verschleiern, bieten »Mix-Kaskaden«, die eine ähnliche Verschleierungstechnik wie der TOR-Browser nutzen. Der bekannteste Anonymisierer ist der »Java Anon Proxy« (JAP) und wurde von der TU Dresden und der Uni Regensburg mit Beteiligung des Unabhängigen Landeszentrums für Datenschutz Schleswig-Holstein entwickelt. Das ULD bietet einen eigenen Browser namens »Jondofox« an.[93] Daneben gibt es noch die Möglichkeit, »Virtuelle Private Netzwerke« (VPN) zu nutzen. Auch hier wird das Netz zwischen dem Benutzer und dem Zielserver unterbrochen, die Datenpäckchen werden getunnelt. Allerdings ist die von der NSA entwickelte Software XKeyscore inzwischen darauf optimiert, die Eintritts- und Austrittsstellen von Tunneln virtueller privater Netzwerke aufzuspüren. XKeyscore identifiziert die Tunnelmünder und spielt Schadsoftware auf die Rechner, um am Tunnelmund die Kommunikation zu überwachen. Seit 2016 wird XKeyscore auch vom Bundesamt für Verfassungsschutz eingesetzt.[94] Demokratische Menschen können hier nur den bei Mitarbeitern der NSA beliebten ironischen Spitznamen wiederholen: »No Such Agency!«

Informanten schützen – und sich selbst

Quellenschutz mit digitaler Tarnkappe (Stand: 2021)

1. Computer

- Offline-Rechner für sensible Daten und Unterlagen verwenden. Datentransfer zum Online-Rechner mittels verschlüsselter Festplatte.
- Zeitnah sicherheitsrelevante Patches installieren. Mit Patches korrigieren Software-Hersteller Fehler in den Programmen, schließen Sicherheitslücken oder rüsten Funktionen nach.
  praxistipps.chip.de/was-ist-ein-patch-einfach-erklaert_41339
- Den Administrator-Account nur nutzen, um den Rechner (möglichst offline) zu konfigurieren und Programme zu installieren. Mit einem Account mit eingeschränkten Nutzerrechten ins Netz gehen. Wenn ein Angreifer diese kapert, kann er trotzdem keine Programme installieren.
- Für jeden Account ein neues Passwort vergeben. Eine Zeichenkette wählen, nie ein echtes Wort.
  www.passwortcheck.ch/passwortcheck/check.php?lang=de
  recherche-info.de/2011/12/02vergesst-passwörter-nehmt-passsatze/
- Externe Datenträger verwenden. Rechner, externe Festplatten und USB-Sticks mit True Crypt verschlüsseln.
  www.chip.de/news/TrueCrypt-nach-dem-Ende-So-nutzen-Sie-es-sicher_70049725.html
  www.selbstdatenschutz.info/windows/externe_datentraeger_verschluesseln/
- Temporäre Dateien suchen und löschen. Dazu reicht meist nicht der »Entfernen«-Befehl. Man muss die zu löschenden Dateien mit einer Bit-Folge mehrfach überschreiben.
- Gelöscht ist nicht gelöscht. Nach dem Löschen von Daten den Datenträger neu formatieren. Defekte Datenträger nicht einfach wegwerfen, sondern physisch zerstören.

2. Internet, Cloud, Browser und Suchmaschinen

- ▷ Unerkannt im Netz surfen.
  www.datenschutz.de/category/ratgeber/selbstdatenschutz/
- ▷ Enigmabox verwenden. Die Enigmabox ist eine Plug-and-Play-Verschlüsselungsmaschine. Sie ermöglicht Ende-zu-Ende-verschlüsselte Telefonie und E-Mail-Kommunikation ohne Berücksichtigung von Passwörtern.
  enigmabox.net/
- ▷ Den Browser restriktiv konfigurieren und das Ausführen von aktiven Inhalten wie Java und Javascript unterbinden. Beim Einsatz des Browsers Firefox zur zusätzlichen Absicherung kleine Zusatzprogramme (Add-ons) aktivieren.
  www.mozilla.org/de/firefox/new/
  addons.mozilla.org/de/firefox/
- ▷ Google als Suchmaschine vermeiden. Die Suchmaschinen DuckDuckGo oder Quant verfolgen nicht nach. TOR und Firefox zum privaten Surfen nutzen.
  www.chip.de/downloads/Tor-Browser-Paket_22479695.html
  www.pcwelt.de/ratgeber/Download-Mit-diesen-Tools-surfen-Sie-anonym-6504182.html
  www.torproject.org/projects/torbrowser.html.en
  www.selbstdatenschutz.info/anonym
  tails.boum.org/
  duckduckgo.com/
- ▷ von Dropbox zu einem OwnCloud-Anbieter wechseln oder eine OwnCloud auf einer eigenen Domain aufsetzen.
  www.heise.de/download/owncloud-1185372.htm
- ▷ Tote elektronische Briefkästen nutzen: Dazu benötigen Journalistin und Informant ein Benutzerkonto bei einem Cloud-Anbieter. Dann werden verschlüsselte Mitteilungen in die Cloud geladen – über einen Anonymisierungsserver. Nach dem Upload erhält der Empfänger eine harmlose Mail, einen Anruf oder eine Direktmitteilung via Twitter und kann die Infos herunterladen.

3. E-Mail

- Bei sensiblen Netznutzungen in ein Internet-Café gehen.
- Für Mailverkehr eine Deckadresse nutzen.
- Ein neues E-Mail-Postfach erzeugen, beispielsweise über Posteo. posteo.de/de
- E-Mails verschlüsseln und dazu S/MIME nutzen. Die GnuGPG (oder der Vorgänger PGP) kann ebenso verwendet werden, funktioniert aber nicht auf allen Endgeräten.
  www.heise.de/ct/artikel/Brief-mit-Siegel-1911842.html
  www.chip.de/downloads/GNU-Privacy-Guard-GnuPG_16838073.html
  www.gpg4win.de/
  praxistipps.chip.de/thunderbird-pgp-verschluesselung-fuer-e-mails_2782
  www.investigativerecherche.de/verschluesselungsvideo/
- Per E-Mail erhaltene Anhänge nicht sofort öffnen, sondern auf der Festplatte speichern und auf Viren checken.
- Über Anonymisierungsserver mailen.
  www.anonym-surfen.com

4. Mobile Geräte und Telefonie

- Kein Apple iOS benutzen, sondern Android und LineageOS.
  www.lineageos.org/
  www.zdnet.de/themen/cyanogenmod/
  www.selbstdatenschutz.info/telefonie_verschluesseln#Smartphone
- Anonyme Telefonnummern (Nicknumbers) einrichten. Mit Informanten wenn möglich nicht über Festnetz oder Mobilnetz telefonieren. Eine solche anonyme Anrufnummer, die auf das eigene Telefon oder einen Web-Sprachdienst weiterschaltet, kostet zwischen 10 und 30 Euro für die Einrichtung sowie monatliche Grundgebühren von 3 bis 15 Euro.
  web.nicknumber.de/faq.php
- Verschlüsselte Messenger-Dienste wie Signal oder Threema nutzen.

datenschutzbeauftragter-dsgvo.com/diese-messenger-sind-sicherer-als-verschluesselte-e-mails/

- Chat als Alternative zum Telefonieren nutzen (Krypto-Chat). Die Chat-Software sollte verschlüsseltes Chatten nicht nur in den üblichen Chat-Netzwerken und via Messenger erlauben.
  www.pidgin.im
  github.com/prof7bit/TorChat/Downloads
  www.cypherpunks.ca/otr/

5. In Sachen Datensicherheit auf dem Laufenden bleiben

- Infos suchen über Sicherheitslücken und Datensicherheit, beispielsweise durch Newsletter oder Crypto-Partys.
  www.heise.de/security/
  heise.de/bin/newsletter/listinfo/heisec-summary
  www.bsi-fuer-buerger.de/newsletter/index.htm
  netzwerkrecherche.org/
  de-de.facebook.com/Cryptoparty
  www.crypto-party.de/muenchen/
  www.openpgp-schulungen.de/angebote/
  www.datenschutz.org/datenschutz-im-internet/
  www.datenschutz.de/category/ratgeber/selbstdatenschutz/

Hier soll noch einmal auf das wichtige Buch *Informantenschutz* von Peter Welchering und Manfred Kloiber verwiesen werden, auf dem die letzten Seiten aufbauen. Darin haben die zwei Fachleute den aktuellen Stand zusammengetragen. Auch der Werkzeugkasten weiter unten zeigt Vorschläge für eine Grundausstattung und erhebt ebenfalls keinen Anspruch auf Vollständigkeit – zumal die technische Entwicklung beständig voranschreitet.[95]

Kenner geheimdienstlicher Überwachungsmethoden wie Edward Snowden rechnen damit, dass in der Folge der Corona-Pandemie die Überwachungs-Infrastruktur in vielen Ländern weiter ausgebaut wird:

»Wir konnten in Ländern wie Taiwan und Süd-Korea – und zusehends auch in westlichen Ländern und natürlich auch den USA – Tracking und Monitoring der Bewegungen der gesamten menschlichen Bevölkerung mittels der Bewegungen unserer Mobiltelefone beobachten … oberflächlich sieht dies wie eine gute Idee aus. Gewiss gibt es hier einen natürlicherweise anzunehmenden Nutzen. Und doch funktioniert dieses Level, diese Methode der Kontaktverfolgung nicht in den Dimensionen einer Pandemie … Indem sich der Autoritarismus ausbreitet, indem Notstandsgesetze wuchern, indem wir unsere Rechte opfern, opfern wir auch unsere Fähigkeit, dem Abdriften in eine weniger liberale und weniger freie Welt Einhalt zu gebieten. Glauben Sie wirklich, dass, wenn die erste Welle, die zweite Welle, die sechzehnte Welle des Coronavirus eine längst vergessene Erinnerung ist, dass man dann auch diese Möglichkeiten, diese Datenmengen verworfen werden? … Gleichgültig wie sie genutzt werden – was da gerade gebaut wird, ist die Architektur der Unterdrückung.«[96]

Rechercheure müssen sich klarmachen, wie weit die Überwachungsmöglichkeiten inzwischen gehen – und dass sie künftig weiter ausgebaut werden. 2020 hat der Europäische Gerichtshof in seinem Urteil zum »Privacy Shield Abkommen« erneut festgestellt, dass die Daten europäischer Bürger in den USA nicht ausreichend geschützt sind. Der Landesbeauftragte für Datenschutz in Baden-Württemberg, Stefan Brink, erklärt:

»Weil die Überwachungsbefugnisse amerikanischer Geheimdienste nach den Anschlägen vom 11. September über jedes vernünftige Maß ausgeweitet wurden und keine nennenswerten Beschränkungen oder Voraussetzungen aufweisen. Für Personen, die keine amerikanischen Staatsbürger sind, gibt es de facto auch keine Rechtsschutzmöglichkeiten dagegen. Daten europäischer Bürger, die von hier aus beispielsweise an amerikanische Social-Media-Anbieter oder Cloud-Dienstleister übertragen werden, sind dem Risiko jederzeitiger, anlassloser, gerichtlich nicht überprüfbarer Kontrolle durch NSA oder FBI ausgesetzt.«[97]

Informanten schützen ist also das Gebot der Stunde. Zu diesem Zweck lohnt es sich, über »Strategien der Entnetzung«[98] nachzudenken. Ist das Großraumbüro der geeignete Ort, um mit Informanten zu telefonieren? Sollte die Kontaktaufnahme vielleicht besser nicht über E-Mail erfolgen? Gehören sensible Daten wirklich in die Cloud? In jedem Falle sind persönliche Treffen, langfristig aufgebaute Arbeitskontakte, Kommunikationsformen ohne Datenspuren, die Konzentration auf wenige, dafür aber nachhaltige Kontakte einem digitalen »Overload« mit allen Überwachungs- und Kontrollrisiken vorzuziehen. Dazu noch einmal Andreas Whittam Smith: »The first is to say simply that one never discusses in any way the identity of those who provide information confidentially.«[99]

2.5 Memos schreiben

Auch im Skandal um die Zeitung *News of the World* im Jahr 2011 hat Andreas Whittam Smith unmissverständlich Stellung genommen. Er plädierte eindringlich dafür, die Chefredakteurin des Blattes, Rebekah Brooks, und den verantwortlichen Verleger, den Medienmogul Rupert Murdoch, vor Gericht zu stellen.[100]

Redakteure der Zeitung hatten sich illegal Zugang zu Mobilfunk-Mailboxen verschafft und diese abgehört. Darunter waren nicht nur zahlreiche Prominente, sondern auch Opfer von Verbrechen und die Angehörigen von gefallenen britischen Soldaten. Daneben waren Polizeibeamte bis zur Spitze von Scotland Yard hinauf bestochen worden.

Dass Brooks und Murdoch darüber im Bilde waren, ist sicher. Denn bereits 2005 und 2006 war gegen »News International« wegen illegaler Abhörpraktiken ermittelt worden. Der Reporter Clive Goodman und ein Privatdetektiv waren verhaftet und zu mehreren Monaten Gefängnis verurteilt worden. Im Juli 2009 berichtete der *Guardian* über weitere Abhörfälle in der Redaktion. John Yates, der stellvertretende Polizeichef, lehnte neue Ermittlungen mit der Begründung ab, dass es keine neuen Beweise gebe. Vor dem Parlament musste Yates später zugeben, dass Scotland Yard über Tausende Seiten Beweismaterial verfügte, darunter auch Listen von fast 4000 Namen und Telefonnummern potenzieller Abhöropfer. Im Zuge des Skandals wurde die *News of the World* eingestellt.

Andreas Whittam Smith sprach sich am gleichen Tag dafür aus, Brooks und Murdoch nach dem »Regulation of Investigatory Powers Act 2000« zu verurteilen. Das Gesetz regelt unter anderem die strafrechtliche Haftung von Führungskräften. Dort heißt es:

> »Wenn eine strafbare Handlung eines Unternehmens mit Einverständnis, Duldung oder durch das Versäumnis eines Direktors, Managers, Geschäftsführers oder eines ähnlichen Mitglieds der Geschäftsführung erfolgt ist, so ist der Betreffende für die Straftat verantwortlich und muss strafrechtlich dafür haften.«[101]

Andreas Whittam Smith wusste, wie die Kollegen von »News of the World« arbeiteten – und dass die Chefs dort über den Fortschritt der Stories sowie über Informationshonorare genau im Bilde waren. Es kam auch vor, dass fertig recherchierte Skandalgeschichten über Politiker und Beamte zurückgehalten wurden – im Austausch gegen kleine Gefälligkeiten. So konnte die Redaktion die Herausgabe weiterer Informationen erzwingen. Herren über diese Machenschaften waren Rebekah Brooks und Rupert Murdoch. Der Skandal zeigte auch das Geflecht von Politik, Geld und Medien in Großbritannien: Gleich drei Premierminister – Tony Blair, Gordon Brown und David Cameron – waren mit Brooks befreundet, ein Öffentlichkeitsberater wechselte sogar von Murdoch zu Premierminister David Cameron.[102]

Vor Gericht wurde Rebekah Brooks 2014 freigesprochen. Kurz darauf trat sie erneut eine leitende Position als Verantwortliche für Rupert Murdochs News Corporation in Großbritannien an. Sie übernahm damit die Verantwortung für *The Times*, *The Sunday Times* und *The Sun*. Rupert Murdoch hielt Andreas Whittam Smith eine Begebenheit vor, die 42 Jahre zurücklag. Als der australische Verleger in England angekommen war, um mit der *News of the World* in Konkurrenz zu dem damaligen Medienzar Robert Maxwell zu treten, trafen sich Whittam Smith und Murdoch am Flughafen Heathrow und fuhren gemeinsam Richtung Stadtzentrum. Im Savoy Hotel checkte Murdoch ein, bekam seine Zimmer-Nummer – und verlangte sofort ein anderes Zimmer. Whittam Smith fragte ihn warum. Murdoch antwortete: »Sehen Sie, ich fürchte, das reservierte Zimmer wird abgehört!«[103]

Warum kann Andreas Whittam Smith dem Verleger vorhalten, dass er schon damals von Abhörmaßnahmen besessen war? Ganz einfach: Er hatte sich die Begebenheit aufgeschrieben. 42 Jahre später konnte er sein Memo verwenden. Die alte Geschichte machte Murdochs Behauptung, er habe von all dem nichts gewusst, vollends unglaubwürdig.

Für jeden Rechercheur ist es deshalb ratsam, seine Interviews, sei es im persönlichen Kontakt oder am Telefon, sauber zu dokumentieren. Es kommt darauf an, alle wesentlichen Informationen festzuhalten: Wann genau wurde das Gespräch geführt? Wer war dabei? Wie sind die Informationen zu verwenden? Sind sie frei für eine Veröffentlichung, gilt die »Chatham House Rule« – alles darf verwendet werden, aber nicht die Namen der Quelle – oder macht der Gesprächspartner Anonymität zur Bedingung? Haben wir die vollständigen Kontaktdaten der Informantin – Name, Adresse, Telefonnummer, Mobilnummer, private Adresse und Rufnummer, E-Mail-Adresse beruflich und privat, Erreichbarkeit über Social Media und Website? Können wir wichtige Angaben machen zur Gesprächspartnerin und ihrer Rolle, ihren Hobbies, ihrer Biografie? Gab es bislang schon Berührungspunkte? Sind wir vorbereitet? Haben wir eine Frageliste, die wir im Gespräch abarbeiten können? Welche internen Maßnahmen und welche weiteren Rechercheschritte erwachsen aus der Unterhaltung? Gibt es weitere Verabredungen und Termine? Lassen sich die Angaben der Quelle bewerten? Haben wir das Interesse der Quelle in Erfahrung bringen können? Wie verlässlich ist die Quelle? Haben wir Hinweise auf weitere Informanten? Konnte die Quelle Dokumente zur Erhärtung ihrer Angaben anbieten oder auf Unterlagen verweisen?

Alle diese Fragen arbeitet der Rechercheur ab und legt eine saubere Gesprächsnotiz an. Auf dieser Basis kann er die Angaben mehrere Quellen später miteinander vergleichen. Hier ist ein Beispiel für ein solches Gesprächs-Memo:

Memo 1 – Gesprächsnotiz

1. Datum, Uhrzeit
   - ▷ …
   - ▷ …
2. Wer mit wem?
   - ▷ …
   - ▷ …
3. Gesprächspartner zitierbar?
   - ▷ Nein, Quellenschutz
   - ▷ Ja, Inhalt verwendbar
   - ▷ …
4. Erreichbarkeit
   - ▷ Festnetz
   - ▷ Mobil
   - ▷ E-Mail dienstlich
   - ▷ E-Mail privat
   - ▷ Adresse dienstlich
   - ▷ Adresse privat
   - ▷ Website, Facebook, Twitter etc.
   - ▷ …
5. Hintergrund Gesprächspartner
   - ▷ Titel
   - ▷ Funktion
   - ▷ Fachliche Expertise
   - ▷ Hobbies
   - ▷ Bisherige Berührungspunkte
   - ▷ Weitere Angaben zur Person
   - ▷ …
6. Inhalt
   - ▷ Antworten nach Befragungsplan
   - ▷ Weiterführende Angaben
   - ▷ Weitere Themenfelder

- Dokumente
- …

7. Quellenschutz vereinbart?
   - Absoluter Quellenschutz
   - Chatham House Rule (Inhalte können ohne Angaben der Quelle verwendet werden)
   - Quelle zitierbar
   - …
8. Interne Maßnahmen
   - Weitere Telefonate
   - Archiv-Recherchen
   - Dokumente auswerten
   - …
9. Journalistische Bewertung
   - Quelle absolut verlässlich
   - Quelle verfolgt folgende Interessen
   - Quelle unzuverlässig, Angaben widersprüchlich
   - …
10. Weitere Quellen
    - Informanten
    - Dokumente
    - …

Am 27.01.2020 fand die Gedenkfeier zur Befreiung des Konzentrationslagers Auschwitz statt. Der russische Präsident Wladimir Putin war vorsätzlich nicht eingeladen worden, obwohl es sowjetische Soldaten gewesen waren, die diese deutsche Mordstätte unter großen Opfern befreit hatten. Bei der Gedenkstunde im Deutschen Bundestag sprach Bundespräsident Walter Steinmeier von der »1. Ukrainischen Front«, die sich nach Auschwitz vorgekämpft habe. Damit suggerierte er, die Befreier seien Ukrainer gewesen. Tatsächlich handelte es sich um sowjetische Einheiten, die Formation trug deshalb den Namen »Woronescher Front« (bzw. ab 1943 »1. Ukrainische Front«), weil sie zuvor die Wehrmacht von den Orten ihres Völkermordes in der Ukraine vertrieben hatte. Am 08.05.2020 jährte sich dann das Ende des Zweiten Weltkriegs zum 75. Mal. In der Antwort auf eine Kleine Anfrage der Linken teilte die Bundesregierung mit, die russische Regierung habe Kanzlerin und Bundespräsident zur »Gedenkveranstaltung am 9. Mai in Moskau eingeladen. Eine Teilnahme wird derzeit geprüft.«[104] Die Nichtbeantwortung einer solchen Einladung muss in Russland als Affront empfunden werden. Weiter heißt es, die Verteidigungsministerin plane keine besonderen Veranstaltungen in den Kasernen der Bundeswehr. Der Historiker Götz Aly schreibt dazu in einer Kolumne:

> »Womöglich ist es ihr neu, dass Deutschland als Anstifterin des Zweiten Weltkrieges mehr als 18 Millionen deutsche Männer mobilisierte, die plündernd und zerstörend über Europa herfielen … In unseren Gedenkstätten lesen wir ›vom Naziregime‹. In Wahrheit mussten die meisten Deutschen von sich selbst befreit werden.«[105]

Insgesamt verlängern diese Vorgänge die lange Liste der Nadelstiche, Missachtungen und Nichteinhaltung von Verabredungen im Umgang mit Russland. Die Verabredung mit Moskau, die Konfrontation zwischen dem Westen und Russland zu beenden und durch eine gemeinsame Sicherheits-Architektur zu ersetzen – eine Bedingung für das Zustandekommen der Deutschen Einheit –, wurde seit 1990 schrittweise annulliert. Dahinter stehen offensichtlich geostrategische Überlegungen der Vereinigten Staaten. 1999 begann die Ausdehnung der NATO in Richtung russische Grenze. Heute sind fast alle Länder Ost- und Südosteuropas, die früher zum Warschauer Pakt oder zu Jugoslawien gehörten, Mitglieder der NATO. Auch die Europäische Union versuchte, die Länder Osteuropas nach und nach in ihren Einflussbereich zu ziehen. Ein Interesse des Westens am Konzept der gemeinsamen Sicherheit ist nicht mehr erkennbar, Russland gilt wieder als ein Feind. Dies umso mehr, seit mit Wladimir Putin ein Präsident das Land regiert, der sich nicht gefügig zeigt, sondern erkennbar dem Vordringen von EU und NATO etwas entgegensetzen will. Von der Entspannungspolitik Willy Brandts ist nichts mehr übriggeblieben.[106]

Götz Aly zeigt in seiner Kolumne, wie diese Logik der Konfrontation mit Russland fortgeschrieben wird. Er kann es, weil er sich Notizen zu den einzelnen Ereignissen angelegt hat. Denn was für Gespräche gilt, das gilt natürlich auch für Ereignisse aller Art. Wann fand die Begebenheit statt? Wo genau? Sind diese Angaben verwendbar oder nicht? Wie war der genaue Hergang des Ereignisses? Sind alle sieben W-Fragen beantwortet? Lässt sich eine Zeitleiste oder Chronik erstellen? Lassen sich Täter und Verursacher, Opfer und Leidtragende identifizieren? Können wir Angaben über Ursachen und Folgen machen? Gibt es erste Hinweise auf den Hintergrund des Geschehens? Welche Belege haben wir zusammentragen können? Gibt es Gesprächspartner, Dokumente, Fotos und Filmaufnahmen? Welche Quellen sind zitierfähig, welche nicht? Gibt es besondere Vereinbarungen mit Informanten, beispielsweise Verabredungen zu weiteren Gesprächen? Welche internen Maßnahmen erwachsen aus dem Ereignis – Archivrecherchen, weitere Telefonate, Auswertung von Dokumenten? Wie lassen sich die gewonnenen Informationen bewerten? Sind die Quellen verlässlich oder unzuverlässig, widersprüchlich oder eindeutig? Sind die Quellen interessengeleitet? Welche weiteren Quellen und Informanten können befragt, welche Unterlagen herangezogen werden? Auch über wichtige Ereignisse legt der Rechercheur ein Memo an.

Nicht immer sind Ereignis-Memos verwendbar. Es gibt Sonderfälle, zum Beispiel dann, wenn die Begebenheit selbst oder wichtige Zeuginnen im Verborgenen bleiben müssen. Sogar dann sind Memos wichtig: Sie geben dem Rechercheur die Sicherheit, dass er nichts Wichtiges vergisst, und die Chance, nach weiteren Belegen zu suchen.

Memo 2 – Ereignis

1. Datum, Uhrzeit
   - ▷ …
   - ▷ …
2. Ort
   - ▷ …
   - ▷ …

3. Memo verwendbar?
   - ▷ Angaben belegt und verwendbar
   - ▷ Memo nicht verwendbar, weil
   - ▷ …
4. Ereignis-Ablauf
   - ▷ Zusammenfassung des Geschehens
   - ▷ Zeitangaben oder Timeline
   - ▷ Täter/Verursacher
   - ▷ Opfer/Leidtragende
   - ▷ Ursachen
   - ▷ Folgen
   - ▷ …
5. Hintergrund
   - ▷ Angaben zum weiteren Zusammenhang
   - ▷ Politische u. wirtschaftliche Hintergründe
   - ▷ …
6. Quellen und Belege
   - ▷ Gesprächspartner vor Ort
   - ▷ Dokumente
   - ▷ Fotos u. Filmbilder
   - ▷ …
7. Quellenschutz vereinbart?
   - ▷ Welche Quellen zitierfähig?
   - ▷ Welche Quellen nicht zitierfähig?

- ▷ Welche Vereinbarungen?
- ▷ …

8. Interne Maßnahmen
   - ▷ Weitere Telefonate
   - ▷ Archiv-Recherchen
   - ▷ Dokumente auswerten
   - ▷ …
9. Journalistische Bewertung
   - ▷ Angaben absolut verlässlich
   - ▷ Angaben v. Quelle X interessengeleitet:
   - ▷ Angaben unzuverlässig, weil:
   - ▷ Angaben widersprüchlich
   - ▷ …
10. Weitere Quellen
    - ▷ Informanten
    - ▷ Dokumente
    - ▷ …

2.6 Interessen analysieren

»Verkauft doch Eure Inseln, ihr Pleite-Griechen … und die Akropolis gleich mit!« So titelte die *Bild*-Zeitung am 27.10.2010 und fuhr fort:

> »Wenn wir den Griechen doch noch mit Milliarden Euro aushelfen müssen, sollten sie dafür auch etwas hergeben – z. B. ein paar ihrer wunderschönen Inseln. Motto: Ihr kriegt Kohle. Wir kriegen Korfu.«[107]

Dieser Titel war kein Einzelfall, sondern Teil einer Kampagne. Konsequent schürte *Bild* die Angst der deutschen Steuerzahler um »ihr« Geld. Weitere Kostproben:

> »Die Griechenrettung belastet uns«
>
> »Fass ohne Boden«

»Hinhaltetaktik«

»Pokerspiel«

»Sie wollen unsere Zeit, sie wollen unser Geld«

»Die radikal-linke/rechtspopulistische Regierung in Athen« greift »zum letzten Mittel« und »erpresst Europa! Mit einem Referendum! Explosiv: Die Volksbefragung soll erst am nächsten Wochenende stattfinden! Nach Auslaufen des 2. Hilfspaketes zur Griechenland-Rettung«

»Mit Droh-Referendum, Wut-Reden, Schein-Angeboten und Tricksereien (versuchen) der Griechen-Premier und seine Zocker … uns am Nasenring durch die Arena zu führen« und »aus der großen Idee vom geeinten Europa baren Gewinn zu schlagen«

»Die Euroländer sagen ›oxi‹ (griechisch für ›nein‹) zu Athen! Sie lehnen eine Verlängerung des Hilfspakets ab. ›Das Programm läuft Dienstagnacht aus‹, sagte Eurogruppen-Chef Jeroen Dijsselbloem gestern bei einem Sondertreffen der Euro-Finanzminister in Brüssel. Damit steuert Griechenland auf die Staatspleite zu!«

»Tsipras hat Europa brüskiert, sein Land und sein Volk ins Chaos und Verzweiflung gestürzt« – »Tsipras spaltet. Europa. Sein Volk. Die Stimmung kippt. Gefährlich. Zwei Seiten nur noch: für und gegen Tsipras. Für und gegen Europa.«

»Athen – Die Banken sind geschlossen, die Suppenküchen sind geöffnet – aber Griechenland feiert.«

»Griechenland wählt den Grexit!… Griechenland hat einen Neuanfang gewählt: Den Austritt aus der Währungsunion!«

»Keine neuen Milliarden für Griechenland. Heute brauchen wir die eiserne Kanzlerin … Sprich: Ein Euro-Land, das keine Reformvorgaben mehr will, darf dafür keine neuen Milliarden erhalten.«

»Die harte Haltung von Finanzminister Schäuble (72, CDU) im Schuldenpoker mit Athen kommt bei den Wählern gut an … Die Deutschen … setzen auf Standfestigkeit.«

»Kein drittes Hilfspaket für Athen … Vorteil für Griechenland: der Wille der griechischen Wähler erfüllt … Bevormundung beendet.«[108]

Eine breite Medienkampagne gegen Griechenland sorgte dafür, dass die öffentliche Meinung zum größten Teil den Austeritäts-Kurs der Troika und der Bundesregierung unterstützte. Er lief darauf hinaus, Athen drakonische Sparprogramme aufzuzwingen und die Privatisierung wichtigen öffentlichen Eigentums zu erwirken.[109] Doch bereits eine simple Internet-Recherche, also eine oberflächliche Prüfung der Fakten, hätte ergeben, dass die Geschichte von den faulen »Pleite-Griechen«, die sich mit ihren hohen Renten auf Kosten der deutschen Steuerzahler einen schönen Lenz machen, der Realität nicht entsprach. Man wäre zum Beispiel auf eine Studie des Instituts für Wirtschaftsforschung in Halle gestoßen. Daraus geht hervor, dass der deutsche Steuerzahler, zu dessen Interessenvertreter sich *Bild* aufschwingt, selbst bei einem kompletten Ausfall der griechischen Schulden der große Gewinner der Krise ist. Von 2010 bis 2015 hat der deutsche Fiskus rund 100 Milliarden Euro an Zinszahlungen gespart, weil durch die Krise die Anleihe-Renditen stark sanken. Damit sind die Einsparungen höher als die etwa neunzig Milliarden Euro, die Athen Deutschland direkt oder indirekt über den Europäischen Stabilitätsmechanismus ESM schuldet. »Deutschland hat also in jedem Fall von der Griechenland-Krise profitiert.«[110]

Die Wahrheit ist eine andere, als es *Bild* weismachen will. Der frühere Abteilungsleiter im Europäischen Amt für Betrugsbekämpfung (Office Européen de Lutte Anti-Fraude, kurz OLAF) Wolfgang Hetzer formulierte 2014 kurz und bündig:

> »Von den 270 Milliarden Euro an Hilfskrediten, die bis dahin von Euro-Partnern und dem IWF an Athen überwiesen worden waren, kamen fast 160 Milliarden nicht den griechischen Bürgern zugute, sondern den Banken und Kapitalanlegern im In- und Ausland … Von den 207 Milliarden Euro wurden 58 Milliarden für die Aufstockung des Eigenkapitals griechischer Banken aufgewandt, 55 Milliarden für die Rückzahlung auslaufender Staatsanleihen und 11 Milliarden für den Rückkauf alter Schulden … Mindestens 77 Prozent der Hilfsgelder lassen sich direkt oder indirekt dem Finanzsektor zuordnen. Die schlichte Wahrheit ist, dass Regierungen Europas Banken und Reiche gerettet haben, während die griechische Bevölkerung die Rechnung begleichen musste. Selbst von den knapp 47 Milliarden Euro, die tatsächlich im griechischen Haushalt ankamen, mussten circa 35 Milliarden Euro umgehend als Zinszahlungen an die Besitzer von Staatsanleihen weitergeleitet werden.«[111]

Es ist klar, dass die publizistische Darstellung der *Bild*-Zeitung den Fakten zuwiderläuft. Offensichtlich handelt es sich um Kampagnen-Journalismus. Mit welchen Methoden arbeitet er? Welche unterschwelligen ideologischen Elemente transportiert er? Wessen Interessen dient er? Das sind die entscheidenden Fragen für alle, die zur Aufklärung beitragen wollen.

Im Kern geht es hier darum, Manipulationstechniken zu identifizieren, die zur Meinungssteuerung beitragen und zum Standardgeschäft der Massenmedien gehören. Deshalb ist es erstens wichtig herauszufinden, wo Fakten zu Meinungen deklariert werden. Denn damit werden diese Fakten zum beliebigen Spielball der Diskussion. Zweitens gilt es zu erkennen, wo die Darstellung so fragmentiert wird, dass bei eigentlich zusammenhängenden Fakten der Sinnzusammenhang verloren geht. Drittens muss man in Erfahrung bringen, ob Fakten dekontextualisiert, also so aus dem Zusammenhang gelöst werden, sodass sie als isolierte Einzelfälle erscheinen. Und viertens ist wichtig herauszufinden, wie Fakten in einen neuen Sinnzusammenhang gestellt werden, sodass der ursprüngliche Sinnzusammenhang verloren geht und sein Empörungspotenzial verliert.[112]

Die Methoden der Manipulation in der Berichterstattung der *Bild* über die Griechenland-Krise lassen sich hier gut analysieren: Zunächst werden Fakten ausgeblendet und verschwiegen. Die Zusammenhänge werden verkürzt und einseitig dargestellt. Geschickt wird mit der Angst der Deutschen um den Verlust des eigenen Geldes und Geldentwertung gespielt und so an die tief sitzenden Traumata der Hyper-Inflation zu Beginn der Weimarer Republik angeknüpft. Links und rechts werden im Sinne einer anti-demokratischen, antieuropäischen »Querfront« zusammengebunden. Ein Referendum wird als Drohgebärde gegen die berechtigten Anliegen anderer Völker und Nationen dargestellt – damit wird ein eigentlich demokratischer Akt in sein Gegenteil verkehrt, nämlich in einen erpresserischen Willkürakt. So werden demokratische Voten in ihrem Wesen schlechtgemacht und ideologisch ausgehebelt. Der demokratisch gewählte Regierungschef Alexis Tsipras wird als Trickser und Zocker hingestellt. Damit werden die niedrigsten Instinkte und Vorurteile gegen angeblich faule Südeuropäer geweckt. Eine Staatspleite Griechenlands wird herbeigeredet, und zwar weil Athen die großzügige Hilfe aus Brüssel ablehne – was wiederum die Fakten verdreht. So werden

Methoden der Manipulation durchschauen

- ▷ Werden Fakten verschwiegen? Wenn ja: Welche Aspekte werden weggelassen?
- ▷ Wird die Vorgeschichte oder werden andere Teile der Geschichte ausgeblendet?
- ▷ Gibt es wertgeladene Sprachregelungen? Wenn ja: welche?
- ▷ Werden bestimmte unterschwellig wertende Begriffe verwendet? Erhalten diese Begriffe eine neue Bedeutung?
- ▷ Gibt es Behauptungen, die ständig wiederholt, aber nicht näher begründet werden? Welche sind das?
- ▷ Wird mit eingängigen Übertreibungen gearbeitet?
- ▷ Gibt es identische Botschaften, die von unterschiedlichen Gewährsträgern vorgebracht werden? Wenn ja: welche?
- ▷ Wird suggeriert, alle seien dergleichen Meinung?
- ▷ Wird Schlechtes mit noch Schlechterem verglichen, um es so als das kleinere Übel oder als gut erscheinen zu lassen (Müller spricht hier vom »Wippschaukel-Effekt«)?
- ▷ Werden Umfragen genutzt, um ein Meinungsklima zu schaffen?
- ▷ Tauchen Formulierungen auf, die eigentlich das Gegenteil des Gesagten nahelegen?
- ▷ Gibt es Nicht-Regierungs-Organisationen oder Stiftungen, die eine Aussage propagieren und so Meinungsmache betreiben?
- ▷ Werden Experten ins Feld geführt, deren unterschwellige Interessen und Haltungen nicht offengelegt werden?
- ▷ Tauchen Andeutungen und Halbwahrheiten auf, die zusammengenommen ein Meinungsklima erzeugen?
- ▷ Werden Personen mit stigmatisierten anderen Personen in Verbindung gebracht, um eine Art »Sippenhaft« zu erzeugen?
- ▷ Wird versucht, Emotionen zu wecken oder an unterschwellige Vorurteile zu appellieren, um Aufklärung zu verhindern?
- ▷ Sollen Konflikte genutzt oder gar inszeniert werden, um Stimmung zu machen?

gezielt Emotionen geschürt, um Meinung zu transportieren. Angebliche Fachleute wie der niederländische Finanzminister werden zitiert, ohne ihre Interessen offenzulegen, um den transportierten Ideologien Gewicht zu verschaffen. Die Griechen werden als faule Hasardeure dargestellt, die nichts im Kopf haben, außer zu feiern. Dann wird das Ziel klar formuliert: keine neuen Milliarden für Griechenland. Es wird versucht, durch Wiederholung Meinung zu machen. Ein Land, das keine – neoliberalen – »Reformen« will, soll auch kein Geld bekommen. Dann wird versucht, eine Art Gruppendruck aufzubauen, sich einer suggerierten Mehrheitsmeinung anzuschließen. Und schließlich wird ein Konflikt inszeniert, um Meinung zu machen zugunsten der harten Haltung der Bundesregierung. Damit sind alle Methoden der Manipulation hier vertreten, die Albrecht Müller auflistet.[113]

Wenn die angewandten Methoden der Manipulation identifiziert sind und eine Inhaltsanalyse stattgefunden hat, folgt der nächste Schritt: Ideologiekritik.[114] Ideologie soll hier der Einfachheit halber und verkürzt als »falsches Bewusstsein« verstanden werden. Christian Peter Ludz definiert:

> »Unter Ideologie sei … verstanden: eine aus einer historisch bedingten Primärerfahrung gespeiste, systemhafte und lehrhafte Kombination von symbolgeladenen theoretischen Annahmen, durch die spezifischen historisch-sozialen Gruppen in einem gegebenen sozialen System ein intentional-utopisches, geschlossenes und dadurch verzerrtes Bild von Mensch, Gesellschaft und Welt vermittelt, dieses Bild für eine bestimmte politisch-gesellschaftliche Aktivität bei strenger Freund-Feind-Polarisierung programmatisch-voluntaristisch organisiert und den sozialen Gruppen ein Ort in einem Kontinuum von sozialer Integration/Desintegration zugewiesen wird.«[115]

Im Kern geht es nun darum festzustellen, welchen gesellschaftlichen Gehalt der Text hat, also zu klären, welche unterschwelligen Deutungsmuster zugrunde gelegt werden und ob diese Muster eine zureichende Beschreibung der Realität darstellen. Dieser Realitätsprobe folgt dann eine Interessenanalyse zur Klärung der Frage, welchen sozialen Kräften ein Deutungsmuster zugeordnet werden kann.

Die in der Griechenland-Berichterstattung der *Bild*-Zeitung transportierte Ideologie hat eine Reihe von Elementen. Zunächst einmal handelt es sich um die Vorstellung einer »Leistungsgesellschaft«, in der der soziale Status eines Menschen oder eines Landes von seinen individuellen Leistungen bestimmt und damit der Ärmere an seiner misslichen Lage selbst schuld ist. Dies erscheint damit als nur gerecht, denn hätten die Griechen ihre historischen Chancen zum Sparen und zu Reformen genutzt, ginge es ihnen deutlich besser. Der Zirkelschluss ist also: Wer reicher ist, ist das zu Recht, sonst wäre er ja nicht reich. Wer arm ist, ist zu Recht arm, denn hätte er sich angestrengt, statt nur zu konsumieren und die Hand aufzuhalten, wäre er ja reicher. Dazu Mausfeld:

> »Das ist die Basisideologie unserer Gesellschaft. Durch sie werden die durch unsere Wirtschaftsordnung hervorgebrachten Verlierer gleichsam ein zweites Mal bestraft, indem man sie der sozialen Verachtung und Geringschätzung preisgibt.«[116]

In der Folge werden die Sparauflagen für Griechenland als alternativlos dargestellt. Indem ein Referendum als aggressiver, gegen die Demokratien des Nordens gerichteter Akt hingestellt wird, soll Griechenland den Finanzmärkten ausgeliefert und seine demokratischen Strukturen unterminiert und neutralisiert werden. Demokratie wird gleichsam als populistische, gefährliche und damit unzulässige Marktstörung angesehen. Weiter wird ein deutscher Volkskörper dem griechischen Volk als Einheit gegenübergestellt. Überlegungen zu sozialen Unterschieden im Sinne von Arm und Reich in beiden Ländern werden ausgeblendet. Auf diese Weise sollen offensichtlich Strukturen der Ungleichheit in beiden Ländern unsichtbar gemacht werden. Gleichzeitig lassen sich so rassistische und nationalistische Reflexe mobilisieren, die wiederum den Blick auf die Realität verengen lassen.

Doch wessen Interessen dient diese Darstellung? Eine Interessenanalyse ist vielleicht der entscheidende Schritt im Prozess einer Konflikt-Diagnose. Es geht dabei um die systematische Analyse der

Interessen eines jeden Beteiligten. Zusammengefasst ist die Interessenanalyse der Versuch, eine präzise und umfassende Einschätzung der Positionen, Erwartungen, Bedürfnisse und Werte einer Konfliktpartei in Beziehung auf das umstrittene Themenfeld zu entwickeln. Eine Interessenanalyse umfasst damit auch die unterschwelligen Bedürfnisse und verdeckten Interessen und soll auch darstellen, wie sich diese Interessen organisieren und miteinander vernetzen.[117]

Zunächst darf hier auf die enge Freundschaft zwischen der Springer-Witwe und Verlags-Chefin Friede Springer und Angela Merkel verwiesen werden. Bereits eine kurze Internet-Suche ergibt: Die beiden sind Duzfreundinnen und haben eine genauso enge wie nützliche Beziehung – eine echte Symbiose von Presse und Politik: Auf der einen Seite das mächtigste Presseorgan in Deutschland, auf der anderen Seite die damalige Kanzlerin.[118] Zusammen mit Liz Mohn vom Bertelsmann-Konzern und der Bertelsmann-Stiftung bildeten sie jahrzehntelang ein »Triumfeminat«, wie es Wolfgang Lieb beschreibt.[119]

Aber die persönlichen Verbindungen allein liefern noch keine zureichende Beschreibung. Aufgrund der Faktenlage ist klar: Ziel war, die deutschen und französischen Banken zu retten, nicht den griechischen Staat oder gar die griechische Bevölkerung. Hätten die Banken der beiden Länder ihre Griechenland-Anleihen abschreiben müssen, dann wäre dies bilanzwirksam geworden, hätte die durch die Finanzkrise ausgelöste Schieflage der Institute verstärkt und möglicherweise Paris und Berlin zum Eingreifen gezwungen. Darüber hinaus sollte eine Vergemeinschaftung der Staatsschulden in der EU unbedingt vermieden werden, weil dies die Refinanzierungskosten für Deutschland – wenn auch nur moderat – erhöht hätte. Und zu guter Letzt sollte der Euro, so die Analyse der Zeitschrift *GegenStandpunkt*, als stabile Anlage-Währung und Alternative zu Dollar und Yen den Finanzmärkten angedient werden, dessen Stabilität auch auf Kosten der Länder im Club Méditerranée durchgesetzt wird:

»Deutschland, in der Hinsicht sehr angemessen repräsentiert durch seinen hartherzigen Finanzminister der ›schwarzen Null‹, will nicht mehr und nicht weniger als ein gutes Geld: im Euro eine Weltwährung, die auf einem Niveau mit dem US-Dollar und als echte Alternative zum Kreditgeld der USA die Weltfinanzmärkte beherrscht; eine auf den halben Kontinent abgestützte, den Welterfolg der einstigen D-Mark und der damit operierenden nationalen bundesdeutschen Wirtschaft überbietende und vollendete Finanzmacht von wirklich imperialistischem Zuschnitt … So arbeitet Deutschland daran, sich als das bestimmende Subjekt eines europäischen Supranationalismus, als Manager mit Richtlinienkompetenz über ein Staatenkollektiv durchzusetzen, dessen Mitglieder einen entscheidenden Teil ihrer eigentlich unteilbaren Souveränität bereits abgegeben haben.«[120]

Die Kampagne der *Bild*-Zeitung hat dazu beigetragen, dieses Projekt zu legitimieren und ihm in der Öffentlichkeit Geltung zu verschaffen. Damit hat sich das Blatt in den Dienst ökonomischer und politischer Machteliten gestellt. Servile Intellektuelle haben sich – vermutlich überzeugt von der Richtigkeit ihres Tuns – der Marktideologie unterworfen und versucht, ihr eine Rechtfertigungsgrundlage zu schaffen. *Bild*-Redakteure wurden so zu Meinungstechnikern des Neoliberalismus:

»Folglich sind in jedem ideologischen System die Zentren der Macht gesellschaftlich weiträumig von intellektuellen System-Apologeten umgeben, die sich wie Eisenspäne in den Kraftfeldern der Macht ausrichten und damit zugleich ihren privilegierten Status sichern.«[121]

Die folgende Übersicht soll Rechercheuren helfen, die Interessen sozialer Gruppen und ihrer Protagonisten zu erkennen. Sie orientiert sich an neuen Ergebnissen der Konfliktforschung einerseits und des sozialpsychologischen Konflikt-Managements andererseits. Die Tabelle fasst dabei mehrere Ansätze zusammen und versucht damit, der journalistischen Praxis gerecht zu werden.[122]

Für den Werkzeugkasten

Interessenanalyse

- ▷ Wer zieht den Nutzen aus einem Vorgang oder einer Darstellung?
- ▷ Lässt sich diese Gruppe zeitlich, räumlich, sozial eingrenzen?
- ▷ Worin besteht der Nutzen genau?
- ▷ Wirtschaftlich?
- ▷ Politisch?
- ▷ Propagandistisch?
- ▷ Gibt es Geldflüsse, Netzwerke oder Verbindungen als Beleg?
- ▷ Welche interessengeleitete Darstellung erwächst daraus?
- ▷ Welche weltanschaulichen Annahmen werden dabei unterstellt?
- ▷ Welche Fakten werden verdrängt oder kaschiert?
- ▷ Wer trägt Nachteile davon?
- ▷ Lässt sich auch dieser Personenkreis genauer eingrenzen?
- ▷ Worin bestehen die Nachteile genau?
- ▷ Wirtschaftlich?
- ▷ Politisch?
- ▷ In der öffentlichen Meinung?
- ▷ Welches sind die Interessen der Benachteiligten?
- ▷ Welche Lösungsstrategien gibt es?

Die Rahmenerzählung der *Bild*-Kampagne zur Griechenland-Krise versucht also, eine neoliberale und neo-imperialistische Ideologie in den Köpfen zu verankern, welche dem Machtanspruch Deutschlands innerhalb der EU zuträglich ist und die Europäische Gemeinschaft den Interessen der Spekulanten unterordnet. Dazu noch einmal Rainer Mausfeld:

> »Vor allem die Machtlosesten zahlen den Preis für die Strategie der Mächtigen, ihre Macht für alternativlos zu erklären. Rechtspopulismus und Neoliberalismus stehen in der Tradition der radikalen Gegenaufklärung, sie teilen letztlich eine sozialdarwinistische Grundhaltung und gründen beide auf dem Menschenbild, das die dunklen und hässlichen Seiten des

Menschen, also gerade jene Seiten, gegen welche die Aufklärung zivilisatorische Schutzbalken zu errichten suchte, verabsolutiert und zur natürlichen Grundlage der sozialen Ordnung erklärt.«[123]

Den geneigten Lesern bleibt überlassen, ob sie in ihren Recherchen diese Interessensposition verschleiern oder offenlegen wollen.

2.7 Hypothesen entwickeln

»Ich stelle keine Hypothesen auf«, schrieb Isaac Newton 1713.[124] Der englische Physiker, Mathematiker, Astronom und Philosoph entwickelte in der zitierten Schrift unter anderem die Theorie der Schwerkraft. Dabei arbeitete Newton selbst mit Hypothesen als Mittel wissenschaftlicher Erkenntnis.

»Alles nämlich, was nicht aus den Erscheinungen folgt, ist eine Hypothese und Hypothesen, seien sie nun metaphysische oder physische, mechanische oder diejenigen der verborgenen Eigenschaften, dürfen nicht in die Experimentalphysik aufgenommen werden. In diesem Bereich werden Aussagen von den Naturerscheinungen abgeleitet und danach verallgemeinert zu Induktionen.«[125]

Aus diesem Zusammenhang ergibt sich, dass der Satz nicht als prinzipielle Ablehnung wissenschaftlich begründeter Hypothesen zu werten ist, sondern die Ablehnung unbegründeter Spekulationen bedeutet. Dies ist seinem Kampf gegen willkürliche Spekulationen der mittelalterlichen Scholastik geschuldet.

Was wir heute Hypothese nennen, bezeichnete Newton als Induktion. Unter Hypothese versteht man eine in die Form einer Aussage gekleidete wissenschaftlich begründete Vermutung über einen bisher unbekannten Sachverhalt, die so beschaffen ist, dass sie eine Erklärung eines schon bekannten Sachverhalts leistet. Das heißt: Eine Hypothese wird aufgestellt, um einen schon bekannten Sachverhalt zu erklären, indem sie eine Vermutung über dessen noch unbekannte Ursachen formuliert.

In der Philosophie der Aufklärung sind Hypothesen wichtige Vorstufen der Erkenntnis und damit eine Entwicklungsform der Wissenschaft. Auch Immanuel Kant argumentierte gegen scholastischetheologische Spekulationen. Daher lehnte er »eine transzendentale Hypothese, bei der eine bloße Idee der Vernunft zur Erklärung der Naturdinge gebraucht würde«, strikt ab: »Denn dieses hieße, der Vernunft leere Hirngespinste, statt der Begriffe von Sachen, zu unterlegen.«[126]

In der *Kritik der Urteilskraft* beschreibt er die Hypothese als eine von vier Vorgehensweisen für theoretische Beweise, neben logischstrengen Schlussfolgerungen, der Verwendung von Analogien und der wahrscheinlichen Meinung:

> Was als Hypothese zur Erklärung der Möglichkeit einer gegebenen Erscheinung dienen soll, davon muss wenigstens die Möglichkeit völlig gewiss sein … die Möglichkeit dessen, was ich einer Erklärung zum Grunde lege, muss wenigstens keinem Zweifel ausgesetzt sein, weil sonst der leeren Hirngespinste kein Ende sein würde.«[127]

Deshalb fordert er, dass Hypothesen in realer Erfahrung gründen und eine zureichende Erklärung bieten müssen. Unter »der strengen Aufsicht der Vernunft« müsse »etwas völlig gewiss« sein, »und das ist die Möglichkeit des Gegenstandes selbst«:

> »Alsdann ist es wohl erlaubt, wegen der Wirklichkeit desselben, zur Meinung seine Zuflucht zu nehmen, die aber, um nicht grundlos zu sein, mit dem, was wirklich gegeben und folglich gewiss ist, als Erklärungsgrund in Verknüpfung gebracht werden muss, und alsdenn Hypothese heißt … Das zweite erforderliche Stück zur Annehmungswürdigkeit einer Hypothese ist die Zulänglichkeit derselben, um daraus a priori die Folgen, welche gegeben sind, zu bestimmen.«

Die Einführung weiterer Hilfs-Hypothesen zur Stützung der Kern-Hypothese nährt nach Kant »den Verdacht einer bloßen Erdichtung«.[128] Hegel beschreibt wenige Jahre später den hypothetischen Schluss als Verhältnis von Bedingung zu Bedingtem, Ursache und Wirkung, Grund und Folge.[129]

Hypothesen verbinden also mögliche Ursachen und Wirkungen in einem prägnanten Satz. Wenn es um gesellschaftspolitische Fragen geht, können Grund und Folge Personen oder sozialen Gruppen zugeordnet werden, Verursachern und Leidtragenden. Ursache, Wirkung, Täter und Opfer – das sind meines Erachtens die vier Elemente einer Recherche-Hypothese.

Für den Werkzeugkasten

Die Recherche-Hypothese

Täter:	**Opfer:**
Ursache:	**Wirkung:**

Nach Kant muss eine Hypothese immer auf den Prüfstand. Ohne dass er diese Begriffe verwendet, müsse sie nicht nur verifizierbar, sondern auch falsifizierbar sein:

> »Sinnet demnach selbst auf Einwürfe, auf die noch kein Gegner gefallen ist, und leihet ihm sogar Waffen, oder räumt ihm den günstigsten Platz ein, den er sich nur wünschen kann. Es ist hiebei [sic!] gar nichts zu fürchten, wohl aber zu hoffen, nämlich, dass ihr euch einen in alle Zukunft niemals mehr anzufechtenden Besitz verschaffen werdet.«[130]

Die Methode der Falsifizierung von Hypothesen ist also älter als Karl R. Popper, der sie aber zu einem Kernelement der sozialwissenschaftlichen Logik des Positivismus macht:

> »Die Methode … besteht darin, Lösungsversuche … Auszuprobieren … Wenn ein Lösungsversuch durch unsere Kritik widerlegt wird, so versuchen wir es mit einem anderen … Die Methode der Wissenschaft ist also die des tentativen Lösungsversuchs (oder Einfalls), der von der schärfsten Kritik kontrolliert wird. Es ist eine kritische Fortbildung der Methode des Versuchs und Irrtums (›trial and error‹).«[131]

Dem hält die Kritische Theorie – die sich ebenfalls auf die Tradition der Aufklärung beruft – entgegen, dass die Methoden der Sozialwissenschaften, selbst historisiert, also in eine gesellschaftliche Entwicklung und ihre Machtverhältnisse eingebettet werden müssen und damit selbst Interessen unterliegen – auch Poppers Positivismus:

> »Seine Kategorien sind latent die praktischen der bürgerlichen Klasse, in deren Aufklärung von Anbeginn mitschwang, man dürfe nicht auf Gedanken verfallen, welche die Rationalität der herrschenden ratio in Zweifel rücken.«[132]

Das bedeutet in unserem Falle: Auch Hypothesen verändern sich mit dem Erkenntnisinteresse des Betrachters und im geschichtlichen Verlauf, denn gesellschaftliche Veränderungen machen neue Fragestellungen erforderlich. Wie diese neuen Hypothesen aussehen, das ist keine wertfreie Angelegenheit, sondern Ausdruck sozialer Interessen und damit gesellschaftlicher Machtverhältnisse. Hypothesen sind also nicht wertfrei und müssen selbst aus den gesellschaftlichen Verhältnissen erklärt werden, denen sie verhaftet sind.

Was das bedeutet, hat der Epidemiologe David Michaels, von 2009 bis 2017 Beauftragter der US-Regierung für Arbeitssicherheit und Gesundheit, in seinem Buch *The Triumph of Doubt. Dark Money and the Science of Deception* beschrieben. Er legt dar, wie politisch brisante wissenschaftliche Befunde in Politik und Medien sehr schnell als umstritten gelten, weil aus Profit- und Machtinteressen heraus Gegenstudien bezahlt, »alternative« Forschungs-Hypothesen produziert und so Zweifel an wissenschaftlichen Erkenntnissen gesät werden.[133] Michaels zeigt dies an einer Reihe von Beispielen aus dem Gesundheitssektor der USA, unter anderem der Tabakindustrie (die gesundheitliche Schäden durch Tabakkonsum lange heruntergespielt hat), den Schmerzmittel-Herstellern (die viele Jahre das Suchtpotenzial von Opioiden geleugnet haben), der Getränkeindustrie (die maßvolles Trinken von Alkohol teils als gesundheitsfördernd dargestellt hat), der Klimakatastrophe (die von Energie-Erzeugern und Autolobby schlicht bestritten wurde) und von Donald Trumps Kampagnen mit »alternativen Fakten« (der US-Präsident hat in den ersten drei Jahren seiner Amtszeit mehr als 18 000 Mal schlicht gelogen oder irreführende Aussagen gemacht).[134] Für Michaels ist Trumps Umgang mit der Wahrheit also nicht neu, sondern vielmehr das Resultat jahrzehntelanger Kampagnen der Industrie, mithilfe bezahlter Studien, Forschungskooperationen, Stiftungen und Lobbyismus Zweifel an wissenschaftlichen Erkenntnissen zu säen und so profitschmälernde Auflagen oder Kennzeichnungen zu verhindern – eine klassische Strategie der Gegenaufklärung, bei der kritische Vernunft in instrumentelle Vernunft im Dienst der klassischen Eliten zurückfällt. Der Intellektuelle wird so, wie Bertolt Brecht es ausgedrückt hat, zum »Vermieter des Intellekts«.[135]

Eine passende Hypothese von David Michaels könnte demnach lauten: »Die US-Industrie täuscht gezielt Verbraucher, weil die Hersteller aus Profitinteresse Zweifel an wissenschaftlichen Erkenntnissen über Gesundheitsschäden streuen.« Nach dieser Hypothese wäre die US-Industrie der Verursacher, Verbraucherinnen die Leidtragenden, die Ursache wäre das Profitinteresse der Hersteller, die Folgen die Zweifel an wissenschaftlichen Erkenntnissen.

Die Recherche-Hypothese in David Michaels Triumph of Doubt:

Für den Werkzeugkasten

Die Recherche-Hypothese

Täter: US-Industrie	**Opfer:** Verbraucher
Ursache: Profitinteressen	**Wirkung:** Zweifel an der Wissenschaft

Es wäre natürlich auch eine ganz andere Hypothese vorstellbar. Wie wäre es mit: »Linke Verschwörungstheoretiker haben den Klimawandel erfunden, um der US-Industrie zu schaden und Arbeitsplätze zu vernichten.« Tatsächlich gibt es nicht nur in den Vereinigten Staaten viele Menschen, die dieser Aussage zustimmen. Aber es fällt sofort ins Auge, dass diese Darstellung nicht einmal die von Kant formulierte Mindest-Anforderung an eine Hypothese erfüllt: Die Möglichkeit dessen, was ich einem Ereignis zugrunde lege, muss völlig gewiss sein. Aber genau dies ist sie nicht. Ausnahmslos alle Experten betrachten den Klimawandel als wissenschaftlich erwiesen, »alternative Fakten« sind schlicht Unfug. Wen das nicht überzeugt, dem hilft die Interessenanalyse: Wem nützt wohl diese Aussage? Die Antwort ist: All jenen, die den Klimawandel verursachen und trotzdem weiter Profite machen wollen. Rechercheure werden diese Hypothese nicht wählen, wenn sie sich an dem Gedanken der Aufklärung orientieren. Denn ihr geht es um die Einhegung von Macht.

Hypothesen bilden – das riecht nach viel Arbeit fürs Gehirn, aber hilft auch dabei, in die Tiefe und nicht in die Breite zu recherchieren. Genau darum geht es: Wer eine passende Hypothese formulieren will, muss gründlich über sein Thema nachdenken. Dies ist aber nur dann Mehrarbeit, wenn man den Aufwand mit jenem vergleicht, mit dem die meisten Geschichten geschrieben werden: Mit einem Informanten reden, vielleicht zwei Quellen befragen oder einfach eine Pressemitteilung umschreiben. Wenn man die Bildung einer Hypothese mit allen anderen ernstzunehmenden Recherchemethoden vergleicht, dann spart sie Arbeit und damit Zeit.[136]

Eine Hypothese gibt dem Rechercheur ein Verfahren an die Hand, mit dem er Aussagen verifizieren oder falsifizieren kann. Er muss nicht blind versuchen, ein Geheimnis zu lüften. Die wenigsten Gesprächspartner lüften ihre Geheimnisse ohne guten Grund. Deshalb ist es für den Rechercheur meist viel leichter, die Quelle zu fragen, ob eine Information bestätigt werden kann, die der Rechercheur bereits hat. Denn die meisten Menschen wollen nicht lügen. Eine Hypothese macht es demnach möglich, die Quelle einfach zu fragen, ob sie eine Aussage bestätigen kann. Dies ist in der Regel leichter als ihr abzufordern, eine Aussage in die Welt zu setzen. Außerdem zeigt die Hypothese, dass der Rechercheur offen dafür ist, in seinem Thema neue Aspekte zu entdecken und auf Fakten zu stoßen, von denen er zu Beginn seiner Arbeit noch nichts geahnt hat.

Diese Vorgehensweise erhöht auch die Chancen, tatsächlich Geheimnisse zu lüften. Denn bei den meisten Geheimnissen handelt es sich schlicht um Fakten, nach denen noch keiner gefragt hat. Eine Hypothese hat einen psychologischen Effekt: Man schaut genauer hin – und so kann man die richtigen Fragen stellen. Das bedeutet: Wenn man etwas herausfinden will, muss man danach suchen. Und wenn man wirklich danach sucht, findet man meist mehr, als man ursprünglich gesucht hat.

Eine Hypothese macht es auch leichter, das Recherche-Projekt effizient zu steuern. Wenn der Rechercheur weiß, wonach er sucht und wo er anfangen will, dann kann er besser abschätzen, wie viel Zeit er für die einzelnen Schritte einplanen muss. Das ist der erste Schritt beim Versuch, ein solches Projekt zu managen. Daneben ist eine Hypothese ein Werkzeug, das man immer wieder aufs Neue benutzen kann. Denn wenn man in der Lage ist, methodisch vorzugehen, dann entwickelt man sich auch selbst weiter. Man braucht niemanden mehr, der einem erzählt, was jetzt zu tun ist. Dem Rechercheur steht ein weiteres Werkzeug zur Verfügung, mit dem er das Chaos in der Welt erklären und Ungerechtigkeiten bekämpfen kann.

Schließlich garantiert eine Hypothese dem Rechercheur, dass er zu einem wirklichen Recherche-Ergebnis gelangt und nicht nur zu einem Wirrwarr aus Zahlen und Fakten. Denn Redakteure oder Geldgeber wollen wissen, ob nach einem berechenbaren Aufwand von Zeit, Geld und Ressourcen tatsächlich ein publikationsfähiges Ergebnis vorliegt. Eine Hypothese erhöht die Chancen, zu einem solchen Ergebnis zu gelangen. Sie macht es möglich, einen minimalen und einen maximalen Arbeitsaufwand zu kalkulieren. Im schlimmsten Fall kann die Bestätigung einer Hypothese zu dem Ergebnis führen, dass es keine interessante Story gibt, und das Projekt kann beendet werden. Das mindeste Ergebnis ist, dass die Hypothese verifiziert werden kann. Das maximale Ergebnis ist, dass die Hypothese der Wahrheit entspricht, andere Hypothesen nach sich zieht und eine ganze Serie von Themen oder Exklusivmeldungen dabei herauskommt.

Aber Hypothesen können auch gefährlich sein. Denn wenn das Recherche-Ergebnis veröffentlicht wird, kann man unter Druck jener Leute geraten, die sich durch das Recherche-Ergebnis gefährdet sehen. Also ist wichtig, alles genau zu dokumentieren. Der Rechercheur kennt alle Belege, alle Fakten und Aussagen, die er zusammengetragen hat. Das gibt ihm Sicherheit. Denn wenn er sich in einen juristischen Konflikt begibt, wird er vor Gericht Belege brauchen. Noch schlimmer wird es, wenn sich die Story als falsch herausstellt. Wer mit Hypothesen arbeitet, kann eine Menge herausfinden, aber er kann auch Unschuldigen ein Grab schaufeln, entweder durch das Weglassen aller Fakten, die gegen die Hypothese sprechen, oder durch Fehler bei der Überprüfung. Deshalb muss man sich klarmachen, dass Hypothesen nicht die Wirklichkeit darstellen. Sie müssen verifiziert und genauso falsifiziert werden: »Es gehört … zur professionellen inneren Haltung eines guten Journalisten«, so Volker Lilienthal, »dass er seine eigenen Vorurteile immer wieder überprüft und systematisch auch nach dem sucht, was seine Vorannahmen widerlegt.«[137] Das ist die wahre Qualitätskontrolle.

Doch gerade die Skrupellosigkeit, mit der interessierte Kreise in Wirtschaft und Politik »alternative Fakten« in die Welt setzen und die Überlegenheit ihres Einflusses auf Öffentlichkeit und politische Entscheider kann die Bedeutung von Recherche vergrößern. Denn wenn Medien einfach, der Ausgewogenheit halber, beide Seiten zitieren, erzeugen sie ein Dilemma: Entweder machen sie sich mitverantwortlich für die Verbreitung von Lügen oder sie sehen sich dem Vorwurf mangelnder Ausgewogenheit und Fairness ausgesetzt. Sie landen im »Propaganda-Feedback-Loop«. Hier können klare Hypothesen helfen. »Journalisten dürfen durchaus auch Aktivisten sein«, schreibt der Politikwissenschaftler Jan-Werner Müller, »solange das ihrem Publikum klar zu Bewusstsein gebracht wird.«[138] Denn es ist nicht die Aufgabe von Journalisten, für ein Gleichgewicht der Meinungen zu sorgen, solange im Machtgefüge der Welt kein Gleichgewicht herrscht.

2.8 Recherchen planen

Recherchen sind wie Entdeckungsreisen. Wer eine Entdeckungsreise vorhat, wird nicht in eine beliebige Richtung fahren. Er überlegt sich vorher, wo er hinfährt und was er unterwegs sehen oder unternehmen will. Wie das läuft, hat Robert Louis Stevenson in *Die Schatzinsel* beschrieben. Der junge Jim Hawkins betreibt mit seiner Mutter den Gasthof »Admiral Benbow«, in dem sich der alte Seemann William »Bill« Bones einmietet. Nach seinem Tod fällt Jim Hawkins eine Schatzkarte in die Hände, die er bei einem Überfall auf den »Admiral Benbow« retten kann. Jim, der Gutsherr Trelawney, der ein Schiff (die »Hispaniola«) und die Mannschaft finanziert, sowie der Arzt Dr. Livesey machen sich auf den Weg zu der Insel, wo der Schatz des berüchtigten Piraten Captain Flint verborgen sein soll. Doch sie sind nicht die Einzigen, die von dem Schatz wissen. Es stellt sich heraus, dass man, ohne es zu ahnen, einige Angehörige von Flints alter Mannschaft angeheuert hat. Das Abenteuer beginnt. Die »Hispaniola« fährt also nach Plan – auch wenn dann schnell viel Unvorhergesehenes geschieht.[139]

Umberto Eco beschreibt, wie man sich einen Arbeitsplan für eine wissenschaftliche Arbeit anlegt. Dazu gehört ein (vorläufiger) Titel, eine Einleitung und ein Inhaltsverzeichnis als Arbeitshypothese. Damit können Autoren den von der Arbeit erfassten Bereich abstecken. Natürlich verändern sich diese Elemente im Laufe der Recherche. Aber Umschreiben und Ergänzen ist leichter, wenn man einen Ausgangspunkt hat. Je detaillierter der Arbeitsplan, desto genauer kann die Recherche verlaufen.[140]

Unmittelbar nach Ausbruch der Corona-Pandemie veröffentlicht der US-amerikanische Soziologe und Historiker Mike Davis aus San Diego, Kalifornien, eine Analyse zu Ursachen und Folgen der Covid-19-Verbreitung in den Vereinigten Staaten. Der Beitrag wurde von der *taz* aktualisiert und nachgedruckt. Darin kommt Davis zu dem Ergebnis, dass die neoliberale Politik des Privatisierens, Sparens und Umverteilens von unten nach oben die Corona-Krise deutlich verschärft: »Das auf Profit getrimmte Gesundheitssystem in den USA wird an Corona scheitern.« Davis argumentiert:

»Und wir werden erschüttert über das Versagen der USA sein. Eine Überraschung ist das nicht: In Krisensituationen sind seit zwanzig Jahren Desaster in der Gesundheitsversorgung eher Regel als Ausnahme. Schon bei den Grippe-Epidemien 2009 und 2018 waren viele Krankenhäuser überlastet. Um Gewinne zu maximieren, waren Krankenhausbetten sukzessive abgebaut worden. Nach Angaben der American Hospital Assoziation ging die Zahl der stationären Krankenhausbetten von 1981 bis 1999 um 39 Prozent zurück. Das Ziel war es, eine Auslastung von 90 Prozent der Betten zu erreichen. Deshalb sind Krankenhäuser für Epidemien und Notfälle nicht mehr gerüstet. Nach 1999 wurde zudem die Notfallmedizin im privaten Gesundheitssystem heruntergefahren, um kurzfristig Gewinne zu erhöhen. Auch im öffentlichen Sektor wurde gespart und gekürzt … Weil nicht in die medizinische Notfallvorsorge investiert wurde, fehlt es an fast allem: elementaren Versorgungsgütern, Notfallbetten, Tests und Schutzausrüstung für Pfleger und Krankenschwestern. Corona legt zudem eine krasse Klassenspaltung bloß. Wer von zu Hause aus arbeiten kann und über eine gute Krankenversicherung verfügt, ist geschützt. Doch 45 Prozent der Arbeitnehmer in den USA haben kein Anrecht auf bezahlte Krankheitstage. Sie müssen sich entscheiden, ob sie die Infektion womöglich übertragen oder bald nichts mehr auf dem Teller haben … Zudem rächt sich, dass die großen Pharmakonzerne die Entwicklung neuer Antibiotika und antiviraler Mittel weitgehend aufgegeben haben. Herzmedikamente, süchtig machende Beruhigungsmittel und Pillen gegen Impotenz versprechen mehr Profit als Mittel gegen Infektionen im Krankenhaus.«[141]

Nun kann man überlegen, ob die Argumente von Mike Davis stimmen. Dazu haben wir schon eine Hypothese. Sie geht aus dem Artikel hervor und könnte beispielsweise lauten: »Corona-Infizierte in den Vereinigten Staaten sind großen gesundheitlichen Risiken ausgesetzt, weil das Gesundheitssystem durch neoliberale Kürzungs-, Spar- und Privatisierungspolitik auf Profit getrimmt wurde.« Damit haben wir einen wichtigen Bestandteil des Recherche-Plans: eine Arbeitshypothese aus Subjekt, Objekt, Ursache und Wirkung.

In einem weiteren Schritt überlegt der Rechercheur, auf welche Quellen er zurückgreifen kann. Mike Davis' Artikel gibt erste Hinweise: die American Hospital Assoziation; das »Life Care Center« in Kirkland, ein Pflegeheim in einem Vorort von Seattle, wo die Pandemie in den USA ausbrach; Jim Straub, ein Gewerkschaftsorganisator in Pflegeheimen in Seattle; Pharmakonzerne und Pharmakritiker;

Mike Davis selbst (über das *Jacobine Magazine*). Natürlich wird diese Liste mit weiteren Quellen ergänzt, die dann mit einer Quellenmatrix in Gruppen eingeteilt werden können. Es bietet sich an, auf der Basis der Quellenmatrix die Interessen der Beteiligten etwas genauer zu betrachten. Völlig klar ist, dass beispielsweise der Gewerkschafter Jim Straub ganz andere gesellschaftliche Akteure und damit auch andere Interessen vertritt als die Pharma-Unternehmen oder die American Hospital Assoziation. Die Ergebnisse dieser Interessenanalyse finden ebenfalls ihren Platz im Recherche-Plan.

Davis geht in seinem Artikel auf eine Reihe von Aspekten ein. So zieht er historische Vergleiche zu vorangegangenen Pandemien (die Spanische Grippe zum Ende des Ersten Weltkrieges, Ebola, die Vogelgrippe von 1997 und 2002 schließlich SARS). Also ist ein wichtiger Gliederungspunkt: vergleichbare Infektionen. Wir notieren uns nicht nur bekannte Fakten, sondern auch mögliche Gesprächspartner und Fragen zu diesem Themenkreis. Das Nachdenken über zurückliegende Infektionen kann auch bei der Suche nach Beispielen, Grafiken oder Bildideen helfen.

Aufgrund dieser historischen Vergleiche argumentiert Mike Davis, mit Corona trete ein bekanntes Monster durch unsere Haustür. Sogar Hollywood-Filme und Thriller haben sich mit solchen Pandemien befasst. Davis erwähnt das Buch *The Hot Zone* von Richard Preston aus dem Jahr 1994, das beschreibt, wie aus einer Fledermaushöhle in Afrika das Ebola-Virus entstammt. Steven Soderberghs »Contagion« nutzte 2011 wissenschaftliche Erkenntnisse über Pandemien und scheint die Corona-Krise auf geradezu unheimliche Art vorweggenommen zu haben. Uninteressant für uns? Nein, solche Hinweise könnten wir nutzen, um Farbe und Spannung in unsere Recherche zu bringen und später eine spannende Geschichte erzählen zu können. Wir packen die Hinweise unter den Gliederungspunkt »optische Recherche«, der die »Fakten-Recherche« ergänzt.

In seinem Beitrag nennt Davis drei große Herausforderungen: den Mangel an Tests, die Mutation des Virus und die Verbreitung unter jüngeren Menschen, vor allem in Afrika. Hier zieht der Autor den Vergleich mit der Spanischen Grippe heran und belegt dies damit, dass fast sechzig Prozent der Opfer in Indien lebten. Er warnt vor Wechselwirkungen zwischen Infektion und Unterernährung. Wieder gewinnen wir Gliederungspunkte: der Mangel an Tests; die Erscheinungsformen und Mutationen des Virus; seine Verbreitung in Afrika und Asien. Ein weiterer wichtiger Punkt ist die Frage nach den Gegenmaßnahmen in verschiedenen Ländern.

Zur Fakten-Recherche gehört auch, die Kürzungen im Gesundheitssystem der USA zu überprüfen. Stimmen die Zahlen von Mike Davis? Gibt es andere Quellen? War es in Europa anders oder hat auch hier die neoliberale Politik des Sparens und Kürzens die Ausbreitung des Virus begünstigt? Wichtige Themen für den Gliederungspunkt »Offene Fragen«. Wo wurde überall gespart? Davis nennt die Bereiche Krankenhausbetten, Notfallmedizin, Tests, Schutzausrüstung und Versorgungsgüter. Das sind weitere inhaltliche Punkte, die zu recherchieren sind.

Der Artikel spricht davon, dass die Corona-Krise die Klassenspaltung in den Vereinigten Staaten vertieft. Stimmt das? Welche Anhaltspunkte gibt es dafür? Lassen sich Beispiele finden? Davis nennt eines: Arbeitnehmerinnen und Arbeitnehmer ohne Krankenversicherung mit bezahlten Krankheitstagen. Klar ist: In den USA gibt es keine gesetzlich geregelte Lohnfortzahlung im Krankheitsfall. Dies ist wichtig für die Fakten-Recherche, die optische Recherche, die Suche nach Gesprächspartnern. All das sollte Eingang finden in den Recherche-Plan.

Dass die Pandemie in den USA ausgerechnet in einem Pflegeheim in Seattle ihren Anfang nahm, ist für Mike Davis kein Zufall: Die gewinnorientierte Pflegeheim-Industrie sei gekennzeichnet durch niedrige Löhne, Personalmangel, Kostensenkungen zu Lasten der Infektionskontrolle. Die kargen Löhne zwinge vor allem Pflegekräfte im Großraum Seattle (wo Microsoft und Amazon ihren Sitz haben und deshalb die Mieten hoch sind), in mehreren Heimen zu arbeiten, was die Ausbreitung des Virus begünstige. Auch dies ist zu überprüfen – und könnte Beispiele und weitere Gesprächspartner liefern.

Dann beleuchtet Davis auch die Investitionsstrategien der Pharmakonzerne. Die Entwicklung von Antibiotika und antiviraler Mittel sei zugunsten gewinnträchtiger Investitionen in Herzmedikamente, Potenzpillen und Sedativa vernachlässigt worden. Dies sind weitere inhaltliche Punkte, die in unserer Gliederung ihren Platz finden.

Am Ende seines Artikels zählt der Autor einige Maßnahmen auf, die jetzt zwingend sind: eine flächendeckende, umfassende Krankenversorgung, »Medicare for All«; Aufhebung von Arzneimittelmonopolen; gemeinnützige Produktion von Medikamenten mit lebenswichtiger Wirkung; eine internationale öffentliche Gesundheitsstruktur; massive Ausweitung der Produktion von Testgeräten und Schutzmitteln und kostenlose Medikamente für arme Länder. Dies könnte Davis in einem Interview ausführen. In unserem Plan notieren wir ihn als wichtige Quelle – neben anderen Experten.

Die unterschiedlichen Aspekte unseres Themas können nun in einer Mindmap visualisiert werden. Das hilft, die Übersicht zu behalten und sich Zusammenhänge einzuprägen. Teil des Recherche-Plans kann auch eine produktionstechnische Recherche sein. Hier geht es darum, was wann wo erledigt werden muss, welche Reisen erforderlich sind und welche Kosten dabei entstehen, welche Ausstattung gebraucht wird (Computer, Kameras, Fotoapparate, Smartphones, Headset usw.).

Im Laufe der Recherche werden dem Rechercheur Dokumente zur Kenntnis gelangen. Die listet er im Recherche-Plan auf. Auch eine Chronologie der Ereignisse kann schon in Umrissen im Plan angelegt werden. Dort stehen auch Angaben zum Recherche-Ziel. Denn es ist ein Unterschied, ob man zwei Tage oder zwei Monate Zeit hat, und auch, was am Ende der Recherche stehen soll: ein Zeitungsartikel? Ein One-Pager auf einer Website? Ein Hörfunk-Beitrag? Oder ein Film? Und wenn es denn ein Film werden soll: eine Reportage, eine Dokumentation oder ein Spielfilm? Wie auch immer diese Fragen entschieden werden – diese Entscheidung wird erhebliche Auswirkungen auf die Recherche haben. Denn für einen Film braucht man Bilder, für eine Audioproduktion Töne und für einen Online-Beitrag möglicherweise von allem etwas. »Crossmedia« – also die medienübergreifende Produktion – verspricht jedenfalls das breiteste Spektrum an Publikationswegen, stellt aber auch die höchsten Anforderungen an die Rechercheure. Auch diese Aspekte sollten sich im Recherche-Plan wiederfinden.

Für den Werkzeugkasten

Der Recherche-Plan

- Produktion/Produktions-Nr.
- Medium/Sendung
- Veröffentlichungs-Zeitpunkt / Deadline
- Autor(en)
- Erreichbarkeit

Titel: Recherche-Plan zum Thema X

- Recherche-Ziel
- Hypothese
- Fakten-Recherche: Bekannte Informationen
- Optische Recherche
- Produktionstechnische Recherche (Print, Online, Audio, Video)
- Chronologie
- Frageliste
- Mind Map
- Quellen-Verzeichnis
- Quellenmatrix
- Interessenanalyse
- Dokumente

Damit die gesammelten Informationen auffindbar, analysierbar und durchsuchbar sind, muss eine Datenbank angelegt werden. Das geht offline und online. Wer die Daten online anlegt, kann sie leichter mit anderen teilen – sollte sie aber verschlüsseln.

Für Dokumente und das Organisieren von Recherchen kommen folgende Datenbanken infrage:[142]

Documentcloud[143]
Diese Cloudsoftware ist nur für ausgewiesene Journalisten und kostenlos. Documentcloud macht es möglich, Dokumente zu speichern, zu teilen und zu durchsuchen. Insbesondere fürs Teilen bietet sie vielseitige Optionen: Dokumente können mit Lesern oder Zuschauerinnen geteilt werden, man kann erlauben, dass sie Anmerkungen dazu schreiben – perfekt für Crowdsourcing. Datumsangaben in den Dokumenten können in einer Zeitskala dargestellt und mit anderen Ereignissen verknüpft werden. Alle Namen und Organisationen in den Dokumenten können gelistet werden.

DevonThink[144]
Zum Zeitpunkt der Drucklegung war DevonThink nur für Apple erhältlich. Neben Speichern, Teilen und Stichwortsuche bietet sie auch die Suche nach Zusammenhängen zwischen verschiedenen Dokumenten an. Das Programm zeigt dann Gemeinsamkeiten an. Außerdem zeigt DevonThink zu jedem Dokument eine Liste von **häufigen Schlagwörtern.**

EverNote[145]
EverNote ist einfach und übersichtlich, bietet aber nur zwei Gliederungsebenen an. Das Programm ist erhältlich für Apple- und Windows-Nutzer. In der kostenpflichtigen Version kann man neben Dokumenten auch Webseiten und E-Mails speichern und durchsuchen. Außerdem ist es möglich, Dokumente zu scannen und PDFs mit Anmerkungen zu versehen. Eine Suchfunktion erleichtert das Auffinden von Namen oder Begriffen.

OneNote[146]
Diese Datenbank ist von Microsoft und Teil von Office 365, es gibt sie aber auch für Apple-Benutzer. Sie hat ähnliche Funktionen wie EverNote, allerdings sehen Datenschützer hier massive Probleme in Sachen Datensicherheit.

Eine weitere Datenbank ist neben dem Recherche-Plan den eigenen Notizen, Memos, Fragelisten, Mindmaps etc. vorbehalten. Sengers und Hunter nennen sie »Masterfile«. In den Recherche-Plan kommen nun immer mehr Zusammenfassungen von Informationen, Zitate aus den Quellen, Notizen, weitere Quellen und zusätzliche Fragen.

Es bietet sich auch an, in den Recherche-Plan eine Chronik oder eine Timeline aufzunehmen. Die Ereignisse, die darin ihren Platz finden, notieren wir natürlich mit Quellenangabe. Denn auch Datumsangaben können voneinander abweichen und müssen überprüft werden. Eine Chronik bietet mindestens zwei Vorteile: Sie vervollständigt die Geschichte, weil wir Ursachen und Folgen besser begreifen, und hilft, alle Ereignisse von Bedeutung aufzuspüren. Denn in einer Chronik sind alle wichtigen Ereignisse miteinander verbunden.[147]

Für den Werkzeugkasten

Die Chronik

- Produktion/Produktions-Nr.
- Medium/Sendung
- Veröffentlichungs-Zeitpunkt / Deadline
- Autor(en)
- Erreichbarkeit

Thema:

- Gliederung nach Datum, Ereignis, Quelle
- Kernfragen:
  - Wer ist der Täter, wer das Opfer?
  - Wie schadet der Täter anderen?
  - Auf welche Weise profitiert der Täter?
  - Wie reagieren die Opfer auf die Nachteile?
  - Gibt es Zeugen? Wie reagieren sie?
  - Wie bereitet sich der Täter vor?
  - Welche Lösungen bieten sich an?

Damit haben wir alle Elemente eines Recherche-Plans zusammen. So detailliert wie hier wird es nicht immer gehen. Aber das Schema lässt sich nach Bedarf vereinfachen.

Das Arbeiten mit Recherche-Plan bietet mehrere Vorteile: Man recherchiert und schreibt gleichzeitig. So prägen sich wichtige Punkte besser ein. Der Plan bietet einen guten Überblick über bereits gefundene oder noch fehlende Belege. Man kann ihn mehreren Leuten zugänglich machen, jeder hat Einblick in den aktuellen Stand der Recherche. Dadurch wird die Recherche nachvollziehbar. Nach und nach entwickelt sich der Recherche-Plan zum Recherche-Protokoll, das wiederum zur Grundlage der Darstellung wird.

2.9 Fragen stellen

Im Recherche-Plan sind Quellen und Informanten aufgelistet. Meist geben sie ihre Kenntnisse nicht von sich aus preis. Deshalb müssen Rechercheure Fragen stellen. Der beste Weg zur Herstellung einer belastbaren, verlässlichen Arbeitsbeziehung ist es, auf mögliche Informanten zuzugehen, bevor man sie braucht. Diesen Aspekt haben wir im Kapitel 2.2 bereits abgehandelt. Wenn ein Frager auf einen Befragten trifft, um Informationen für Dritte zu gewinnen, dann handelt es sich dabei um ein Interview. Dieses kann zwei Funktionen haben: Es kann ein Instrument sein zur Beschaffung von Informationen, aber auch eine Darstellungsform. Hier wird nicht nur das Arbeitsergebnis präsentiert, sondern auch der Entstehungsvorgang öffentlich gemacht. Gerade darin liegen hier Informations- und Unterhaltungswert.

Ein Interview ist das schwierigste aller journalistischen Werkzeuge – oder die schwierigste journalistische Form. Ein Interview ist mehr als Fragen stellen. Denn wie der Befragte, so wirkt auch der Interviewer mit seiner gesamten Persönlichkeit, nicht nur mit seinen Fragen. Genauso wichtig ist, wie gut er vorbereitet ist, wie er die Fragen stellt, wie genau er zuhört und Antworten aufgreift, wie klar er nachhakt, die Bekleidung, die Umstände, die zur Verfügung stehende Zeit – alles wirkt mit und prägt den Charakter des Interviews. Georg Stefan Troller schreibt:

> »Der eine ist, wenn Sie so wollen, der ›Täter‹, der andere das ›Opfer‹. Aufgabe des Täters ist, seinem Gegenüber möglichst wahre, auch überraschende, verräterische Auskünfte über sich zu entlocken. Anliegen des Opfers wird es zumeist sein, nur solche Geständnisse herzugeben, die es selbst an die Öffentlichkeit tragen möchte. Es findet also eine Art Wettkampf oder Wettbewerb statt, unter dem Deckmantel eines vorgetäuschten Spiels. Ein möglicherweise aufregendes, vielleicht auch gefährliches Spiel, ein Spiel am Abgrund manchmal. Das Interview als Herausforderung, als Provokation für beide Teile, darauf wird es im Idealfall hinauslaufen. Ängstliche Interviewer – oder von ihren Auftraggebern dazu angehaltene – pflegen die Sache gern zu entschärfen, indem sie zusichern, es ginge hier bloß um eine leichte Plauderei, eine Konversation. Und begreifen nicht, dass das echte Interview, je treffender, schärfer und, nun ja, aggressiver es geführt wird, auch für den Betroffenen desto ansprechender sein mag. Weil er nämlich hoffen kann, bei seinem Befrager auf Verständnis zu stoßen für Dinge, die er selbst vielleicht noch nie ausformuliert hat, die er verdrängte oder auch sich längst vom Herzen reden wollte. Zumindest dabei die Chance bekommt, sich aufzuregen, was ja auch schon etwas ist. Der Interviewer ist dann nicht mehr bloß der Herausarbeiter seines Gegenübers, sondern sein Verhörer und Vernehmer, vielleicht sogar sein Beichtvater oder Psychoanalytiker.«[148]

Ein Beispiel, das diesen Überlegungen nahekommt: Während des Irakkrieges interviewt Michel Friedman die damalige Parteivorsitzende von Bündnis 90/Die Grünen, Angelika Beer.[149] Das Interview ist hier eine Darstellungsform:

> **MF:** Frau Beer, dies ist der vierzehnte Kriegstag im Irak. Die Amerikaner sind dreißig Kilometer vor Bagdad. Ist dieser Krieg richtig oder falsch?
>
> **AB:** Ich bin nach wie vor der tiefsten Überzeugung, dass dieser Krieg falsch ist. Wir hatten die Chance, ihn zu verhindern. Das Ziel war, die Massenvernichtungswaffen Saddam Husseins zu zerstören. Die Inspekteure hatten dieses Mandat. Sie hatten Erfolge, und ich glaube, dass man die Hauptgefahr dieses Regimes, das ja wirklich mörderisch ist, erwiesenermaßen ohne Krieg hätte …
>
> **MF:** Ist dieser Krieg ein Angriffskrieg?

AB: Ich will mich nicht über Begriffe streiten …

MF: Oh, ich bitte Sie, wieso nicht. Die ganze Zeit diskutieren wir über nichts anderes. Denn Begriffe sind ja auch Inhalte. Also noch mal: Ist das ein Angriffskrieg?

AB: Dieser Krieg ist ein Angriff, der durch die UN-Charta nicht gerechtfertigt ist.

MF: Also ein Angriffskrieg?

AB: Er ist ein Krieg, der nicht gerechtfertigt ist nach den internationalen Normen.

MF: Sie haben gesagt: Dieser Krieg ist völkerrechtswidrig. Gilt das immer noch?

AB: Aus meiner Sicht ist er völkerrechtswidrig. Ich glaube, dass, wenn man alle Erfahrungen zugrunde legt, und mir wird ja oft vorgeworfen, »im Kosovo habt ihr völkerrechtswidrig Krieg geführt, jetzt sagt ihr, er ist völkerrechtswidrig, was wollt ihr eigentlich?«. Ich glaube, dass das Gewaltmonopol ganz klar bei den Vereinten Nationen liegen muss. Und die Amerikaner haben angegriffen, weil ihr Versuch eine zweite Resolution, um dies zu legalisieren, gescheitert ist.

MF: Ihr Parteigenosse, der stellvertretende Fraktionsvorsitzende der Grünen, Hans-Christian Ströbele, hat wie Sie dazu eine klare Meinung. Er sagt: Er hält diesen Krieg für einen völkerrechtswidrigen Angriffskrieg. Seine Konsequenz: Bush muss vor den Internationalen Gerichtshof nach Den Haag. Fordern Sie das auch?

AB: Nein. Ich glaube, das ist überhaupt keine Forderung, die man jetzt diskutieren kann. Wir haben einen Krieg, vor dem wir aus drei Gründen gewarnt haben:

MF: Nein, nicht warum Sie gewarnt haben. Warum, wenn jemand, völkerrechtswidrig, wie Sie sagen, einen Angriffskrieg, wie Sie sagen, durchführt, wieso keine Konsequenzen fordern?

AB: Wir haben sehr klar Konsequenzen gezogen. Wir beteiligen uns nicht an diesem Krieg. Aber wo liegt denn die Verantwortung von B90/Die Grünen? In einer Diskussion, juristisch, was völkerrechtswidrig ist oder nicht …

MF: Juristisch ist auch immer politisch und politisch ist auch immer was Juristisches.

AB: Aber wir können nicht warten in Deutschland, was der völkerrechtliche Streit, die Mehrheit der Völkerrechtler sagt, er ist völkerrechtswidrig. Es gibt aus den USA oder Großbritannien Völkerrechtler, die sagen, das ist legitimiert. Wenn ich diesen Streit abwarten will und dann politisch handeln, dann kann ich weder humanitäre Hilfe unterstützen, dann kann ich nicht fragen, was passiert danach …

MF: Sie sollen ja nicht fragen, sie sollen eine Meinung formulieren und wenn Sie sie formulieren eine Konsequenz ziehen.

AB: Richtig. Meine Haltung ist vollkommen klar und die meiner Partei auch.

MF: Gut. Ströbele sagt auch: Weil Bush einen völkerrechtswidrigen Angriffskrieg führt – Ihre Meinung – dürfen wir – jetzt sind wir dann doch bei Rotgrün und bei Ihnen – amerikanischen Militärflugzeugen keine Überflugrechte über Deutschland gewähren. Was sagt denn die Parteichefin von Herrn Ströbele zu dieser Meinung?

AB: Ich frage Herrn Ströbele: Will er verweigern, dass verwundete US-Soldaten in Deutschland behandelt werden?

MF: Ich frage Sie: Es geht ja nicht nur um verwundete Soldaten. Humanitäre Hilfe ist ja keine Frage bei Rotgrün …

AB: Nein, nein, es geht um Bündnisverpflichtungen. Es geht um zwei Ebenen. Eine konkrete Auswirkung, wenn wir sagen: Flugstopp. Niemand darf mehr, weder die Briten noch die Amerikaner. Das hätte zwei Konsequenzen: Einmal in der tatsächlichen Auswirkung. Wir hätten keinen Nachschub mehr für SFOR und KFOR zum Beispiel. Oder ISAF. Das würde bedeuten, dass dort-

MF: Na ja …

AB: Nein, ich muss die zwei Ebenen klarmachen. Das sind die wirklichen Auswirkungen. Wir würden verweigern, dass Verletzte bei uns behandelt werden.

MF: Das bestreitet keiner. Nicht mal Herr Ströbele.

AB: Ja, dann muss er aber die Konsequenzen ziehen. Entweder ich sage: Überflugrechte stopp. Dann betrifft dies das alles. Oder ich sage, ich halte mich an Bündnisverpflichtungen. Und die politische Ebene ist die Frage Schadensbegrenzung. Wir wollten diesen Krieg nicht. Bin ich jetzt der Kriegsdienstverweigerer, der sagt: Ich will mit nichts was zu tun haben?

MF: Die Frage stellen Sie Sich selbst. Geben Sie Sich die Antwort!

AB: Ich tue es nicht, sondern ich sage: Wo ist der Weg, wieder Brücken zu bauen zu Amerika hin, zu Europa hin und zu den Vereinten Nationen.

MF: Also bauen wir Brücken. Wir reden jetzt nicht von Sanitätsflugzeugen. Sie lassen zu, dass B-52-Bomber über Deutschland in den Irak fliegen, dass amerikanische Soldaten von Deutschland aus in den Krieg starten und dass beispielsweise vom US-Stückpunkt Rammstein tonnenweise Nachschub – und da geht es nicht nur um Verbände und Aspirin – für die USA und die Armee an den Golf verschickt werden. Warum?

AB: Herr Friedman, weil ich Angst um die Zukunft hab. Angst um die Zukunft der internationalen Staatengemeinschaft. Angst, ob tatsächlich unsere Bedenken sich umsetzen könnten, dass wir multinational nicht mehr handlungsfähig sind. Und Deutschland hat – das hätte uns nie jemand zugetraut – eine innenpolitische Situation, zu sagen dieser Krieg ist falsch, wir wollen ihn nicht, transportiert auf die internationale Ebene. Wir haben die Mehrheit der Völkergemeinschaft hinter uns und der Menschen.

MF: Frau Beer, wenn Sie Ihre Überzeugungen haben, wenn Sie, wie Sie sagen, die Mehrheit der Menschen hinter sich haben, wenn sie glauben, der Krieg ist nicht gerechtfertigt, wenn Sie sogar sagen, das ist ein Angriffskrieg, der völkerrechtswidrig ist, bei allem Respekt vor internationaler Verantwortung, ist die erste Verantwortung nicht die eigene Glaubwürdigkeit. Da nicht ein Stück, wie die ganzen Maßnahmen, die ich gerade nenne, die Amerikaner zu unterstützen. Diesen Widerspruch müssen Sie mir kurz erklären.

[...]

In diesem Stil geht es weiter, eine halbe Stunde lang. Es ist sofort zu erkennen, dass es sich um ein untypisches Interview handelt. Klar ist: Dies ist kein Interview zur Person, dessen Aufgabe, wie Georg Stefan Troller definiert, darin besteht, »den Befragten dahin zu bringen, dass er vom rein Sachlichen Auskunft geben in die Tiefen oder Untiefen des eigenen Unbewussten oder Halbbewussten hinabsteigt«.[150] Es ist auch kein Interview zur Sache, das Fakten vermitteln will. Es handelt sich vielmehr um ein Meinungs-Interview, Informationsziel ist die politische Bewertung eines Vorgangs. Dies zeigt, dass Michel Friedman seine Interviewpartnerin in ihrer Rolle als Vertreterin einer politischen Partei, als Vorsitzende von B90/Die Grünen, anspricht.

Schon mit der ersten Frage weicht Friedman von der klassischen Lehre ab: Er beginnt mit einer **Entscheidungsfrage.** Meist wird zum Einstieg eine offene Frage verwendet, um der Gesprächspartnerin ein breites Spektrum von Antworten zu ermöglichen. Friedman missachtet aber bewusst die Regel von Seymour Hersh: »Beginne niemals ein Interview mit Kernfragen.«[151] Er will etwas anderes hören: Ein »Ja« oder ein »Nein«.

Normalerweise sähe das Vorgehen anders aus.[152] Friedmann hätte mit einer **offenen Frage** beginnen können, die der Interview-Partnerin keinerlei Antwort vorgibt. Stattdessen kommt er sofort zum Punkt und spart Zeit – und er macht klar, dass er Angelika Beer eng führen will. Er gibt ihr keinen Spielraum, treibt sie mit **geschlossenen Fragen** vor sich her. Damit gibt er einzelne Aspekte des Themas – wie die Haltung von Ströbele zum Irakkrieg – vor und verhindert so, dass die Gesprächspartnerin auf andere Gesichtspunkte ausweicht – was Angelika Beer mehrfach versucht. Deshalb stellt Friedman auch **Bestätigungs-Fragen:** »Fordern Sie das auch?« Damit legt er die Antwort auf die Bestätigung einer Aussage fest. Friedman stellt Fragen nach Gründen: »Wenn dies ein Angriffskrieg ist, wieso keine Konsequenzen fordern?« Dann wieder eine Bestätigungsfrage: »Ist die erste Verantwortung nicht die eigene Glaubwürdigkeit?« Hier kann man auch von einer **Suggestiv-Frage** sprechen. Friedman fragt weiter, was Beer zu Ströbeles Einlassungen sagt – und stellt damit eine **Fangfrage**, so will er einen Keil zwischen Beer und Ströbele treiben. Damit dies besser gelingt, erläutert er, dass es nicht um humanitäre Hilfe, sondern um den militärischen Nachschub der US-Streitkräfte über Rammstein geht – er stellt also eine Frage mit Vorbau, eine sogenannte **Balkon-Frage.** Doch eines tut er nie: Er stellt keine **Mehrfach-Fragen**. Denn dies böte der Gesprächspartnerin die Chance, sich die Frage herauszusuchen, die sie lieber beantworten möchte.

Das alles zeigt, dass Michel Friedman die unterschiedlichen Fragearten kennt und sie gezielt einsetzt. Er hat sich, das dürfen wir unterstellen, gut auf dieses Interview vorbereitet. Dabei hat er insbesondere das **Informationsziel** eingegrenzt und die Rolle von Angelika Beer definiert. Diese **Rollenklarheit** ist entscheidend dafür, was die Interviewte leisten kann. Angelika Beer ist hier nicht in der Rolle einer Augenzeugin – dann wäre vielleicht eine offene Frage nach ihren Eindrücken und Erlebnissen angebrachter gewesen. Sie wirkt auch nicht mit als eine Sachverständige oder Expertin, in dem Fall hätte sich der Interviewer vielleicht für eine **Gründe-Frage** entscheiden können. Stattdessen spielt Angelika Beer hier die Rolle der Parteichefin von Bündnis 90/Die Grünen. Sie hat also eine politische Position zu vertreten. Doch durch ihre Partei ging damals ein Riss: Teile von Mitgliedschaft und Fraktion trugen den Kurs der rotgrünen Bundesregierung mit, einen Einstieg in den Irakkrieg abzulehnen, aber den Amerikanern ansonsten weiterhin ein Bündnispartner zu sein. Andere – wie Ströbele – verlangten ein vollständiges Nein und entsprechende politische Konsequenzen, in erster Linie die Verweigerung der Überflugrechte sowie eine Klage vor dem Internationalen Gerichtshof für Menschenrechte in Den Haag. Dies jedoch hätten die Grünen als kleinerer Koalitionspartner nicht durchsetzen können. All das weiß Michel Friedman. Deshalb treibt er Angelika Beer genau in diesen Widerspruch. Das Interview-Ziel ist damit klar: Er will die Inkonsequenz rotgrüner Außenpolitik sichtbar machen und ihre Widersprüche entlarven.

Jedem Interview liegt ein Dreiecksverhältnis zugrunde: der Interviewer, der Befragte – und die Zielgruppe, für die der Interviewer stellvertretend fragt. Also müssen alle drei Personen oder Personengruppen berücksichtigt werden – bei der Vorbereitung, während des Interviews und bei der Auswertung. Genau dies macht die Sache so komplex.

Vorbereitung

Wer ein Interview führt, wirkt auf den Gesprächspartner nicht nur mit seinen Fragen, sondern mit allen Eigenschaften seiner Person. Deshalb lohnt es sich, bei der Vorbereitung des Gesprächs nachzudenken über den Interviewer, den Gesprächspartner und die Zielgruppe.

Dabei sind auch die Umstände des Gesprächs in die Überlegungen einzubeziehen. Dazu gehört auch das Setting: Es ist zu klären, wer an dem Interview teilnimmt, wo genau es stattfinden soll und ob der ausgewählte Ort zum Thema des Gesprächs passt. Am gewünschten Interview-Ort kann es Störfaktoren geben. Dazu zählen etwa unerwünschte Nebengeräusche, wechselnde Lichtverhältnisse oder zeitliche Beschränkungen. All diese Faktoren sollten abgeklärt und soweit möglich beseitigt werden. Es ist auch ein Unterschied, ob das Gespräch im Sitzen, im Stehen, bei einem Spaziergang oder bei einem handwerklichen Vorgang stattfinden soll. Die sitzende Position kann für eine entspannte Atmosphäre sorgen – aber auch für Konfrontation. Im Stehen kann die innere Dynamik manchmal stärker zum Ausdruck kommen. Ein Gespräch im Gehen kann gut zu einem Wanderer oder Reiseführer passen, während eines handwerklichen Vorgangs kann das Gespräch – insbesondere für Radio oder Fernsehen – gut auf die Arbeit des Gesprächspartners gelenkt werden. Genauso wichtig ist auch, vorab zu klären, wie viel Zeit zur Verfügung steht. Eine Unterhaltung, die abgebrochen werden muss, wenn es gerade interessant wird, bleibt unbefriedigend. Schließlich zeichnen wir Recherche-Gespräche auf und brauchen dazu die passende Ausrüstung: Mikro, Kamera, Licht, Stative, Laptop oder Notizblock.

Auch das **Auftreten** des Interviewers beeinflusst das Gesprächsergebnis. Das betrifft das eigene Verhalten, Mimik und Gestik. Die Kleidung sollte dem Umfeld und dem Anlass angemessen sein. Ein Vorgespräch dient dazu, eine verlässliche, vertrauensvolle Arbeitsbeziehung für das dann folgende Interview herzustellen. Dabei bietet es sich an, über Hobbies oder gemeinsame Interessen zu reden – nur nicht über die Themen des folgenden Gesprächs selbst. Woher weiß ich etwas über die Hobbies meines Gesprächspartners? Dies erfahre ich durch gründliche Vorbereitung.

Die inhaltliche Vorbereitung lässt sich in drei Bereiche gliedern: die Recherche zur Sache (»Welche Fakten brauche ich?«), zur Person (»Was ist das Besondere im Leben des Interview-Partners?«) und zur Meinung des Gesprächspartners (»Welche politischen und persönlichen Positionen vertritt er?«). *Spex*-Chefredakteur Max Dax schreibt dazu:

> »Wer lange genug sucht, findet das vom Lebenslauf Fallengelassene, Verdrängte, seltsame Zufälle. Wenn ich mein Gespräch mit einem seltsamen biografischen Detail eröffne, dann stelle ich damit klar, dass ich es ernst meine, an meinem Gegenüber wirklich interessiert bin.«[153]

Aus der inhaltlichen Recherche ergibt sich das **Interview-Ziel**: Was ist mein Erkenntnisinteresse? Was will ich herausfinden? Lässt sich dies in Form einer Hypothese formulieren? Solche Arbeitshypothesen sind auch vor einem Interview zur Person sinnvoll: Man braucht sich dazu nur den Menschen in seinem Werden und Verändern vorzustellen. Veränderungsprozesse haben Ursachen und Wirkungen, Verantwortliche und Leidtragende.

Auf der Basis der Recherche entstehen die Fragen. Dabei klärt der Interviewer, mit welcher Frage er in das Gespräch einsteigt, wie er das Interview beendet, welche Fragen er stellen möchte, ob er das Interview trichterförmig aufbaut – also von den offenen zu den geschlossenen Fragen gelangt – oder sein Gegenüber enger führt, also **geschlossene Fragen** oder **Entscheidungsfragen** stellt. **Doppel- und Mehrfachfragen** sollten vermieden werden: Der Gesprächspartner würde sich jene Fragen aussuchen, die er am liebsten beantworten möchte, und die übrigen Antworten vermeiden. Kurze, präzise Fragen versprechen oft bessere Antworten. Doch manchmal sind auch **Balkonfragen** nötig – etwa dann, wenn Fakten genannt werden müssen, um das Gegenüber damit zu konfrontieren. Zu klären ist auch: Wie frage ich nach, wenn ein Gesprächspartner ausweicht?

Es gibt verschiedene Methoden, eine Frageliste anzulegen. Der Interviewer kann sie beispielsweise ausformulieren und in einzelne thematische Bereiche unterteilen. Solche Fragelisten können ein gutes Geländer sein und werden im Gespräch kurz und prägnant gestellt. Bei Fakten und Zitaten geben Sie Sicherheit und Genauigkeit, wo es darauf ankommt. Ein Stichwortzettel oder eine Karteikarte mit Stichwörtern erlaubt dagegen, mehr Blickkontakt zu halten, erleichtert das Zuhören und das spontane Fragen.[154]

Die Überlegungen zum Gesprächspartner beginnen wieder bei der Person, ihrer Funktion und ihren Eigenschaften: Habe ich den Namen, den Titel, die Funktion genau und richtig notiert? Kann ich den Namen korrekt aussprechen? Was kann ich zur Person, zu ihrer Biografie und zu ihrem Verhalten herausfinden? Gibt es Hobbies und persönliche Vorlieben, an die ich anknüpfen kann? Zu klären ist auch, in welcher Rolle das Gegenüber befragt wird: Wenn es sich um Augenzeugen handelt, dann frage ich stärker nach persönlichen Eindrücken, Erlebnissen und Gefühlen. Handelt es sich um Vertreter einer politischen Gruppierung, einer Gewerkschaft oder eines Wirtschaftsverbandes, dann zielen die Fragen wohl stärker darauf ab, einen Standpunkt, eine Bewertung, eine politische Forderung oder eine Interessensposition herauszuarbeiten. Handelt es sich aber um Experten, so sollen sie Fakten und Zusammenhänge liefern.

Hier geht es auch um die Frage: Wie kann ich mich auf die Gesprächspartner konzentrieren und zugleich meine Fragen abarbeiten? Dazu muss der Interviewer seine Aufmerksamkeit teilen. Dieses Multitasking erfordert Kraft und Konzentration. Wer weiß, welche Antworten kommen könnten, wird leichter zuhören und darauf eingehen können. Denn zu einem sinnvollen, lebendigen Gespräch gehört auch, die Antworten aufzugreifen und daraus die nächsten Fragen zu entwickeln. Dies bedeutet natürlich, sich von der Frageliste zu lösen – um zu einem späteren Zeitpunkt wieder darauf zurückzukommen. Wer entlang einer Hypothese arbeitet und ein klares Informationsziel hat, dem wird das besser gelingen.

Gerade in konfrontativen oder persönlich heiklen Interviews entwickeln Gesprächspartner **Gegenstrategien**: Sie weichen aus, umschiffen eine klare Antwort, reden endlos weiter, werden wortkarg, lenken vom Thema ab, platzieren eigene Botschaften, reagieren mit Gegenfragen, stellen den Sachverstand des Interviewers in Abrede, bagatellisieren Unbestreitbares oder streiten anderes ab. Wie damit umgehen? Dem Gegenüber in die Parade zu fahren mag erfolgversprechend sein, kostet aber Sympathie. Besser sind sanftere Methoden: den Satz des Gesprächspartners aufgreifen und selbst zu Ende führen; ihn direkt mit Namen ansprechen; eine Atempause nutzen; die Antwort paraphrasieren und darauf hinweisen, dass dies keine Antwort auf die Frage war; nachhaken und die unbeantwortete Frage wiederholen; thematisieren, dass die Frage nicht beantwortet wurde.

Zu einer guten Vorbereitung gehört auch, sich Gedanken zu machen über die **Zielgruppe** des Interviews. Es ist leicht verständlich, dass ein Gespräch für eine medizinische Fachzeitschrift ein anderes Fachwissen und eine andere Wortwahl voraussetzt als eine Unterhaltung für medizinische Laien. Deshalb lohnt es sich, die Zielgruppe nach Alter, sozialer Schichtzugehörigkeit, Vorwissen und regionaler Identität genau einzugrenzen. Hier stellt sich auch die Frage: Welche Bedeutung hat mein Thema eigentlich für diese Zielgruppe? In welcher Weise ist sie davon berührt? Kann ich dieses persönliche Interesse nutzen und daran anknüpfen? Wie kann ich die Aufmerksamkeit der Zielgruppe wecken? Bei der Lösung welcher Probleme kann ich mit meinem Interview wie helfen? Wie kann ich für meine Zielgruppe Spannung schaffen und Langeweile vermeiden?

Wenn die Zielgruppe und ihre Interessen beschrieben sind, dann lohnt es sich, erneut über das Erkenntnisziel nachzudenken: Was will ich unbedingt vermitteln? Wie lässt sich das im Interview erreichen? Welche Fragen muss ich stellen, um das Erkenntnisziel zu erreichen? Kann der Gesprächspartner dieses Erkenntnisziel herausarbeiten oder muss ich das selbst tun, weil der Gesprächspartner etwa genau dies vermeiden möchte, muss ich also erklärende Schlussfolgerungen ziehen, Fakten nachliefern, Hintergrund erläutern?

Erst diese gründlichen Überlegungen zum Interviewer, zum Gesprächspartner und zur Zielgruppe runden die Interview-Vorbereitung ab.

Für den Werkzeugkasten

Interviews vorbereiten

1. Interviewer

1.1. Setting
- Wer nimmt teil?
- Wo findet das Interview statt?
- Passt der Ort zum Inhalt?
- Welche Störfaktoren gibt es?
- Wie können Störungen vermieden werden?
- Position: Im Sitzen, im Stehen, beim Gehen, beim Fahren?
- Wie viel Zeit steht zur Verfügung?
- Wird Equipment benötigt? Ton, Kamera, Licht, Stative, Mikrofone, Notizblock?

1.2. Auftreten
- Wie trete ich auf?
- Ist die Kleidung angemessen?
- Achte ich auf Mimik und Gestik?
- Kann eine verlässliche Zusammenarbeit hergestellt werden?
- Wie führe ich das Vorgespräch?

1.3. Inhalt
- Recherche zur Sache: Welche Fakten brauche ich?
- Recherche zur Meinung: Welche politische Position?
- Recherche zur Person: Welcher persönliche Hintergrund / welche Biografie?

1.4. Interview-Ziel
- Erkenntnis-Interesse: Was will ich herausfinden?
- Lässt sich dies in einer Hypothese formulieren?

- Auch bei Interviews zur Person sind Hypothesen hilfreich: Wie ist der Gesprächspartner so geworden, aus welchem Grund?

1.4. Fragen
- Mit welcher Frage einsteigen?
- Mit welcher Frage aussteigen?
- Kann ich einfache Fragen stellen?
- Wie vermeide ich Doppelfragen?
- Baue ich das Interview trichterförmig oder führe ich enger – zum Beispiel durch Entscheidungsfragen?
- Welche Fakten muss ich in die Fragen einbauen, um den Gesprächspartner zu konfrontieren (Balkonfragen)?
- Wie nachfragen, wenn er ausweicht?
- Wie sieht meine Frageliste aus?
- Welche Fragen müssen unbedingt gestellt werden?
- Wie schreibe ich eine übersichtliche Fragekarte?

2. Gesprächspartner

2.1. Person
- Was kann ich über die Person und ihr Verhalten herausfinden?
- Habe ich den vollständigen Namen, Titel, Funktion, Rolle überprüft?
- Kann ich den Namen korrekt aussprechen?
- Gibt es persönliche Vorlieben oder Hobbies, an die ich anknüpfen kann?

2.2. Rolle
- In welcher Rolle betrachte ich den Gesprächspartner?
- Handelt es sich um einen Augenzeugen?
- Oder spricht er als Politiker oder Lobbyist mit klaren Interessen?
- Welche Interessen sind das?
- Handelt es sich vielleicht um einen Experten, der Fakten liefert?

2.3. Aufmerksamkeit
- Wie kann ich mich konzentrieren und zugleich meine Aufmerksamkeit teilen?

- ▷ Wie kann ich dem Gesprächspartner genau zuhören?
- ▷ Wie werde ich auf seine Antworten eingehen?
- ▷ Wie kann ich gleichzeitig meine Frageliste abarbeiten?

2.4. Gegenstrategien

- ▷ Welche Gegenstrategien wird der Gesprächspartner einsetzen?
- ▷ Wird er dauerreden, wird er schweigen?
- ▷ Wird er mit Ja oder Nein antworten?
- ▷ Wird er vom Thema ablenken, um seine Botschaften zu platzieren?
- ▷ Wird er mit Gegenfragen reagieren?
- ▷ Wird er Fakten abstreiten oder verharmlosen?
- ▷ Wie werde ich darauf reagieren: Ihn unterbrechen, namentlich ansprechen, seinen angefangenen Satz selbst zu Ende führen, hartnäckig nachfragen, die Frage wiederholen, die Gegenstrategie selbst thematisieren?

3. Zielgruppe

3.1. Zielgruppendefinition

- ▷ Wer ist die Zielgruppe?
- ▷ Wie genau kann ich sie fassen?
- ▷ Auf welchem – sprachlichen und inhaltlichen – Niveau kann ich ansetzen?
- ▷ Welche Fremdwörter und Fachbegriffe muss ich erläutern?

3.2. Relevanz

- ▷ Welche Bedeutung hat das Thema für die Zielgruppe?
- ▷ Kann ich diese Bedeutung unterstreichen und daran anknüpfen?
- ▷ Wofür könnte sich die Zielgruppe am meisten interessieren?
- ▷ Wie kann ich Aufmerksamkeit wecken?

3.3. Spannung

- ▷ Wie kann ich Spannung schaffen?
- ▷ Wie kann ich Langeweile vermeiden?

3.4. Erkenntnisziel
- ▷ Was will ich unbedingt vermitteln?
- ▷ Lässt sich dies im Interview erreichen?
- ▷ Was muss ich tun, um zum Erkenntnisziel zu gelangen?
- ▷ Muss ich das selbst formulieren oder wird der Gesprächspartner dies sagen?

Interview-Führung

Ein Interview ist nie nur ein Frage-Antwort-Spiel. Auch die »Chemie« ist entscheidend. Wir wollen anerkannt oder zumindest ernstgenommen werden. Menschen sind sich sympathisch oder weniger sympathisch. All dies ist in einem Interview kaum zu ändern. Aber darüber Bescheid zu wissen macht uns zu besseren Interviewern. Respektvolle Distanz, keine Anbiederung, nicht auf Krawall gebürstet sein – das ist wohl die beste Haltung für ein Gespräch. Geduzt wird übrigens nur, wenn es sich absolut nicht vermeiden lässt.

Während des Interviews kommt es für die Interviewer darauf an, dem Gesprächspartner ehrliches Interesse entgegenzubringen – und dies auch in Mimik, Gestik und Körperhaltung zu signalisieren –, nonverbale Kommunikation ist ein wichtiger Bestandteil des Interviews. Wenn es hier Störungen gibt, wird sich das Gespräch umso schwieriger steuern lassen – insbesondere in einem konfrontativen Interview. Der Radio-Journalist und Medienwissenschaftler Axel Buchholz schreibt:

> »Für den Interviewer gilt dann: Je härter in der Sache, desto verbindlicher in der Form. Er bleibt sachlicher, neutraler Anwalt des von ihm oder seiner Redaktion vermuteten Informationsinteresses der Hörer. Auch in einem harten Interview wird aus einem Interview-Partner kein Interview-Gegner. Der Interviewer fragt stellvertretend für den Hörer – nicht um den Befragten positiv oder negativ ›vorzuführen‹ und schon gar nicht, um sich selbst und die eigene Meinung darzustellen.«[155]

Der Interviewer arbeitet mit geteilter Aufmerksamkeit: Er hat seine Vorbereitung und Fragen im Kopf und auf dem Blatt, aber das Wichtigste ist, genau zuzuhören. Aktives Zuhören bedeutet, darauf zu achten, ob die Fragen auch beantwortet werden, ob sie für die Zielgruppe verständlich beantwortet werden; es bedeutet aber auch, darauf zu achten, wie der Gesprächspartner formuliert, wie ihm dabei zumute ist, ob er sich windet oder sich wehrt, welche Sprache sein Gesicht und sein Körper sprechen. Nur dann ist es möglich, angemessen nachzuhaken, eine Frage zu wiederholen oder auch mal eine Denkpause zuzulassen, in der Hoffnung auf eine wichtige Ergänzung.[156]

Vor allem bei konfrontativen Gesprächen sollte der Interviewer auf Gegenstrategien des Gesprächspartners vorbereitet sein und damit umzugehen wissen. Dazu gehört es, gelassen zu bleiben, sich nicht einschüchtern zu lassen und nicht zurückzuschießen. Besser ist es, die Bedeutung der Frage zu erklären, die Gegenstrategie zu thematisieren. So kann man Schüchterne und Schweiger zum Reden bringen und mit Formulierungsvorschlägen helfen; an die Erinnerung appellieren (»Wie haben Sie das erlebt?«, »Was fällt Ihnen noch dazu ein?«), Antworten zusammenfassen und aktives Zuhören signalisieren (»Sie wollen damit sagen, dass …«), Schlüsselbegriffe wiederholen (»Das war also eine Tragödie für Sie …«), Sachverhalte klären (»Verstehe ich Sie richtig, dass …«), etwas von sich selbst preisgeben (»Ich habe auch schon mal erlebt, dass …«) oder das Gegenüber ermuntern (»Das ist ja interessant …«). Man kann Dauerredner bremsen durch kurze, pointierte Fragen, enger führen durch geschlossene Fragen und Entscheidungsfragen, Kompliziertes erklären oder Fremdsprachiges eindeutschen. Dabei muss man richtig unterbrechen: entweder indirekt (zum Beispiel durch Einatmen und Mimik) oder direkt. Für Letzteres kann man eine Atempause nutzen, man kann den erwarteten Satz des Gegenübers aufgreifen und reißverschlussartig selbst beenden oder aber hart dazwischengehen.

Wichtig ist auch, das Interview gut abzurunden und zu beenden. Denn zum einen möchten wir bei Bedarf wieder anrufen können, zum anderen ist ein guter Gesamteindruck wichtig für die Autorisierung des Interviews. Dazu gehört auch, sich an die vereinbarte Zeit zu halten. Abschließen lässt sich das Gespräch gut mit ein paar abrundenden Fragen, beispielsweise nach der Gesamtbewertung des in Rede stehenden Vorgangs. Vielleicht fragen wir den Interviewpartner auch: Ist alles Wichtige angesprochen worden? Welche Punkte sind aus seiner/ihrer Sicht noch offen? Wer mit Kamera oder Aufzeichnungsgerät interviewt, tut gut daran, das Gerät nicht sofort zu stoppen: Manchmal fällt die Anspannung erst nach dem »Abpfiff« vom Gegenüber ab und es kommt ein Nachklapp, der Wichtiges auf den Punkt bekommt. Gut beraten ist der Interviewer auch, wenn er nach weiteren Quellen oder schriftlichen Belegen fragt – oder einfach: »Darf ich mich gelegentlich wieder melden?«

Den Gesprächspartner oder die Befragte haben wir während des Gesprächs genau im Auge. Nur so ist es möglich, auf Mimik, Gestik und mögliche Störfaktoren zu reagieren. Dabei behalten wir auch im Gedächtnis, aus welcher Rolle heraus der Gesprächspartner redet und – nehmen ihn in dieser Rolle ernst. Auch die Zielgruppe bleibt im Geiste immer präsent, denn am Ende kommt es darauf an, ihr Interesse mit der Gesprächsführung zu wecken. Gerade deshalb ist es wichtig, an den Interessen der Leser, Hörerinnen und Zuschauer anzuknüpfen, von ihren Erfahrungen und ihrer Lebenswelt auszugehen, Fachbegriffe zu erklären, Fremdwörter zu übersetzen, sich in Ausdruck und Ton dieser Zielgruppe aktiv zuzuwenden. Das Wichtigste aber ist: Nachfragen, nachfragen, nachfragen – auch wenn dies etwas nervig ist.

Viele unserer Gespräche beginnen vor der ersten Verabredung bereits am Telefon. Deshalb ist der erste Eindruck wichtig, er muss überzeugen, den Gesprächspartner gewinnen. Auch hier kommt es auf die Vorbereitung an: die Vorlage eines Memos öffnen; Headset prüfen; die Anklopf-Funktion beim Smartphone ausschalten; das »Bitte nicht stören«-Schild an die Tür hängen. Ein kleines Vorgespräch zum Aufwärmen beginnen: »Wo erreiche ich Sie gerade?«, »Passt es Ihnen jetzt?« Dem Gesprächspartner erklären, dass wir uns gerne ein paar Notizen machen würden. Klären, ob die Kommunikationsdaten alle noch stimmen. Daran denken: Wir wirken hier nur über unsere Stimme, deshalb frei atmen, deutlich sprechen, ruhig und zugewandt formulieren. Und dann wieder: nachfragen, nachfragen, nachfragen! Hier ein paar Tipps:[157]

Für den Werkzeugkasten

Telefon-Recherche

Elf Schritte für bessere Interviews

1. Vorab: Technik checken, Zeitpunkt wählen.
2. Vorstellung der eigenen Person und des Recherche-Themas. Was ist das Ziel des Anrufs? Auf Rückfragen vorbereitet sein.
3. Gute Vorbereitung ist der Schlüssel. Die Hauptfrage muss lauten: »Was will ich herausfinden?« Das Anlegen einer Frageliste ist essenziell, ebenso wie die Nachforschung über Rolle und die Interessen des Informanten und bei geplanten Treffen das Finden eines passenden Ortes, der ein diskretes Gespräch ermöglicht.
4. Ist der Zeitpunkt für den Informanten passend? Es lohnt sich die Frage: »Passt es Ihnen jetzt oder soll ich später noch mal anrufen? Wo erreiche ich Sie gerade?« Wenn der Zeitpunkt ungünstig ist: »Wann darf ich Sie in dieser Sache sprechen?«
5. Das Interesse des Informanten am Thema muss geweckt werden. Man kann dabei an seine Rolle, seine Interessen, seine Erfolge anknüpfen. Dabei ist es wichtig, freundlich, ernst, zielgerichtet, entschieden und sachlich zu bleiben!
6. Ein guter Rechercheur muss immer versuchen, den Gesprächspartner zu verstehen. Welche Rolle spielt er im Geschehen. Welches ist sein Standpunkt? Welches seine Interessen? Sollte man zunächst Vertrauen aufbauen oder sich tiefer in die Sache einarbeiten? Sollte der Informant mehr über die Recherche erfahren?
7. Es ist gut, mit geteilter Aufmerksamkeit zu arbeiten: Während

der Befragte redet, kann über die nächsten Fragen nachgedacht werden und warum sie gefragt werden müssen. Der Informant liefert Informationen, der Journalist stellt Fragen. Läuft die Diskussion in eine falsche Richtung und lenkt ab vom Thema, muss zu den Kernfragen zurückgeführt werden!

8. Fragen sollten präzise zielgerichtet sein, dabei lohnt sich eine Checkliste. Es schadet nicht nachzuhaken, selbst wenn man dabei ein wenig »nervig« wirkt. Die entscheidenden Fragen sollten nicht gleich am Anfang gestellt werden, aber Ausnahmen bestätigen die Regel!
9. Belege sind wichtig – Dokumente, interne Unterlagen, fachliche Dossiers. Papiere kann man sich mailen lassen, sensible Unterlagen selbst abholen.
10. Am Ende des Gesprächs steht immer die Frage, ob man später noch einmal anrufen kann, wenn etwas unklar ist oder neue Fragen auftauchen. Dies baut eine verlässliche Arbeitsbeziehung auf. Auch nach weiteren Informanten kann gefragt werden. Wer weiß mehr?
11. Zuallerletzt ist es an der Reihe, sich zu verabschieden und eine weitere Verabredung zu treffen. Zum Abschluss legt man eine Gesprächsnotiz an und klärt die Verwendung und die Autorisierung.

Auswertung

Nach dem Gespräch folgt die Auswertung. Am Ende muss das Interview ein spannender Text oder ein spannendes elektronisches Gesamtprodukt sein. Dazu wird es abgetippt. Dies stellt einen eigenen Arbeitsschritt dar und ist klassische Autorenarbeit. Eigenhändig Abtippen spart zwar Geld, kostet aber Zeit. Aber nur beim Hören werden die Antworten lebendig, man erkennt Unklarheiten und Schwächen, Lücken, die vielleicht mit notwendigen Vorinformationen gefüllt werden müssen, den Unterschied zwischen schwächeren und besseren Antworten. Verschriftungs-Services wie Trint oder Dragon, bei denen das Interview hochgeladen wird und als Text-Datei zurückkommt, liefern meist nur teilweise brauchbare Ergebnisse, denn die Programme müssen auf eine oder wenige Stimmen trainiert werden, was bei wechselnden Interviewpartnern nicht geht. Dann muss der Autor wieder ran und die technischen Missverständnisse korrigieren. Meist ist es besser, das Interview abzuhören und Satz für Satz selbst zum Beispiel in Siri nachzusprechen, um dann eine Textdatei anzulegen.

Dient die Verschriftung lediglich der Informationsbeschaffung, geht das Dokument nun in den Ordner. Wenn das Interview sofort weiterverwendet wird, dann muss der Text nun redigiert werden. Hier kommt es wieder darauf an, dem Gesprächspartner gerecht zu werden und nichts zu verfälschen, aber gleichzeitig die Zielgruppe, ihre Interessen und ihren Verständnishorizont im Auge zu behalten.

Beim Verschriften werden wir erkennen: Manche Sätze werden mehrfach angefangen, andere nicht zu Ende geführt, es wimmelt nur so von »Ähs«, »Ohs« und »Ahs«, Fehlern im Satzbau und in der Wortwahl. Daraus muss nun ein lesbarer Text gemacht werden. Um aus dem Transkript ein lesbares und spannendes Interview zu machen, müssen wir zum Beispiel: Fragen umstellen; Fragen einschieben, die so längere Antworten gliedern; erklärende Informationen in Fragen einbauen; in den Antworten Einschübe formulieren; Antworten umstellen; Fremdwörter und Fachsprache tilgen oder erläutern; unvollständige Sätze komplettieren; Abschweifungen und Wiederholungen streichen; Zwischenüberschriften einbauen; das Interview insgesamt »entrümpeln«.[158] So soll ein roter Faden entstehen, der es leicht macht, sich im Gespräch zu orientieren. Dazu werfen wir zunächst alles Unergiebige raus und erledigen dann die Feinarbeit. Ein gutes Interview sollte klar, verständlich und präzise sein – und gleichzeitig die sprachlichen Besonderheiten und persönliche Farbe des Gesprächspartners erhalten. Dies gilt auch und besonders dann, wenn das Interview übersetzt werden muss. Es braucht gerade dann einen spannenden, überraschenden Einstieg und eine starke Schlusspointe.

Was die Zielgruppe auch interessiert, sind ein paar Informationen über die befragte Person. Sie können vorangestellt oder in einen Kasten ausgelagert werden. Zwischentitel können das Gespräch auflockern, Kernzitate oder prägnante Gedankensplitter können herausgehoben werden. Dabei sind Verkürzungen und Verdichtungen erlaubt, wenn sie den Sinn erhalten. Beleidigungen Dritter müssen gestrichen werden: Es gilt die sogenannte Verbreiterhaftung – der Interviewer macht sich mitverantwortlich für Aussagen des Befragten.

Eine Autorisierung des Interviews ist in Deutschland nicht vorgeschrieben, auch der Pressekodex schweigt zu diesem Thema. In der Praxis hat es sich in Deutschland aber eingebürgert, in anderen Ländern ist dies durchaus unüblich. Wenn aber die Streichungen und Veränderungen der interviewten Person oder ihrer PR-Berater überhandnehmen oder man gar zur Unterzeichnung eines Knebelvertrags aufgefordert wird, dann sollte man besser auf die Veröffentlichung verzichten.

Autorisieren ist auch Verhandlungssache. So kann man die Autorisierung nutzen, zum Beispiel, um die Fakten für den Infokasten bestätigen zu lassen. Natürlich ist das Ziel, so wenig wie möglich zu verändern und das Interview zu verteidigen, so weit es geht. Dazu gehört, den Interviewtext ohne Zwischenüberschriften (Sie wecken nur schlafende Hunde) zu faxen oder als PDF-Datei zu senden, denn gemailte Word-Dokumente sind eine Einladung zum »Herumkorrigieren«. Dazu gehört auch, etwas mehr Text zur Autorisierung anzubieten als nötig, das schafft Verhandlungsmasse. Ebenso wichtig ist, Eingriffe zu erklären (»Das ist ein Fremdwort, das müssen wir übersetzen«). Zur Autorisierung gehört auch eine Fristsetzung: Hat die befragte Person in der genannten Zeit keine Wünsche angemeldet, gilt das Gespräch als freigegeben.

Ganz am Schluss sollten wir noch einmal alles überprüfen: Sind die Namen richtig geschrieben? Sind die Funktionen richtig benannt? Stimmen die Zitate? Sind alle W-Fragen beantwortet? Sind alle Fachbegriffe eliminiert? Und zuallerletzt gehört es auch zum guten Ton, den Gesprächspartnern Belege zu schicken – auf weitere Zusammenarbeit.

2.10 Recherchen dokumentieren

Fünfzehn Jahre nach dem Ende seiner Kanzlerschaft startet Gerhard Schröder einen Podcast. Unterstützt wird er dabei von seinem früheren Sprecher Béla Anda. Der Altbundeskanzler nennt seine Audio- und Video-Reihe »Gerhard Schröder – Die Agenda«. Damit spielt er auf seine größte, aber auch (nicht nur innerhalb der SPD) durchaus umstrittene politische Leistung an. Die Zeit von »*Bild*, *BamS* und Glotze« ist für Gerhard Schröder also inzwischen vorbei. Direkte Kommunikation aus seiner Anwaltskanzlei erspart unangenehme Fragen, beispielsweise kritische Überlegungen zur Agenda 2010, auf die er nach wie vor stolz zu sein scheint.[159]

Allerdings gibt es gute Gründe, am wirtschaftspolitischen Nutzen der Agenda 2010 zu zweifeln. Dass Gerhard Schröders Agenda-Politik den Wirtschaftsstandort Deutschland gerettet habe, ist einer der wirkmächtigsten Mythen des Neoliberalismus hierzulande. Die mit der Agenda-Politik einhergehenden Einschnitte in die sozialen Sicherungssysteme und der damit verbundene Aufbau eines breiten Niedriglohnsektors wurden systematisch propagandistisch vorbereitet. Dazu gehört, dass der Reformbegriff umgedeutet wurde. Reformen – das sind spätestens seit dem Jahr 2000 keine Maßnahmen zugunsten der Bevölkerungsmehrheit, sondern Einschnitte auf ihre Kosten: Flexibilisierung des Arbeitsmarktes, niedrigere Löhne, Senkung der Lohnnebenkosten, geringere Leistungsfähigkeit der Sozialsysteme, Teilprivatisierung der Altersvorsorge, Abschaffung einer wirksamen Arbeitslosenversicherung, Deregulierung der Finanzmärkte, Privatisierung öffentlicher Unternehmen und Verknappung der Leistungen öffentlicher Daseinsvorsorge. Albrecht Müller schreibt:

> »Als in Deutschland ab 1999 die Agenda 2010 und der Ausbau eines breiten Niedriglohnsektors durchgesetzt wurden, da konnten sich jene, die an niedrigen Löhnen interessiert waren, herzlich darüber freuen, dass diese Drecksarbeit von einem sozialdemokratischen Bundeskanzler begonnen wurde.«[160]

Es ist klar, dass diese Überlegungen der herrschenden Meinung entgegenstehen. Wer also die langfristige Wirkung der Agenda 2010 recherchiert, tut allein schon deshalb gut daran, das Recherche-Ergebnis genau zu dokumentieren. So entsteht im Laufe der Arbeit ein Recherche-Protokoll. Für dieses lohnt es sich, Fallbeispiele zu suchen und soziologische Forschungsergebnisse einzubeziehen. Wie Ersteres geht, haben wir in den Kapiteln 2.2 und 2.3 diskutiert. Deshalb beschränke ich mich im Folgenden auf neuere gesellschaftswissenschaftliche Studien.

Bei der Recherche finden wir auch einen Beitrag des gewerkschaftsnahen Wissenschaftlers Patrick Schreiner in »Blickpunkt WiSo«, in welchem der Autor die Aussage, die Agenda 2010 habe Arbeit geschaffen, mit guten Gründen in Zweifel zieht. Zwar habe die Agenda ihr wichtigstes Ziel, einen Niedriglohnsektor zu schaffen, durchaus erreicht. Weit über zwanzig Prozent der abhängig Beschäftigten seien hierzulande mittlerweile für Niedriglöhne beschäftigt. Dass die Zahl der Arbeitslosen gesunken sei, habe man mit der Zunahme atypischer Beschäftigung erreicht. Aber erstens habe der Trend zur prekären und atypischen Beschäftigung schon vor der Agenda eingesetzt. Zweitens sei mit der Zunahme prekärer Beschäftigung keine neue Arbeit entstanden, die vorhandene Arbeit verteile sich lediglich auf mehr Köpfe. Somit habe die Agenda eben gerade nicht »Arbeit geschaffen«. Um beurteilen zu können, ob neue Arbeit entstanden ist, müsse man die Zahl der gearbeiteten Stunden betrachten. Nun sei das Arbeitsvolumen zwischen 2003 und 2017 tatsächlich gestiegen. Dies sei aber der guten Konjunktur zu verdanken, die von der Binnennachfrage getrieben worden sei:

> »Damit ist dieser Aufschwung (und die Zunahme der Arbeitsstunden) ganz wesentlich auf eine Entwicklung bzw. Ursache zurückzuführen, die den Annahmen der Agenda 2010 vollständig widerspricht. Laut Agenda 2010 sollten ja niedrigere Lohn- und Lohnnebenkosten zur Schaffung von Arbeit führen. Tatsächlich aber steigt die Zahl der Arbeitsstunden wieder an, seitdem und weil Löhne und Lohnnebenkosten wieder stärker steigen.«[161]

Daneben erklärt Schreiner, dass dieser Aufschwung keineswegs von der Agenda 2010, sondern von Deutschlands stark steigendem Leistungsbilanzüberschuss getrieben sei. Das bedeutet, dass hierzulande mehr Waren und Dienstleistungen produziert und exportiert als anderswo produziert und nach Deutschland importiert werden. Dies bedeute aber auch, dass mit dem Nettoexport von Produkten und geleisteter Arbeit auch Arbeitslosigkeit in andere Länder exportiert werde. Die Agenda 2010 setze also auf eine wirtschaftspolitische Strategie, die zu erheblichen Ungleichgewichten und damit zu neuen Krisen führe.

Nicht nur deshalb gibt es gute Gründe, sich von der Agenda 2010 ebenso zu verabschieden wie von den Mythen, die sich um sie ranken. Eine Studie der – linksradikaler Tendenzen unverdächtigen – Friedrich-Ebert-Stiftung mit dem Titel »Angst im Sozialstaat« kommt zu dem Ergebnis, dass die Agenda-Politik für den Aufstieg der AfD mitverantwortlich ist:

> »Vieles spricht dafür, dass sich die Wahlergebnisse der AfD … auch aus diesen Quellen speisen. Immerhin votiert ein großer Teil ehemaliger Nichtwähler_innen für die AfD – also ein Personenkreis, bei dem es sich oft um Unterprivilegierte (und frühere Stammwähler_innen von Mitte-Links-Parteien) handelt … Unsere zentrale These lautet, dass Ängste die Durchsetzung von Entsicherungspolitiken erleichtert haben, jedoch in erratische Reaktionen umschlagen können, mit schwerwiegenden Folgen für die soziale und politische Integration … Nur eine konsequente Abkehr vom Prinzip des individuellen Risikomanagements mit all seinen verängstigenden Folgen (eines möglichen Scheiterns) kann die Angstspirale durchbrechen.«[162]

Diese Diagnose wird von historischen Studien gestützt. So zeigt der US-Ökonom Barry Eichengreen, dass das wirksamste Mittel gegen populistische Versuchungen ein politisches Handeln darstellt, das die wirtschaftlichen Probleme der Bevölkerung ernst nimmt und sie nicht noch verschärft.[163]

Damit deutet vieles darauf hin, dass der angebliche Erfolg der Agenda-Politik nicht nur wirtschaftspolitisch reine Propaganda ist, sondern gerade die Wirkungen dieser Strategie demokratiegefährdend sind. Zu einem vergleichbaren Ergebnis kommen auch John

Komlos und Hermann Schubert in ihrer Analyse von Donald Trumps Aufstieg, in dem sie das Vermächtnis von Ronald Reagans Wirtschaftspolitik sehen. Dessen Politik der Steuersenkungen habe »zu enormen Haushalts- und Handelsbilanzdefiziten, einem starken Anstieg der privaten Verschuldung, dem Abbau staatlicher Sozialleistungen und einer … veränderten Einkommensverteilung zugunsten einer superreichen Oberschicht« geführt und den Niedergang der Unter- und Mittelschicht nach sich gezogen, was den Aufstieg von Trump gefördert habe.[164]

Aber damit nicht genug. Zur Agenda-Politik gehörte auch die Steuerfreistellung von Veräußerungsgewinnen. Um den Verkauf von Aktienpaketen oder Unternehmen zu erleichtern, wurden die dabei realisierten Gewinne zum 01.01.2002 steuerfrei gestellt. Dies ist ein großes Privileg, denn bei jedem anderen unternehmerisch tätigen Menschen wird der Gewinn ermittelt und muss versteuert werden. Dies hat den Verkauf vieler deutscher Unternehmen an Hedgefonds und Private-Equity-Gruppen begünstigt und dazu geführt, dass Kapitalbeteiligungsgesellschaften wie BlackRock, Blackstone oder KKR Zugriff auf die Geschäftspolitik deutscher Unternehmen gewonnen haben. In der Folge investierten deutsche Banken und Versicherungen den Erlös aus dem Verkauf von Unternehmensanteilen in jene strukturierten Wertpapiere und damit in jene Börsenwetten, die wenige Jahre später in den Zusammenbruch der Finanzmärkte führten. Damit wurden auch durch die Agenda-Politik deutsche Finanzkonzerne anfälliger für die Folgen der Finanzkrise von 2008.[165]

Im Ergebnis hat die Agenda-Politik entgegen der herrschenden Meinung für breite Bevölkerungsschichten nur Nachteile gebracht. Deutschland wurde zur »Abstiegsgesellschaft« und folgte damit einem weltweiten Trend. Oliver Nachtwey schreibt:

> »Die expandierenden Finanzmärkte waren der Ort, wo man – angesichts des Problems der Überakkumulation – noch Geld verdienen konnte, weil dort das Kapital nicht langfristig fixiert war, sondern relativ friktionslos zur nächstbesten Anlage oder auch in Schwellenländer verschoben werden konnte. Ebendies trug zur geringen Investitionstätigkeit in der OECD-Welt und damit zum Postwachstumskapitalismus bei … Der Finanzkapitalismus

entstand, weil die Profitraten in der Realwirtschaft gesunken waren … Ein Teil der Profite aus der eigentlichen Wertschöpfung wird in die Finanzmärkte gepumpt und damit nicht reinvestiert … Der Finanzkapitalismus war ursprünglich als Reaktion auf die Wachstumskrise geboren worden, nun erwuchs er zu einer eigenständigen Ursache dieser Krise.«[166]

Für den Werkzeugkasten

Das Recherche-Protokoll

- Produktion/Produktions-Nr.
- Medium/Sendung
- Erscheinungsdatum/Deadline
- Autor(en)
- Erreichbarkeit

Titel: Recherche-Protokoll zum Thema X

- Zusammenfassung
- Hypothese
- Fakten
- Interessenanalyse/Ideologiekritik
- Optische Recherche/Reportage-Elemente
- Produktionstechnische Recherche
- Quellen
- To-do-Liste
- Offene Fragen
- Anhang Memos
- Anhang Dokumente

Das Recherche-Ergebnis zu den Auswirkungen der Agenda 2010 könnte also lauten: Tatsächlich können mehr Menschen schneller am Arbeitsleben teilhaben. Dort haben sie aber weniger Rechte, weniger soziale Sicherheit und geringere Einkommen. Damit markierten die Agenda-Reformen den Abschied von der sozialen Moderne. Auch für die Arbeitsplatzbesitzer wurde dies zu einem Mittel sozialer Disziplinierung. Noch einmal Oliver Nachtwey:

> »In den öffentlichen Debatten wurde … der Agenda 2010 eine positive Rolle zugesprochen. Belastbare Untersuchungen über den Zusammenhang zwischen den entsprechenden Maßnahmen und der ökonomischen Entwicklung gibt es bis heute hingegen fast keine. Als ziemlich gesichert kann jedoch gelten, dass die Agenda-Reformen zur Herausbildung einer neuen Unterklasse in Deutschland beigetragen haben.«[167]

Ein Beispiel also für die mediale Verbreitung interessengeleiteter Zweck-Propaganda. Nachtwey sieht – wie die Autoren der Friedrich-Ebert-Stiftung – die Gefahr, dass die Agenda 2010 durch ihre postsoziale Politik mit zu autoritären Strömungen geführt hat, die sich der liberalen Grundlagen unserer Gesellschaft entledigt. Damit ist unser Recherche-Ergebnis recht gut belegt. Diese Belege finden ihren Platz in einem Recherche-Protokoll. Hier ist ein Muster:

Ergänzt wird das Recherche-Protokoll natürlich durch ein Ablage-System, in der Cloud, auf Festplatte oder traditionell in Ordnern, das es ermöglicht, die Quellen und Dokumente bei Bedarf wiederzufinden.

2.11 Geschichten erzählen

> »Ich weiß kaum, wo beginnen, wenn ich zuweilen auch im Scherz Charley Furuseth die Schuld an all dem gebe. Er besaß ein Sommerhaus in Mill Valley, am Fuß des Mount Tamalpais, bezog es aber nur, wenn er sich die Wintermonate vertreiben und mit Nietzsche und Schopenhauer innere Ruhe finden wollte. Kam der Sommer, so zog er ein heißes, staubiges Dasein in der Stadt mit unablässiger Arbeit vor. Wäre es nicht meine Gewohnheit gewesen, ihn allwöchentlich am Samstagnachmittag zu besuchen und bis Montagmorgen zu bleiben, so hätte mich eben dieser Montagmorgen im Januar nicht auf den Wassern der Bucht von San Francisco gesehen.«[168]

So beschaulich beginnt Jack Londons *Seewolf*. Doch schon zwei Seiten weiter findet sich der großstädtische, gebildete Journalist

Humphrey van Weyden bei einer Kollision zweier Dampfschiffe im dichten Nebel als Schiffbrüchiger wieder, gerät an Bord des Walfängers »Ghost« und übersteht im Kampf gegen deren grausamen, radikal sozialdarwinistisch denkenden Kapitän Wolf Larsen alle Stürme, Brutalitäten und Lebensgefahren, fern seiner behüteten Schreibtisch-Existenz. Der Intellektuelle van Weyden wird mit dem Überlebenskampf an Bord eines Walfängers konfrontiert. Franz Jung bezeichnet aus diesem Grund Jack London als Dichter der Arbeiterklasse

> »überall und in jeder Zeile spricht er das, was er gesehen und in sich aufgenommen hat und was er schildern will mit den gleichen Worten und von denselben Gesichtspunkten aus, wie es der amerikanische Arbeiter, der sein Leser ist, getan haben würde.«[169]

Spannende Geschichten erzählen und Interesse wecken – das ist auch für den Rechercheur wichtig. Denn ein Rechercheergebnis ist nicht in der Welt, wenn es anderen Menschen nicht mitgeteilt wird. Das Wichtigste dabei ist: Du darfst alles – nur nicht langweilen. Wer spannende Geschichten erzählen möchte, der tut gut daran, spannende Geschichten zu lesen. Beispielsweise die hervorragende Sammlung klassischer Reportagen von Egon Erwin Kisch[170] oder John Careys Kollektion klassischer Reportagen von Thukydides bis James Fenton.[171]

Die Dramaturgie der Darstellung – oder neudeutsch »Storytelling« – ist aber anders als bei einem Roman oder Spielfilm, also im fiktionalen Bereich, abhängig vom Recherche-Ergebnis. Davon aber nicht allein. Das Medium – Print, Online, Hörfunk, Fernsehen – schafft die technischen Voraussetzungen der Präsentation. Und das Format entscheidet über die Darstellungsform genauso mit. Es ist eben ein Unterschied, ob wir eine Nachricht, einen Bericht, eine Reportage, ein Interview, eine Rede oder eine Grafik machen – und ob wir dies für eine Zeitung oder Magazin, eine Hörfunk- oder Fernsehsendung oder für eine Website tun. Dabei richten wir uns nach dem Satz: »Form follows function« – die Form folgt der Funktion.

Storytelling bedeutet zunächst einmal, dass der Rechercheur über die Art und Weise der Darstellung nachdenken muss, wenn er sein Publikum erreichen will. Wir verstehen darunter ein dramaturgisches Konzept, das aus einer Handlung in Form einer Erzählung, mit einem Erzähler, einer Erzählperspektive, einer zeitlichen und einer thematischen Struktur besteht. Es geht darum, Informationen dramaturgisch strukturiert, statt in der klassischen nachrichtlichen Form zu präsentieren. Das eröffnet Chancen, birgt aber auch Risiken. Zunächst ist Storytelling eine Strategie zur Reduktion von Komplexität und damit zum Erfüllen einer journalistischen Kernaufgabe: das Wichtige herausarbeiten, es gut und verständlich strukturieren, Überflüssiges weglassen. Die Elemente gehen zurück auf die klassische Erzähl-Dramaturgie, gewinnen aber durch die digitalen und webbasierten Techniken an Variantenreichtum. Darüber hinaus ist Storytelling ein Weg, die Zielgruppe intensiv anzusprechen, zu packen, zu berühren, mitzureißen – und zur Interaktion zu bewegen. Und es ist ein Weg, gute Recherche-Ergebnisse spannend unter die Leute zu bringen. Aber es ist als Konzept nicht immer das Richtige. Denn Stories können zu sehr vereinfachen, zu sehr sensationsheischend sein, durch Personalisierung auch den Blick auf Hintergrund und Zusammenhang verstellen.[172] Neben der Tendenz zur Simplifizierung und Zuspitzung beeinflussen Erzähltechniken die Auswahl von Themen, weil sie hierfür Auswahlkriterien anlegen, und sie transportieren Wertungen, besitzen also ein Potenzial zur subtilen Überredung und Beeinflussung.[173]

Es gibt dennoch gewichtige Argumente, die für das Storytelling als Darstellungskonzept sprechen. So ist es im Zeitalter des Internet mehr denn je zur Kernaufgabe des Journalismus geworden, Informationen auszuwählen, sie zu prüfen und sie einzuordnen in politische und soziale Zusammenhänge. Wer dies versiert vermitteln kann, vergrößert die Chancen, mit dem Publikum ins Gespräch zu kommen. Die Erzählmethode birgt zwar das Risiko, komplexe Zusammenhänge auszublenden, Themen auf schwarz und weiß zu reduzieren und wie im Spielfilm Spannung über alles zu stellen, doch es ist ein Zeichen von Qualität im Journalismus, diese Vereinfachungen zu unterlassen und Probleme differenziert darzustellen. Man darf auch vermuten, dass sich Wissen über erzählende Formen besser vermitteln lässt, denn was die rein nachrichtliche Darstellung von Informationen betrifft, so stimmen die Ergebnisse der Medienwirkungsforschung wenig optimistisch. Studien, die untersuchen, was beim Zuschauer hängen bleibt, wenn er die Tagesschau gesehen hat, sind für Nachrichtenjournalisten erschütternd. So hat Bernward Wember bereits Mitte der Siebzigerjahre die Darstellungstechniken von Nachrichtensendungen im Fernsehen, insbesondere Schnitte und Ton-Bild-Scheren, am Beispiel der Nordirland-Berichterstattung untersucht:

> »Wenn der Text schwierige Hintergründe und Zusammenhänge erklärt, dann wird er vom Augenkitzel des Bildes torpediert. Die Schere klafft auseinander und macht die Informationen kaputt. Der Bilderzauber, der zunächst nur kurzfristigen Augenkitzel erreichen sollte, vernebelt schließlich die Zusammenhänge, er verschleiert die Hintergründe. Aber die Reizwirkung der zerstückelten Oberfläche scheint auch an den Autoren nicht spurlos vorbeizugehen. Denn offensichtlich lassen sie sich gar nicht mehr zu sehr auf Hintergründe ein … Was nützen tausend Einzelheiten, wenn der Zusammenhang untergeht? Selbstverständlich ist es wichtig, dass Bilder vom Elend der nordirischen Bevölkerung gezeigt werden … Aber was nützt das alles, wenn für diese schockierende Oberfläche die Hintergründe fehlen, wenn die Zusammenhänge durch den Reizkitzel eingenebelt werden oder wenn Hintergrundinformationen durch die Schere und den Durchlauferhitzer kaputtgehen? Betroffenheit und Entsetzen sind wichtig – sehr sogar! Aber nur mit Betroffenheit und Entsetzen ist eine demokratische Urteilsbildung beim besten Willen nicht möglich. Wenn die Zusammenhänge fehlen, dann bleibt von der demokratischen Urteilsbildung nicht viel mehr übrig als aufgepeitschte Gefühle und irrationale Ängste.«[174]

Wer also zur demokratischen Urteilsbildung beitragen will, der sollte Zusammenhänge im Blick behalten und darstellen. Voraussetzung ist allerdings, dass diese Zusammenhänge richtig recherchiert sind. Aufbauend auf dem Rechercheergebnis können dann auch andere als nachrichtliche Diskursformen gewählt werden. Denn Diskurse können neben dieser referenziellen Funktion noch weitere haben, beispielsweise aufs Emotionale abzielen.[175] Dies kann sich der Rechercheur zunutze machen: Emotion transportiert Information.

Jede Sprache ist dabei ein System vertraglich festgelegter Werte und basiert damit auf allgemein akzeptierten Konventionen. Eine Sprachgemeinschaft unterwirft sich einem semiotischen System, das von der Masse der Mitglieder eingehalten wird und sich nur langsam verändert, zum Beispiel wenn neue Bedürfnisse als Folge gesellschaftlicher Entwicklungen entstehen, aufgrund ökonomischer Imperative oder ideologischer Veränderungen.[176] Wer also eine Geschichte erzählen will, muss die Zeichen lernen und die Regeln, nach denen diese kombiniert werden. Zugleich befinden sich auch Narrative in einem Entwicklungsprozess. Sie können durch individuelle Neuerungen und gesellschaftliche Faktoren beeinflusst werden, indem sie, wie Daniel Arijon es ausdrückt, »neue Symbole oder Regeln einführen und alte ausmustern«.[177] Damit kann auch die erzählende Darstellung von Recherche-Ergebnissen die Kommunikation in einer Gesellschaft unterstützen. Durch ihre Opposition zu vermeintlich objektiven Nachrichten kann sie auf Defizite in der aktuellen Berichterstattung hinweisen, zum Nachdenken anregen und wird so zu einem wichtigen Element von Gegenöffentlichkeit.

In der klassischen Dramaturgie hat eine gute Geschichte drei Teile. Syd Field verdeutlicht das Grundmuster der dramatischen Struktur am Beispiel des Drehbuchs: Die Geschichte beginnt mit der Exposition. Das Ziel ist, den Kernkonflikt zu etablieren und gleichzeitig den Rezipienten zu fesseln. Hier sollte klar werden, wer die Hauptfigur ist, wovon die Geschichte handelt und wie die Situation beschaffen ist. Der Anfang liefert den dramatischen Anstoß, der die Geschichte bis zum Schluss in Fahrt hält. Am Ende des ersten Teiles steht ein »Plot Point«. Das ist ein Vorfall oder ein Ereignis, das der Geschichte eine neue Richtung gibt. Im Mittelteil kommt es dann zur Konfrontation. Hier prallen die Konflikte aufeinander. Der Protagonist stößt auf eine Reihe von Hindernissen, die überwunden werden müssen, um seine Ziele zu erreichen. Diese Hindernisse bestimmen den dramatischen Ablauf der Geschichte. Am Ende der Konfrontation steht wieder ein »Plot Point«. Dieser erneute Wendepunkt führt zum Ende der Geschichte. Der dritte Teil stellt die Auflösung dar. Im Finale erfährt der Nutzer, ob der Protagonist seine Ziele erreicht oder scheitert. Ein starker Schluss löst die Geschichte auf und macht sie dadurch begreifbar und vollständig. Dabei kommt es darauf an, die Protagonisten nach seinen inneren Merkmalen – dem Charakter – und seinen äußeren Merkmalen – den Handlungen – zu entfalten. Laut Syd Field funktioniert das Paradogma immer: »Die beste Methode, ein Drehbuch anzufangen ist: Den Schluss zu kennen.«[178]

Das Problem dabei ist, dass Erzählstrukturen im Gebrauch verschleißen und ihre Wirkung verlieren, wenn Bekanntes und Gewohntes Langeweile auslöst. Deshalb erweitern gute Erzähler die klassische dramatische Struktur und experimentieren mit neuen Formen. Der Filmkritiker des *Observer*, Kenneth Tynan, berichtet über eine Diskussionsrunde mit dem französischen Regisseur Henri-Georges Clouzot und seinem Kollegen Jean-Luc Godard im Rahmen der Filmfestspiele in Cannes 1966, in der Clouzot fragte: »Herr Godard, aber Sie stimmen gewiss zu, dass jede Geschichte einen Anfang, eine Mitte und ein Ende haben muss?« Godard antwortete mit einem scheinbaren Paradox: »Ja, aber nicht unbedingt in dieser Reihenfolge.«[179]

Gute Erzähler in Literatur und Journalismus haben traditionelle Strukturen aufgebrochen und immer wieder auf ihre Effizienz hin befragt. Dazu lohnt es sich, vom Abstrakten zum Konkreten aufzusteigen, wie Marx das formuliert hat, und das Rechercheergebnis plastisch und gut nachvollziehbar zu machen. Dieses Denken in Bildern können Rechercheure von Filmemachern lernen. So zeigt der US-amerikanische Regisseur John Sayles in einem Buch *Thinking in Pictures*, wie er ein historisches Ereignis – einen Minenarbeiter-Streik im Jahr 1921 – in ein Drehbuch mit Haupt- und Nebenfiguren transformiert, Heldinnen und Helden, die Herausforderungen und Krisen zu bewältigen haben, und in letzter Konsequenz in eine Reihe von Szenen und Einstellungen münden.[180]

Im Folgenden findet sich eine Checkliste mit einigen Fragen, die helfen können, ein Rechercheergebnis erzählerisch zu gestalten.[181]

Für den Werkzeugkasten

Checkliste: In Bildern denken

- ▷ Habe ich einen aktuellen Aufhänger für mein Thema? Wie kann ich aktuelle Bezüge herstellen?
- ▷ Die Relevanz klar machen: Wie wichtig ist mein Thema für mein Leben und das der anderen?
- ▷ Beim Kern des Themas bleiben: Gibt es eine klare Frage, die am Ende beantwortet werden kann? Ist die Kernaussage klar?
- ▷ Beispiele suchen: Beispiele machen das Recherche-Ergebnis anschaulich.
- ▷ Praktischen Nutzen anbieten: Was lernt die Zielgruppe aus meiner Geschichte?
- ▷ Emotionen wecken: Emotion transportiert Information. Geht meine Geschichte der Zielgruppe unter die Haut?
- ▷ Habe ich einen Protagonisten, der die Handlung antreibt? Welche Eigenschaften muss er haben, damit andere für ihn Feuer fangen? Zeigt die Hauptfigur eine überraschende neue Perspektive?
- ▷ Wie kann ich in der Handlung Konflikte darstellen? Gibt es Gegensätze, die Aufmerksamkeit binden und Spannung erzeugen?
- ▷ Eine Storyline entwerfen: Ein kluger Aufbau ist das Rückgrat einer fesselnden Story. Gibt es eine Geschichte, die einfach und klar erzählt werden kann?
- ▷ Kann ich eine Geschichte mit Anfang, Mitte und Ende erzählen? Wie kann ich die Informationen logisch aufeinander folgend darstellen?
- ▷ Biete Information und Orientierung: Kämpft meine Story für eine bessere Welt? Bietet sie Entscheidungshilfe?
- ▷ Wo ist meine Geschichte lokalisiert? Ist dieser Ort typisch für die Story? Wie kann ich Details des Ortes für meine Aussage nutzen?
- ▷ Stellt mein Recherche-Ergebnis die herrschende Meinung infrage? Die besten Stoffe widersprechen den Auffassungen, welche die meisten Menschen von einer Sache haben.

▷ Welche Form stützt mein Recherche-Ergebnis? Erzähle ich chronologisch, in Rückblenden, mit einer Rahmengeschichte, in Episoden, die miteinander verbunden sind, mit zwei gegenläufigen oder parallelen Handlungssträngen?

Aber wie lassen sich Rechercheergebnisse in eine Geschichte übersetzen? Hier soll nicht auf die unterschiedlichen Medien, für die erzählt werden kann, eingegangen werden, dies würde den Rahmen dieses Buches sprengen. Aber im Kern kommt es darauf an, sich noch einmal die Hypothese mit ihren Elementen Täter/Opfer und Ursache/Wirkung genau anzuschauen. Ebenso wichtig ist es, sich in Erinnerung zu rufen, wie im Recherche-Protokoll die sieben W-Fragen beantwortet wurden. Dabei muss die Zielgruppe im Blick behalten werden. Denn Informationen, die niemanden erreichen, nützen nichts. Den einzelnen W-Fragen können mit etwas Fantasie dramaturgische Elemente zugeordnet werden. Dies führt zu mehr Klarheit beim Schreiben oder beim medienspezifischen Umsetzen des Rechercheergebnisses. Hier eine Tabelle, die helfen kann, von den Fakten zu einer spannenden Geschichte zu gelangen:[182]

Bei allen diesen Überlegungen geht es darum, für ein Rechercheergebnis die passende Form zu finden. Die formale Gestaltung soll die Fakten angemessen präsentieren, Spannung erzeugen und so die Zielgruppe fesseln und bei der Stange halten. Dabei gehen wir nach einem Bauplan vor, der die Story zusammenhält. Verschiedene Grundmuster des Erzählens sind möglich:[183]

Die chronologische Geschichte: Die Story wird von Anfang bis Ende entlang des zeitlichen Ablaufs dargestellt. Dieses Erzählmuster bietet sich bei komplexen und verwirrenden Abläufen an. Es kann helfen, das Geschehen und die Zusammenhänge zu entwirren, wenn sie nach ihrem zeitlichen Verlauf dargestellt werden. Beispiel dafür sind Roadmovies. Erzählt wird dabei der Verlauf einer Reise, bei der

Checkliste: Die Storyline

Wer?	Protagonist/Antagonist

Wer sind meine Hauptfiguren?
Wer ist Täter, wer ist Opfer?

Was?	Exposition/Wirkung

Erkenne ich einen zentralen Konflikt?
Was sind die Wirkungen des zentralen Konflikts?

Wo?	Setting/Verortung

Wo kann ich das Recherche-Ergebnis verorten?
Kann ich Orte finden, die charakteristisch sind für die Story?

Wann?	Chronologie/Struktur

Wie sehen die Zeitstruktur und der Aufbau der Erzählung aus?
Wann erzähle ich was in welcher Reihenfolge?

Wie?	Prozess/Konfrontation

Wie wird der zentrale Konflikt zu einem Hürdenlauf für die Hauptfigur?
Wie komme ich immer wieder auf den zentralen Konflikt zurück?

Warum?	Motiv/Ursache

Kann ich Ursachen und Wirkungen benennen?
Kann ich daraus Motive für die Handlung entwickeln?

Woher die Meldung?	Dokumentation/Belege

Wie kann ich meine Belege geschickt in die Geschichte einbauen?
Kann die Frage nach der Herkunft der Information Teil der Handlung werden?

viele Abenteuer erlebt werden. Allerdings muss eine Geschichte nicht bei Adam und Eva beginnen; es reicht, damit anzufangen, wenn der Protagonist aufbricht.

Die Rückblende: Es ist auch möglich, die Geschichte am Ende oder mittendrin zu beginnen und die früheren Ereignisse in umgekehrter Richtung von der Vergangenheit in die Gegenwart zu erzählen. Diese Rückblenden müssen allerdings motiviert sein, beispielsweise durch einen Traum, ein auslösendes Ereignis, oder eine überraschende Begegnung.

Die Rahmenhandlung: Anfang und Ende der Geschichte bilden einen Rahmen, der die eigentliche Story umfasst. So wird dem Rezipienten das Gefühl vermittelt, dass er es mit einer in sich abgeschlossenen Geschichte zu tun hat. Das Muster einer solchen Rahmenhandlung ist die Einführung eines Erzählers, der berichtet und in dieser Rolle am Anfang und am Ende oder vielleicht auch in der Mitte auftaucht. Diese Form macht es auch einfach, einen Schluss zu finden, denn man kehrt am Ende zum Anfang zurück.

Die Gondelbahn-Geschichte: Eine starke Basiserzählung verbindet eine Reihe von Einzelerlebnissen. Die Hauptfigur kehrt beispielsweise an den Ort ihrer Kindheit zurück, trifft alte Bekannte und findet heraus, was ihre Beziehung geprägt hat und was aus ihnen geworden ist. Damit können disparate Erzählorte und Einzelerlebnisse miteinander kombiniert werden. Basiserzählung und einzelne Episoden werden über Anknüpfungspunkte verbunden.

Die Episodenerzählung: Als Beispiel dafür kann der Film »Night on Earth« von Jim Jarmusch gelten. Hier wird auf eine verbindende Basiserzählung verzichtet. Mehrere unabhängige Einzelepisoden stehen nebeneinander. Der Zusammenhang ergibt sich durch die Art und Weise, wie der Autor eine innere Verbindung schafft. So könnte die Story durch die Einheit der Zeit zusammengehalten werden – oder eben durch die Einheit des Ortes. Es besteht jedoch die Gefahr, dass die Episoden auseinanderfallen, wenn keine innere Verbindung entsteht.

Die Parallelmontage: Hier spielt die Story auf zwei Ebenen. So kann die Parallelstruktur zwei Lebensläufe kontrastieren oder miteinander verbinden. Beide Lebensläufe können am Ende zusammentreffen – oder ein wahrscheinliches Treffen platzt. Diese Parallelmontage ist ein häufig verwendetes Element der Filmsprache.[184] Hier kommt es darauf an, die Handlungsstränge miteinander zu verknüpfen.

Die Kontrastmontage: Die Spannung kann auch dadurch aufgebaut werden, dass zwei Handlungsstränge nicht parallel laufen, sondern gegeneinander. Held und Antiheld arbeiten gegeneinander. Zwei Züge rasen aufeinander zu. Die Geschichte gewinnt ihre innere Dynamik dadurch, dass sie zwischen zwei Polen oszilliert. Ein solcher Aufbau kann auch helfen, das Publikum zu faszinieren.

Alle diese Erzählstrukturen gehen zurück auf eine »Ur-Geschichte«, die sogenannte Heldenreise. Wer dieses archetypische Grundmuster aufnimmt, wird verstanden und hat Erfolg. Die Heldenreise hat zwölf Stationen: Zunächst erscheint der Held in seinem gewohnten Umfeld. Dann erfolgt die Berufung: Der Protagonist erlebt einen Missstand und steht damit vor seiner Herausforderung. In einem dritten Schritt verweigert er sich zunächst, er zögert. Dennoch überredet ihn im nächsten Schritt jemand, oder er sieht sich gezwungen, das Abenteuer auf sich zu nehmen. In einem fünften Schritt betritt er die Sphäre des Konflikts. Dann muss er sich einer Reihe von Prüfungen stellen. An deren Ende – an der siebten Station – erreicht er das Zentrum des Konflikts und trifft seinen schlimmsten Feind. Achtens bezwingt er dann in einem existentiellen Kampf seinen Widersacher. Danach wird er belohnt: Er ergreift das Gut, für das er aufgebrochen ist. Allerdings muss er nun noch den Rückweg antreten, auf dem wieder Gefahren und Verfolger lauern. Der elfte Schritt ist die Auferstehung: Der Protagonist kehrt geläutert und verändert zurück. Nach der Rückkehr nutzt er im zwölften und letzten Schritt das neue

Gut oder das neue Wissen, um seine alte Welt ins Gleichgewicht zu bringen.

Dies sind Standard-Konzepte. Sie sind für das Publikum nachvollziehbar und verständlich. Doch genauso ist es möglich, sich von diesen Konzepten zu lösen und neue Erzählstrukturen zu entwickeln. So lässt sich das Thema »Der Tod des Uwe Barschel« zunächst mit allen belegten Fakten erzählen – um dann in der Mitte die Geschichte umzudrehen, quasi von hinten nach vorne, und so die Theorien über seinen Tod darzustellen.[185]

Wichtig ist auch die Erzählperspektive. Es muss nicht immer der allwissende Rechercheur sein. Denkbar ist auch die subjektive Perspektive einer Hauptfigur – die, wie in Jack Londons *Ruf der Wildnis*, auch ein Hund sein kann. Verschiedene subjektive Blickwinkel können kombiniert werden. Neben dem Erzählen über andere ist auch ein Ich-Erzähler denkbar – der nicht mit dem Autor identisch sein muss.

Allerdings unterscheiden sich die Erzählweisen je nach Medium. Im Hörfunk muss die Information auch bei einmaligem Hören verständlich und nachvollziehbar sein. Dagegen macht es ein Printmedium möglich, vor- oder zurückzublättern, Absätze mehrfach zu lesen. Hier kann der Informationsfluss komplexer sein. Er kann mit einem Kasten für Grafik oder Interview oder mit einer Fotostrecke angereichert und gegliedert werden. In Film und Fernsehen müssen Bilder und Grafiken, Text und Interviews, Töne und Musik kombiniert werden. Dazu bietet sich die Verwendung eines Treatments an, das Einstellungen, Bildinhalt, die Länge der Einstellungen, Text und Originaltöne visuell miteinander verbindet. Eine Treatment-Maske[186] kann so aussehen wie im Beispiel gegenüber.

Online-Medien besitzen wiederum eine ganze Reihe von Alleinstellungsmerkmalen, was das Erzählen angeht: Das Leseverhalten der Nutzer ist anders als bei Print; die Seite ist ständig aktualisierbar; Hypertextualität kann zu nicht linearem Erzählen führen; die Interaktion mit den Nutzern ist einfacher und damit stärker; verschiedene Medien wie Video, Audio, Grafiken, Slideshow, Bilder, Hintergrund, Text, Animationen können miteinander kombiniert werden; der Um-

Das Treatment

Produktions-Nr.: ______

Sendung: ______

Sendetag: ______

Länge: ______

Autor(en): ______

Kamera: ______

Schnitt: ______

Redaktion: ______

Titel: ______

Bild	**Zeit**	**Text**
Einstellung Bildinhalt	0'01 Beginn der Einstellung	Text in voller Länge, sekunden-genau abgestimmt mit den
Einstellung Bildinhalt	0'05	verwendeten Einstellungen. Der Text klammert die Bilder.
0-Ton Person XY	0'20	**Ausgewählte Interview-Passage, wortgenau ausgeschrieben**
...	...	...
...	...	...
...	...	...

fang ist praktisch unbeschränkt und die Nutzung ubiquitär, das heißt weltweit abrufbar.[187]

Digitales Storytelling spielt sich deshalb auf mehreren Gestaltungsebenen ab. Der Rechercheur kann aus einer breiten Vielfalt an Möglichkeiten diejenigen auswählen, die seiner Geschichte am besten dienen. Das nennt sich modulares Erzählen. Text, Ton, Foto, Video und Grafik greifen so ineinander, dass ein mehrschichtiges Ganzes entsteht. Damit werden verschiedene Sinneseindrücke angesprochen. Die einzelnen Module sollen aber sinnvoll ausgewählt werden, sodass jeder Baustein einen bestimmten Aspekt der Geschichte beleuchtet. Dazu bietet das modulare Erzählen durch die Verlinkung immer einen Anknüpfungspunkt für weitere ergänzende Informationen. Deshalb muss die Story genau geplant werden. Dies gelingt mit Karteikarten an einer Tafel in Form einer Baumstruktur.[188] Der Stamm ist die Leadgeschichte. Sie hat eine Reihe von Ästen – eingefügte Videos, Bildergalerien, animierte Grafiken zum Beispiel, die wiederum auf weitere kleinere Äste verlinkt werden können. Eine solche Baumstruktur lässt sich auch in Online-Werkzeugen wie zum Beispiel *Trello* sehr gut abbilden.

Wichtig ist im Ergebnis: Es lohnt sich, über die Präsentation eines Rechercheergebnisses genau nachzudenken. Denn wenn die Informationen ihr Publikum nicht erreichen, sind sie nicht in der Welt. Dann werden sich auch keine neuen Informanten melden, die eine vertiefende und ergänzende Recherche ermöglichen. Deshalb ist die Form der Darstellung keine Nebensache. Allerdings orientiert sich die Form am Ergebnis – und nicht umgekehrt.

2.12 Fakten prüfen

Natürlich ist der gesamte Recherche-Prozess nichts anderes als der Versuch, Fakten auf den Grund zu gehen, die ohne diese Anstrengung nicht preisgegeben würden. In einem engeren Sinne bedeutet Fakten prüfen – neudeutsch »Fact Checking« –, in nichtfiktionalen Texten alle Informationen zu verifizieren und damit ihre Wahrhaftigkeit und Korrektheit zu ermitteln. Dies kann vor der Veröffentlichung eines Textes geschehen oder bei bereits publizierten Texten. Als Rechercheure brauchen wir beides: Ersteres ist wichtig, um Fehler bereits vor der Veröffentlichung zu beseitigen, Letzteres um Fehler in publizierten Texten vor der Verwendung zu erkennen. Die Prüfung kann intern durchgeführt werden, vom Autorenteam selbst oder einem speziellen »Fakten-Checker« aus einem darauf spezialisierten Team, wie es sie beispielsweise beim *Spiegel* oder bei der *New York Times* gibt. Oder extern, also von einer dritten Partei, wie beispielsweise »*The Washington Post* Fact Checker«, »PolitiFact«, »FactCheck.org« oder »FullFact«.[189]

Auch professionelles Fact-Checking kann nicht ganz ausschließen, dass sich Falschinformationen in Publikationen einschleichen. Prominentes Beispiel in Deutschland ist die Veröffentlichung frei erfundener Reportagen, wie es dem »Nachrichtenmagazin« *Spiegel* mit Claas Relotius passiert ist. Der Star-Reporter, damals gerade einmal 32 Jahre alt, mit vierzig Preisen geehrt, darunter vier Mal der Deutsche Reporterpreis, wurde 2018 als bester Journalist des Jahres ausgezeichnet. Der Ruhm hielt nicht lange: Sein Kollege Juan Moreno enttarnte ihn als Fälscher. Doch die interne Aufarbeitung der Vorgänge um Relotius warf auch ein Licht auf interne Schwierigkeiten des Magazins. Sie lassen den Schluss zu, dass formale Vorgaben die Fälschungen zumindest begünstigt haben, weil sie das Rechercheergebnis teilweise vorwegnahmen. Detailliert diktierte Spiegel-Ressortleiter Matthias Geyer seinen beiden Reportern, wie ihre Reportage über die Lage an der Grenze zwischen den USA und Mexiko auszusehen habe:

> »Wir wollen an zwei Personen die großen Konflikte erzählen, die es im Moment in der Welt gibt. Der eine Konflikt ist die große Flucht, der andere die Abkehr der USA von dem, was wir unter Demokratie verstehen. Die Figur für den ersten Konflikt beschreibt Juan in dem großen Treck. Wir suchen nach einer Frau mit einem Kind. Sie kommt idealerweise aus einem absolut verschissenen Land … Wir wollen alles von ihr wissen … Jedes Detail ihrer Biografie, ihre Lebensumstände, ihre Ängste … Die Figur für den zweiten Konflikt beschreibt Claas. Das ist einer dieser Ranger, die sich zur Aufgabe

> gemacht haben, die Grenzen zu Mexiko in eigener Regie zu sichern … Dieser Typ hat selbstverständlich Trump gewählt, ist schon heiß gelaufen, als Trump den Mauerbau an der Grenze angekündigt hat, und freut sich jetzt auf die Leute dieses Trecks, so wie Obelix sich auf die Ankunft einer neuen Legion von Römern freut.«[190]

Diese Anweisung zeigt: Das Konzept zur Reportage von Relotius und Moreno ist nicht in erster Linie auf ein Recherche-Ergebnis aufgebaut, sondern auf das Vorurteil eines Ressortchefs. Offenbar ist schon klar, wie die Geschichte auszusehen hat, bevor die Vor-Ort-Recherche überhaupt beginnt. Das sogenannte Storytelling prägt die Abbildung der Realität, nicht die Realität die Dramaturgie. Das Erzählmuster, das der Ressortleiter hier einführt, ist von beeindruckender Schlichtheit. Es taucht auch in den Lehrbüchern von Drehbuchautoren auf. Die Bemühungen um ein packendes Storytelling machen, so analysiert auch der interne Bericht des *Spiegel*, die Stilform der Reportage besonders anfällig für Fälschungen.

Dies hat Hans Magnus Enzensberger bereits 1957 als Kernproblem des Magazins erkannt. Er weist darauf hin, dass die spezielle *Spiegel*-Sprache, bei der *Times* und *Newsweek* Pate gestanden haben, sein Erfolgsrezept sei. Das Geheimnis der Zeitschrift liege an der Oberfläche. Die Ausbildung einer eigentümlichen Sprache wird offen als redaktioneller Grundsatz propagiert. Doch die Sprache des Magazins mache unkenntlich, was sie erfasst. Denn sie zerkleinere den Stoff für den Leser und ordne die einzelnen Informationen zu einem eingängigen Ganzen:

> »Entfernt der Auflösungsprozess die Nachricht aus dem Kontext der Situation, aus der sie entsteht, so verwandelt die Synthese zur Story sie in ein pseudo-ästhetisches Gebilde, dessen Struktur nicht mehr von der Sache, sondern von einem sachfremden Gesetz diktiert ist … Die Story ist eine degenerierte epische Form; sie fingiert Handlung, Zusammenhang, ästhetische Kontinuität. Dementsprechend muss sich ihr Verfasser als Erzähler aufführen, als allgegenwärtiger Dämon, dem nichts verborgen bleibt und der jederzeit, wie nur je ein Cervantes ins Herz des Don Quijote, ins Herz des Helden blicken kann. Während aber Don Quijote von Cervantes ab-

> hängt, ist der Journalist der Wirklichkeit ausgeliefert. Deshalb ist sein Verfahren im Grunde unredlich, seine Omnipräsenz angemaßt … Er muss die Fakten interpretieren, anordnen, modeln, arrangieren: aber eben dies darf er nicht zugeben.«[191]

So werde die Welt zur Matrize des Magazins, die Story zu ihrem Phantom. Wenn aber die Sprache des *Spiegel* tendenziell nichts mit dem Rechercheergebnis zu tun hat, dann verdunkle sie, wovon sie spricht, der Leser werde nicht orientiert, sondern desorientiert. Die Masche des *Spiegel* begünstigt somit auch die Produktion von »Fake News«. Der Fall Relotius ist also nicht, wie der Bericht der hauseigenen Untersuchungskommission glauben machen will, ein Einzelfall, sondern auch ein Strukturproblem.[192] Er weist weit über den *Spiegel* und seine spezielle Sprache hinaus, wird zum Symbol für den Glaubwürdigkeitsverlust des Journalismus, der Teil einer fatalen Abwärtsspirale der Branche ist: Die Zahlungsbereitschaft beim Publikum sinkt, die Nutzer erwarten alles gratis. Der Wettbewerb läuft deshalb nicht über die Produktqualität, sondern über den Preis. Die werbetreibenden Unternehmen setzen zunehmend auf zielgruppenspezifischere Werbung in Suchmaschinen und sozialen Netzwerken. Damit fehlt den meisten Medienhäusern das Geld für recherchierenden Journalismus. Sie sparen und streichen Stellen. Die verbleibenden Journalisten sehen sich einer vielfachen Übermacht von PR-Leuten gegenüber. Dadurch geraten sie noch mehr unter Produktionsdruck und werden verleitet, sich die Arbeit zu erleichtern. In der Folge schreibt einer vom anderen ab. Dies wiederum leistet einem medialen Herdentrieb Vorschub. In kaputtgesparten Redaktionen dominieren Rudel-Journalismus und Tunnelblick. Anspruchsvolle Recherchen lohnen sich nicht mehr, denn alle können im Internet auf exklusive Meldungen zugreifen und sie weiterverbreiten. Mögen schwarze Schafe auch die Ausnahme sein – im Ringen um die Aufmerksamkeit des Publikums nimmt der Marktanteil der Promi-Berichterstattung zu, beim Productplacement wird geschummelt, die Diskrepanzen zwischen den von Medien aufgegriffenen Themen und den tatsächlichen Problemen nehmen zu. Stephan Ruß-Mohl schreibt dazu:

»Am Vorwurf, dass viele Medien schummeln, verzerren, Wichtiges ausblenden und Irrelevantes aufbauschen, ist also kaum zu rütteln. So lange jedenfalls, wie es um wohlfeile und womöglich nicht überprüfbare Behauptungen geht, die absehbar keine kostenträchtigen Gerichtsverfahren nach sich ziehen werden, wird auch ›hinzugedichtet‹ – und das angesichts der verschärften Wettbewerbsbedingungen um Aufmerksamkeit in Zeiten der Digitalisierung eher mehr als weniger, nach dem Motto ›Wo kein Kläger, da kein Richter‹.«[193]

Er weist zudem darauf hin, dass sich im Journalismus so gut wie keine Fehlerkorrektur entwickeln konnte. Stattdessen dominiert der Tunnelblick eines Eliten-Konsenses. Viele Journalisten seien eingebettet in das Meinungsklima des herrschenden Parteienkartells. Damit haben die Mainstream-Medien selbst den öffentlichen Diskussionsraum zunehmend verengt. Das Publikum spürt das – und wird anfällig für »alternative Fakten« und Fake News. Dabei wirken soziale Medien für ein stetig wachsendes Bombardement aus Unwahrheiten wie ein Verstärker. Aber der Begriff beschreibt viel mehr als schlichte Fälschungen oder Medienlügen. Fake News können auch eine tieferliegende Wahrheit präsentieren.

So ist es zum Beispiel möglich, durch satirische Zuspitzung und karikierende Übertreibung aktuelle Themen so weiterzudrehen, dass dabei neben dem Unterhaltungswert auch Erkenntnisgewinn erreicht wird. Trotzdem können schlichte Gemüter darauf hereinfallen. Bei falschen Verknüpfungen passen Überschriften, Aufmacher oder Bildunterzeilen nicht zum Inhalt. Hier geht es darum, durch Tricksereien mit Formulierungen Aufmerksamkeit, Auflage oder Clicks zu erzielen. Irreführende Inhalte werden verwendet, um einer Person oder einem Thema etwas anzuhängen. Der Inhalt wird verkürzt oder verfälscht dargestellt und erhält so eine Bedeutung, die der ursprünglichen Aussage nicht entspricht. Bei falschen Zusammenhängen werden authentische Inhalte aus dem Kontext gerissen und mit Falschinformationen in Verbindung gebracht. Betrügerische Inhalte haben zum Ziel, Schaden anzurichten, indem sie sich als wahre Inhalte ausgeben, aber eben frei erfunden sind. Um Personen etwas anzuhängen, werden mitunter auch authentische Inhalte –

Für den Werkzeugkasten

Desinformations-Checkliste

	So unterschiedlich die Fake-News-Typen sind, so verschieden sind die Gründe für ihre Veröffentlichung:					
	Satire oder Parodie	falsche Verknüpfungen	irreführende Inhalte	falsche Zusammenhänge	betrügerische Inhalte	überarbeitete Inhalte	erfundene Inhalte
schlechter Journalismus		✓	✓	✓			
Parodie	✓				✓		✓
Provokation					✓	✓	✓
Passion				✓			
Parteilichkeit			✓	✓			
Profit		✓			✓		✓
politischer Einfluss o. Macht			✓	✓		✓	✓
Propaganda			✓	✓	✓	✓	✓

beispielsweise Bilder – überarbeitet. Erfundene Inhalte sind der Versuch, schlicht »alternative Fakten« zu schaffen.

Claire Wardle weist darauf hin, dass es bei der Analyse nicht nur auf den Inhalt selbst ankommt, sondern auch auf die Motive des Autors und auf die Besonderheit der Verbreitung.[194] Sie hat eine Checkliste entwickelt, die bei der Analyse von Desinformation hilfreich ist.

Für die Überprüfung von Texten reicht das aber nicht aus. Es geht auch darum, die abschließende Version des Textes noch einmal komplett auf den Prüfstand zu stellen. Brooke Borel hat in einem Handbuch alle Verfahren detailliert zusammengetragen.[195] Die Autorin differenziert nach Publikationswegen und -organen (Magazin, Tageszeitung, Internet), problematisiert das Interessengeflecht von Redakteuren, Producern und Autoren, navigiert durch die verschiedenen Arten von Fakten und Quellen (Zahlen, Zitate, Analogien, Bilder, historische Fakten, Produktbeschreibungen, Fremdsprachen, anonyme Quellen, widersprüchliche Fakten, Plagiate und Fälschungen, Karten, Pressemeldungen) und endet schließlich bei der Dokumentation der Ergebnisse. Den Arbeitsprozess einer Fact-Checkerin beschreibt auch Sarah Harrison Smith.[196]

Zum Fakten-Check gehört zudem die Frage: Sind wir rechtssicher? Damit ist nicht nur gemeint, ob Gegendarstellungs- oder Prozessrisiken drohen. Es geht in einem weiteren Sinne auch darum, ob rechtliche Fragen im Text korrekt dargestellt sind. Am Beispiel der interessengeleiteten Propaganda von der »Annexion« der Krim hat dies der Strafrechtler Reinhard Merkel einmal getan. Für den Journalismus ist sein Ergebnis erschütternd:

> »›Annexion‹ heißt im Völkerrecht die gewaltsame Aneignung von Land gegen den Willen des Staates, dem es gehört, durch einen anderen Staat. Annexionen verletzen das zwischenstaatliche Gewaltverbot … Was auf der Krim stattgefunden hat, war etwas anderes: eine Sezession, die Erklärung der staatlichen Unabhängigkeit, bestätigt von einem Referendum, das die Abspaltung von der Ukraine billigte. Ihm folgte der Antrag auf Beitritt zur Russischen Föderation, den Moskau annahm. Sezession, Referendum und Beitritt schließen eine Annexion aus … Auch die Sezessionserklärung selbst

> verletzt keine völkerrechtliche Norm und könnte dies gar nicht. Sezessionskonflikte sind eine Angelegenheit innerstaatlichen, nicht internationalen Rechts … Die Zwangswirkung der russischen Militärpräsenz bezog sich weder auf die Erklärung der Unabhängigkeit noch auf das nachfolgende Referendum. Sie sicherte die Möglichkeit des Stattfindens dieser Ereignisse; auf deren Ausgang hatte sie keinen Einfluss.«[197]

Die von Washington und Brüssel verordnete Sprachregelung hält also einer juristischen Prüfung nicht stand, auch wenn die russische Militärpräsenz das zwischenstaatliche Interventionsverbot missachtet hat. Dies freilich haben die westlichen Staaten selbst missachtet – beispielsweise bei der Intervention im Kosovo. Für den Werkzeugkasten zur Faktenprüfung sollen hier einige Kernfragen genügen.[198]

Für den Werkzeugkasten

Liste Fakten-Check

1. Warum Fakten prüfen?

- Um sicherzustellen, dass die Kernaussagen belegt sind
- Um zu prüfen, ob sich die Darstellung mit der Recherche-Hypothese deckt
- Um juristische Auseinandersetzungen zu vermeiden
- Um gegensätzliche Positionen einzubauen
- Um Ideologien und verdeckte weltanschauliche Grundannahmen zu erkennen
- Um den eigenen Vorurteilen nicht auf den Leim zu gehen

2. Welche Fakten checken?

- Schreibweise und Aussprache von Eigennamen und Orten
- Beschreibungen von Personen, Orten, Sachen
- Datumsangaben
- Altersangaben
- Zitate
- Zahlen
- Vergleiche und Größenordnungen

- Geographische Orte und Beschreibungen
- Wissenschaftlich-technische Erklärungen
- Titel, Aufgabenbereiche, Mitgliedschaften
- Angaben über Produkte wie Preise, Beschreibungen, technische Daten
- Zitate aus Filmen oder anderen Medien
- Historische Zitate oder Geschichten, insbesondere wenn sie als allgemein bekannt und korrekt gelten
- Illustrationen, Grafiken, Fotos und Bildunterschriften
- Definitionen und Wortwahl
- überwölbende Argumentationsmuster

3. Wie die Fakten prüfen?
- Den ganzen Text lesen und einen Gesamteindruck gewinnen
- Alle Tatsachenbehauptungen und Meinungen identifizieren
- Recherche-Protokoll, Dokumente und Quellen zur Hand nehmen
- Jede Aussage einer Quelle zuordnen, besser sind zwei oder drei
- Überprüfen, ob die Quellen belastbar oder interessengeleitet sind
- Bei Bedarf Informanten, Fachleute, Gesprächspartner noch einmal anrufen
- Weitere oder abweichende Quellen suchen
- Hintergrund und Kontext klären
- Fehler identifizieren und korrigieren
- Informationen suchen, die noch fehlen
- Sicherstellen, dass die Gegenseite einbezogen wird

4. Warum Interessen analysieren?
- Um die gegensätzlichen Interessen herauszuarbeiten
- Um Hintergrund und Kontext nachvollziehbar zu machen
- Um Ideologien und verborgene Denkmuster zu erkennen
- Um zu verhindern, dass Macht- und Geldeliten ihr Streben nach Mehrung ihres Kapitals und Sicherung ihrer Macht verschleiern
- Um festzustellen: Wem nützt die präsentierte Version, wem schadet sie?

- ▷ Um den Mehrwert für den Nutzer zu erhöhen
- ▷ Um zur Beseitigung von Missständen beizutragen
- ▷ Um zu prüfen: Wer beauftragt die Faktenprüfung? Wer entscheidet, was gecheckt wird? Wer zahlt dafür?

5. Wie Belege dokumentieren?

- ▷ Die Faktenprüfung am Rande des Textes festhalten
- ▷ Die Nachfragen bei Informanten und Experten in Memos festhalten
- ▷ Die Dokumente und Quellen nachvollziehbar ablegen
- ▷ Die verschiedenen Entwicklungsstufen des Textes festhalten
- ▷ Bei Bedarf alles noch mal auf den juristischen Prüfstand stellen und auch dies dokumentieren

Der Fakten-Check hat Konjunktur. Viele Medien bewerben sich selbst damit oder berufen sich bei der Brandmarkung falscher Nachrichten insbesondere auf interne und externe Faktenprüfer. Doch die Machtposition der Fakten-Checker beim Kampf um Marktanteile und um die Deutungshoheit wird fast nie infrage gestellt. Sie werden meist als neutrale und seriöse Quellen behandelt, obwohl sie es in Wahrheit nicht sind. Sie verfolgen eine politische Agenda, denn in den meisten Fällen sind sie mit den herrschenden Machteliten verflochten und deshalb interessengeleitet und wenig glaubwürdig.[199]

Was die interne Faktenprüfung betrifft, so kann die Renaissance des Fact-Checking auch als Versuch verstanden werden, Fehlentscheidungen und Fehlentwicklungen in den Medien selbst zu kompensieren. So wurden in vielen Rundfunkanstalten in den vergangenen Jahrzehnten Fachredaktionen abgebaut und Fachredakteure durch Magazin-Journalisten ersetzt. Mit der Einstellung von »Wald-und-Wiesen-Redakteuren« nahm die Fehlerquote zu und die Glaubwürdigkeit ab. Dem will man entgegenwirken.

Zahlreiche externe Faktenprüfungs-Organisationen sind im »International Fact-Checking Network« zusammengeschlossen. Es wird seit Ende 2015 vom Poynter Institute koordiniert und nimmt vor allem russische Quellen aufs Korn. Im deutschsprachigen Raum gehört zum Beispiel »Correctiv« dazu. Dafür musste sich die Plattform als geprüfte Partnerin vom Poynter Institute zertifizieren lassen.[200] Die Europäische Union gründete 2015 eigens die »East StratCom Task Force« und beauftragte sie mit der Beobachtung der russischen Presse. Diesem Ziel schlossen sich auch Google und Facebook an. Das Poynter Institute ist eine Journalistenschule in Florida. Sie wird nach eigenen Angaben gesponsert von dem (von der US-Regierung finanzierten) National Endowment for Democracy (NED), vom Omidyar Network, der Bill und Melinda Gates Foundation, der Google News Initiative und der Open Society Foundation von George Soros.

Das National Endowment for Democracy und die Open Society von Soros unterstützen die außenpolitischen Ziele der US-Regierung. In der Vergangenheit haben sie, wie Wikileaks enthüllte, oppositionelle Bewegungen in Ländern mit USA-feindlichen Regierungen gefördert. Das NED wurde unter US-Präsident Ronald Reagan nach Ideen des damaligen CIA-Direktors Bill Casey gegründet. Ziel war, verdeckte Operationen im Ausland durchzuführen, darunter Aufgaben, welche zuvor die CIA übernommen hatte. Dazu zählten auch mehrere Farbenrevolutionen in Osteuropa. Das NED wird vom US-Kongress finanziert. Im Vorstand sitzen mehrere Neokonservative.

Das Omidyar Network ist dem Ebay-Gründer und Milliardär Pierre Omidyar zuzuordnen. Er fördert weltweit zahlreiche Medien und Faktenprüfungsorganisationen. Er ist auch der größte Sponsor von Correctiv. Zu seinen Nachrichtenportalen zählt auch *The Intercept*, für den Glen Greenwald schreibt, der als erster Journalist die weltweite Kommunikationsüberwachung des US-Geheimdienstes NSA aufgrund der Dokumente von Edward Snowden enthüllt hat. Aber Pierre Omidyar war an vorderster Front mit dabei, um den globalen privat-öffentlichen Überwachungsapparat des Silicon Valley auszubauen, und arbeitete dabei mit Organisationen zusammen, die die Aufgaben der CIA aus dem Kalten Krieg – zum Beispiel in Sachen Regimewechsel – übernehmen.[201]

Auch die Tech-Giganten Google und Facebook fallen durch ihre Nähe zur US-Regierung auf. Der ehemalige Google-Chef Eric Schmidt wurde 2016 zum Vorsitzenden eines Pentagon-Beraterkreises ernannt. Sein Vertrauter und Chef von Googles Ideenschmiede »Jigsaw«, Jared Cohen, arbeitete von 2006 bis 2010 im Planungsstab des US-Außenministeriums. Google gründete 2015 zusammen mit Facebook, Twitter, der Open Society Foundation, der Knight Foundation und weiteren Geldgebern die Fact-Checking Plattform »First Draft« sowie das »Google News Lab«.

Facebook kooperiert im Kampf gegen »Fake News« eng mit westlichen Regierungen und der Denkfabrik »Atlantic Council«, die dem US-Regierungsapparat zuzurechnen ist. Ihr »Digital Forensic Research Lab« fokussiert sich auf die Entlarvung russischer »Propaganda« und Organisationen, die Kritik an den USA üben. Daneben sponsort Facebook auch die »Integrity Initiative«, eine Kampagne, an der westliche Geheimdienste beteiligt sind und die mittels psychologischer Kriegsführung gegen Russland Stimmung macht.

Auf Druck der Politik will Facebook nun Nachrichten auf ihren Wahrheitsgehalt prüfen. Dies ist nicht nur aus den bereits genannten Gründen problematisch. Der Konzern hat diese Prüfung an Correctiv und damit an eine private Wahrheitskommission ausgelagert. Nach welchen Kriterien dies läuft, ist unklar. Klar ist aber, dass ein zentrales Ausfiltern von Nachrichten auf einer gleichsam monopolistischen Plattform nichts anderes ist als Zensur. Hinter Correctiv stehen wiederum finanzkräftige Sponsoren. Die Zusammenarbeit von Facebook und Correctiv bezeichnet der Journalist Paul Schreyer als »die Privatisierung der Zensur«.[202]

Vom Poynter Institute bis zu Google und Facebook eint die Fakten-Wächter, dass sie eine selektive Wahrnehmung und eine Nähe zur US-Regierung haben. Dies ist bei der Bekämpfung von Fake News wenig hilfreich. Denn Lügen und Propaganda sind kein ausschließlich russisches Phänomen und kennen keine nationalen Grenzen.[203] Alle mächtigen Staaten nutzen Manipulationstechniken – auch die USA. Bei der Fakten-Prüfung geht es also letztlich auch um politische und wirtschaftliche Interessen, den Weg des Geldes und die Meinung der

Herrschenden. Eine Tatsache selbst ist so lange wertlos, wie sie nicht in einen größeren politischen Zusammenhang gestellt wird. Denn genau dieser Zusammenhang strukturiert politisches Bewusstsein.[204] Michael Meyen schreibt dazu:

> »Was immer wir messen, wird sozial hergestellt. Menschen legen fest, dass sie Schritte zählen, um ihre Existenz zu legitimieren … und nicht Fürze oder Rülpser, die ja auch etwas über das Wohlbefinden aussagen. Menschen legen fest, nach welchem Virus sie suchen und was passieren muss, damit sie ›Gefunden!‹ rufen dürfen. Hinter jeder Zahl steht ein Interesse, und sei es nur das eines Herstellers, der seine Geräte loswerden will. Daraus folgt immer: es hätte auch anders sein können. Das klingt banal, ist es aber offenkundig nicht.«[205]

Denn es bedeutet: Was Fakten sind, das hängt von der Wahrnehmung des Betrachters, seinen Kriterien, seinen Interessen ab. Faktencheck ist kein Ersatz dafür, Interessen zu recherchieren und politische Zusammenhänge zu erklären.

2.13 Recherchen publizieren

In seinen Memoiren berichtet Seymour M. Hersh von seinen Erfahrungen mit Themenangeboten als junger Reporter bei der Chicagoer *City News*:

> »Ich war gerade bei einer Nachtschicht im Polizei-Hauptquartier, als sich über Funk zwei Polizeibeamte meldeten. Sie berichteten, dass ein eines Raubes verdächtiger Mann beim Versuch, sich der Festnahme zu entziehen, erschossen wurde. Die Polizisten, die geschossen hatten, fuhren gerade vor, um ihren Bericht zu schreiben. Ehrgeizig und neugierig, wie ich war, rannte ich runter zum Parkplatz, in der Hoffnung, ein paar Statements aus ihrem Mund zu bekommen, bevor ich die Story anbieten wollte. Der Fahrer – weiß, muskulös und sehr irisch, wie allzu viele Polizisten in Chicago damals – hatte mich beim Einparken offensichtlich nicht gesehen. Als er ausstieg, rief ihn ein Kollege, der dieselbe Polizeifunk-Meldung gehört haben musste wie ich, etwas wie: ›Also der Typ ist vor Dir hergelaufen?‹ Der Fahrer antwortete: ›Nein. Ich habe dem Nigger gesagt, er soll verduften,

und dann habe ich ihm eine reingejagt.‹ Ich sah zu, dass ich verschwand, ohne entdeckt zu werden, rief in der Redaktion an und verlangte den Chef vom Dienst … Was tun? Der CvD riet mir dringend, nichts zu unternehmen. Es würde nur Aussage gegen Aussage stehen, und alle beteiligten Polizisten würden mich der Lüge bezichtigen. Die Botschaft war klar: Ich hatte keine Story. Aber selbstverständlich hatte ich eine! Deshalb wartete ich ein paar Tage und fragte nach einer Kopie des Obduktionsberichts. Das Opfer war in den Rücken geschossen worden. Ich schnappte mir eine Kopie des Berichts und gab sie einem Redakteur. Er war nicht interessiert. Niemand war interessiert. Ich hatte keinen Beweis dafür, dass ein heimtückischer Mord begangen worden war, außer dem, was der Täter selbst gesagt hatte, was er natürlich abstreiten würde. Deshalb ließ ich das Thema ruhen. Ich habe weder versucht, den Polizisten zu finden und zu befragen, der mit dem Schuss angegeben hatte, noch seinen Partner ausfindig zu machen. Auch schlug keinen Krach bei der *City News*. Ich verdrückte mich zu einer sechsmonatigen Wehrübung, voller Verzweiflung über meine Schwäche und der Schwäche eines Berufsstandes, der sich so leichtfertig kompromittieren ließ, bis hin zur Selbstzensur.«[206]

Wenn die Geschichte so stimmt, wie sie Seymour Hersh erzählt, lassen sich daraus Schlussfolgerungen ziehen – nicht nur, was Rassismus in der Polizei und Selbstzensur im Journalismus betrifft. Hier geht es auch um politische Interessen, das herrschende Meinungsklima, Recherche-Ziele, Themenangebote und Bündnispartner, denn es liegt eine klassische Situation des recherchierenden Journalismus vor: Die Recherche-Ergebnisse stehen der herrschenden Meinung entgegen. Damit geht es nicht nur darum, die Fakten auf den Tisch zu bekommen. Die Veröffentlichung wird zur Machtfrage. Deshalb braucht der Rechercheur eine Publikationsstrategie. Der Ehrgeiz des jungen Reporters und der Mangel an Erfahrung machen ihn blind für diese Zusammenhänge.

Was ist passiert? Zunächst einmal hat Seymour Hersh schlicht Reporterglück: Er befindet sich zur richtigen Zeit am richtigen Ort. Über Polizeifunk bekommt er einen Recherche-Impuls, dem er nachgeht. Dabei stellt er fest: Die Schießerei ist nicht so abgelaufen, wie sie die betroffenen Beamten berichten. Mit dieser Eingangs-Information ruft er den Chef vom Dienst an. Dieser merkt sofort, dass die Story nicht ausreichend belegt ist: Es stünde Aussage gegen Aussage, und im Sinne des Zwei-Quellen-Prinzips reicht das nun mal nicht. Der CvD spürt aber vermutlich noch etwas: dass er sich nämlich festlegt auf das Thema, wenn er Hersh weiter darauf ansetzt, dass er damit Verantwortung übernimmt und am Ende das Thema verteidigen muss, vor dem Chefredakteur, vor der Redaktionskonferenz und möglicherweise vor Kritikern in der Öffentlichkeit. Und dass er sich gegen eine mächtige Lobby stellt: die der Polizei von Chicago. Kurz: Der CvD spürt sofort, dass ihm mit dieser Recherche der Wind ins Gesicht bläst. Er stellt sich damit gegen das herrschende Meinungsklima und legt sich so mit einer mächtigen Interessengruppe an, die er zudem als Informanten braucht. Er will seinen Job behalten und abends in Ruhe sein Bier trinken. Also lässt er die Finger von dem Fall – und rät Seymour Hersh dringend, das Gleiche zu tun. Die ist das klassische Recherche-Dilemma des investigativen Journalismus.

Aber auch Seymour Hersh hat keine Strategie. Er tut einfach das Erstbeste, das ihm einfällt. Deshalb erreicht er seine Leser nicht, weil das Thema gar nicht erst »ins Blatt gehoben« wird. Damit, so Luuk Sengers und Mark Lee Hunter, verfehlt er das Recherche-Ziel:

> »Man könnte behaupten, ein investigativer Journalist ist erst mit der Arbeit fertig, wenn er alle an dem recherchierten Missstand beteiligten Gruppen erreicht hat. Und wenn er ihnen die Möglichkeit gegeben hat, die Situation zu verbessern. Das Ziel investigativer Journalisten ist es nicht, irgendetwas nettes zu schreiben oder eine schöne Sendung zu produzieren, sondern etwas zu verändern. Sie liefern kein Produkt, sondern einen Service.«[207]

Zunächst hätte Hersh sein Angebot besser recherchieren können. Vielleicht wäre es sinnvoll gewesen, nach seiner Beobachtung auf dem Parkplatz der Polizeizentrale den Obduktionsbericht abzuwarten, Augenzeugen am Tatort zu suchen und mit den Recherche-Ergebnissen mögliche Zeugen innerhalb der Polizei und die betroffenen Polizisten zu konfrontieren. Denn er hätte wissen können, dass er das Meinungsklima in der Redaktion so leicht nicht zu seinen Gunsten beeinflussen kann. In den Worten von Wolf Schneider und Paul-Josef Raue:

»Machtstrukturen zu durchschauen und sich auf sie einzurichten, gehört zum Wichtigsten, was man sich in der neuen Redaktion vornehmen muss. Für die wahre Macht gibt es keine Faustregel, und das Impressum allein sagt wenig oder nichts über sie aus.«[208]

Mit einem schriftlichen Themenvorschlag oder Exposé lässt sich gut für ein Recherche-Ergebnis werben, dokumentiert es doch, dass schon einiges an Fakten zusammengetragen und in ein klares Konzept gegossen wurde. Ein Exposé zwingt dazu, ein paar klare Gedanken zu formulieren, und hilft, andere zu überzeugen. So könnte es aussehen:

Für den Werkzeugkasten

Checkliste: Exposé

1. Titel: Themenvorschlag
2. Autor/Autorin
3. Datum
4. Publikationsformat: Blatt, Sendung, Ressort etc.
5. Publikationstag
6. Schlagzeile/Unterzeile
7. Kurzbeschreibung des Inhalts
8. Erste Belege (hier: Obduktionsbericht)
9. Mögliche Interview-Partner
10. Ungefährer Recherche-Aufwand
11. Umsetzung: Bericht, Reportage
12. Länge

Ein solcher Themenvorschlag hat deutlich bessere Chancen, angenommen zu werden, als ein nächtlicher Telefonanruf. Denn er gibt dem CvD die Sicherheit, dass die Recherche Hand und Fuß hat. Im Falle einer Ablehnung gibt das Exposé dem Autor immerhin den Nachweis, dass er das Angebot gemacht hat und dass er damit nicht erfolgreich war. Das kann bei späteren Diskussionen helfen.[209]

Zur Publikationsstrategie gehört auch eine Interessenanalyse: Wer kann eine Veröffentlichung unterstützen? Wer würde sie lieber verhindern? Auch in Chicago gab es damals einen Markt für gut recherchierte und gut geschriebene Artikel, die Missstände aufklären und einen Mord beim Namen nennen – zum Beispiel die farbige Gemeinde, der das Opfer angehört. Weil diese Gruppe unmittelbar betroffen und Rassismus für sie eine Alltagserfahrung war, wäre sie sicher auch bereit gewesen, für Informationen zu bezahlen, die woanders nicht erhältlich sind. Offensichtlich hat man aber bei der Boulevardzeitung *City News* diese Zielgruppe nicht im Blick gehabt.

Heute gelingt es Non-Profit-Organisationen wie »Abgeordneten-Watch« und »Lobby-Control« oder Watchdog-Medien wie »Mediapart« in Frankreich, »De Correspondent« in den Niederlanden oder »Paper Tiger Television« und »ProPublica« in den USA, eine breite Basis zahlender Mitglieder an sich zu binden und ihre Recherchen in großen Medien zu platzieren. Charakteristisch ist, dass sie ihre Zielgruppe ernst nehmen, ein Thema deshalb lange im Gespräch halten können, dass ihnen Ehrlichkeit wichtiger ist als Unparteilichkeit und dass sie konsequent auf die Lösung von Problemen und die Beseitigung von Missständen ausgerichtet sind. Kurz: Sie suchen Bündnispartner. Genau das hat Seymour Hersh nicht getan.[210]

Von Watchdog-Medien kann man etwas lernen: Sie haben die Interessen ihrer Zielgruppe genau im Blick. Sie gewichten Ehrlichkeit stärker als Unparteilichkeit. Sie streben Lösungen an. So gelingt es ihnen, ein Thema lange am Kochen zu halten.

Es ist klar, dass man nie genau vorhersehen kann, wer sich mit einer Publikation befassen wird. Aber ein Teil des Publikums sind mit Sicherheit die Interessengruppen, also all jene, die vom in Rede stehenden Problem betroffen sind. In ihrem Interesse liegt es, die Situation in ihrem Sinne zu beeinflussen. Diesem Personenkreis ist der Rechercheur meistens bereits während seiner Arbeit begegnet. Vielleicht hat er sie bereits als Quellen genutzt. Deshalb handelt es sich auch um diejenigen, für die er schreibt. Die erste Zielgruppe sind die Quellen und Informanten – und alle, die mit ihnen direkt oder indirekt zu tun haben.[211]

Auf dieser Basis können wir damit beginnen, Bündnispartner zu suchen. Dabei bietet es sich an, sich bei der Publikation mit anderen Initiativen abzustimmen. Wenn die Veröffentlichung von diesen Gruppen geteilt oder mit eigenen Kampagnen flankiert wird, dann kann dies die Wirkung vergrößern. Dazu gehört auch, die Informanten auf die Veröffentlichung vorzubereiten. Sie haben Risiken auf sich genommen, sie werden Reaktionen aus ihrem Umfeld bekommen, Probleme können wieder hochkommen. Professionell agiert, wer sich bei seinen Quellen bedankt. Damit verbinden lässt sich die Bitte, in den sozialen Medien auf die Publikation aufmerksam zu machen. So werden sie Teil der Veröffentlichungs-Strategie. Auch andere Medien können eingebunden werden. So lassen sich Publikationen im Online-Bereich mit Print, Radio oder Fernsehen, vielleicht auch mit Medien in geographisch unterschiedlichen Gebieten abstimmen. Dies erhöht die Wirkung, vor allem, wenn die anderen Organe ebenfalls regionale Anknüpfungspunkte und Beispiele finden.

Transparenz erhöht nicht nur die eigene Glaubwürdigkeit; sie ermöglicht die Erschließung weiterer Quellen. Deshalb ist es wichtig, die eigenen Motive klarzumachen: Was wurde recherchiert und warum? Vielleicht gibt es einen wichtigen Anlass, ein tatsächliches Ereignis oder persönliche Betroffenheit. Wichtig ist auch, das eigene Vorgehen und die Finanzierung der Recherche transparent zu machen. Vielleicht lohnt sich ein »Making of«, ein separater Beitrag über Entdeckungen, Hindernisse, Rückschläge. Auch lassen sich wichtige Dokumente mit interessierten Gruppen teilen. Um mit Interessenten in Kontakt zu treten, kann der Rechercheur sein Publikum aufrufen, Ideen und Informationen einzubringen. Nach der Veröffentlichung können Möglichkeiten zur Diskussion und Kritik eröffnet werden. Dies zeigt den Nutzerinnen, dass sie ernst genommen werden. Vielleicht gibt es eine Gelegenheit, das Publikum zu einer breiten Debatte einzuladen – in Internet-Foren, bei Lesungen, Seminaren oder Ausstellungen. Wichtig ist auch, die sozialen Medien zu versorgen. Die Rechercheure selbst können versuchen, ihre Ergebnisse breit zu streuen und in verschiedenen Medien zu platzieren. Dies ist auch hilfreich für den Fall, dass ein Akteur versucht, die Publikation mit juristischen Mitteln zu verhindern – dann erscheint eben eine andere Version. Alle diese Elemente sind Teil einer orchestrierten Crossmedia-Strategie.

Das Thema länger am Kochen halten – das heißt auch, nicht sofort alles zu präsentieren. Die Rechercheure können ihre Informationen auf eine Serie von Veröffentlichungen verteilen: Zunächst beispielsweise eine Story über das Problem und seine Auswirkungen, dann eine über die Ursachen und schließlich eine über die Lösungen. Dazu gehört, auch Folgegeschichten über die Reaktionen oder neue Entwicklungen zu schreiben. Tweets können auf aktuelle Aspekte hinweisen. Eine Datenbank macht es möglich, alle Beiträge und die Reaktionen zu sammeln, um sie anderen zur Verfügung zu stellen.

Für den Werkzeugkasten

Checkliste: Publikationsplan

1. Recherche
- ▷ Steht die Recherche?
- ▷ Sind die wichtigsten Fakten klar?
- ▷ Bekomme ich die Interviewpartner, die ich brauche?

2. Interessenanalyse
- ▷ Wer ist an einer Veröffentlichung interessiert?
- ▷ Wer will sie eher verhindern?
- ▷ Interessenanalyse nach Tätern, Opfern, Zeugen

3. Zielgruppen
- ▷ Informanten
- ▷ Betroffene
- ▷ Benachteiligte soziale Gruppen
- ▷ Verursacher
- ▷ NGOs und Initiativen

4. Bündnispartner
- Mit wem kann ich bei der Veröffentlichung zusammenarbeiten?
- Andere Organe
- Medien in anderen Regionen/Ländern
- Soziale Gruppen

5. Transparenz
- Welche Unterlagen kann ich wo zugänglich machen?
- Wie kann ich die Recherche transparent machen, ohne Quellen preiszugeben?
- Inklusive Nutzer-Strategie

6. Lösungsstrategie
- Wie kann der Missstand beseitigt werden?
- Welche Schritte sind möglich?
- Welche Widerstände sind zu überwinden?

7. Publikationsstrategie
- Crossmedia-Strategie
- Kooperation mit anderen Organen
- Inklusive Nutzer-Strategie
- Folge-Berichterstattung
- Auswertung der Reaktionen
- Zeitplan

8. Themen-Angebot
- Hat das Thema News-Wert?
- Wie mache ich das Thema spannend?
- Wie passe ich das Thema ins Zielformat ein?
- Welche Argumente überzeugen?

Im Ergebnis bedeutet das: Eine Publikation reicht meist nicht aus, um Veränderungen anzustoßen. Ohne die Hilfe anderer Akteure wird sich wenig bewegen. Deshalb lohnt es sich, darüber nachzudenken, wie alle Interessierten eingebunden werden können – nicht nur als Nutzer, sondern als Mitwirkende. Für sie steht der Nutzwert der Information an erster Stelle: Trägt die Publikation dazu bei, das eigene Leben und das der anderen zu verbessern? Deshalb lohnt es sich, auch über positive Beispiele zu informieren, praktische Tipps zu geben und so den Veränderungs-Impuls weiterzutragen.

2.14 Reaktionen auswerten

Die Resonanz auf die Veröffentlichung eines Rechercheergebnisses fällt nicht immer so aus, wie es sich die Autorinnen oder Autoren wünschen. Denn wer publiziert, begibt sich in einen Raum unterschiedlicher Positionen und konkurrierender Interessen. Er stellt sich damit der Kritik. Was dann kommt, ist die Rache der Rezeption. Dennoch ist eine Auswertung der Reaktionen unabdingbar, eröffnet sie doch oft den Zugang zu neuen Quellen. Diese Auswertung kann rein quantitativ oder auch qualitativ geschehen. Die quantitative Analyse zählt Auflagen, Zuschauerzahlen, Klicks und Reichweite. Die qualitative Betrachtung wägt die Argumente: Welche Gesichtspunkte fehlen, welche werden aus guten Gründen kritisiert, welche Punkte sind polemisch? Was sagen Kollegen und Fachleute dazu? Sehen sie sich korrekt dargestellt und richtig zitiert? Werden die Interessen der Nutzer aufgegriffen, ihre Fragen beantwortet? Wird auf regionale Besonderheiten und aktuelle Anlässe Bezug genommen? Ist die Darstellung verständlich und gut nachvollziehbar? Gelang es, deutlich zu machen, warum das Thema wichtig und aktuell ist? Wurden die Motive der Recherche und ihre Finanzierung transparent gemacht?

In einem weiteren Schritt lässt sich klären, ob aus den Reaktionen neue Recherche-Ansätze erwachsen können. Welche Fragen sind offengeblieben? Gibt es weiterführende Aspekte? Kamen Reaktionen, die eine Folge-Berichterstattung rechtfertigen? Lassen sich neue Quellen und Informanten gewinnen?

Für alle weiteren Recherchen ist es wichtig, den journalistischen »Bauchladen« auf den neusten Stand zu bringen. Die Terminmappe wird ergänzt. Weitere Schritte werden geplant. Die Informanten werden zur Nachbetrachtung kontaktiert. Kontaktdaten und Archive werden komplettiert.

Aber Veränderungen in der Diskussionskultur machen die qualitative Auswertung der Reaktionen zu einem zunehmend schwierigen Geschäft. Bei Kant trägt fachliche Auseinandersetzung immer diskursiven Charakter; bei ihm ist das Denken diskursiv, nicht intuitiv:

> »Man pflegt die Sinnlichkeit auch das niedere, den Verstand dagegen das obere Vermögen zu nennen; aus dem Grunde, weil die Sinnlichkeit den bloßen Stoff zum Denken gibt, der Verstand aber über diesen Stoff disponiert und denselben unter Regeln oder Begriffe bringt.«[212]

Doch vom Versuch, sich einen Begriff von der Sache zu machen, scheint sich die Diskussionskultur zunehmend zu entfernen. Als einer der Ersten hat Wolf-Dieter Narr darauf aufmerksam gemacht. Er diagnostizierte bereits 1979 eine Veränderung des Sozialverhaltens, mit dem ein Schwund der individuell gegebenen Reflexions- und Verarbeitungsmechanismen einhergeht:

> »Die Gefahr einer Gesellschaft bedingter Reflexe erscheint als Zeichen an der Wand; genauer: einer Gesellschaft widerstandsloser, im Saft ihrer eigenen Subjektivität ertrinkender, allenfalls zu irrationalen Ausbrüchen fähiger Individuen.«[213]

Die Ursachen dürfen in den neoliberalen »Reformen« der vergangenen Jahrzehnte gesucht werden. Die Unterwerfung der Subjekte unter die vermeintliche ökonomische Alternativlosigkeit des Marktes setzt offenbar autoritäre Aggressionen frei, die insbesondere auch in Echokammern des Internets zu sich selbst finden. Dazu schreibt Oliver Nachtwey:

> »Offenkundig erachten es einige Gruppen in der Gegenwart nicht länger als lohnenswert, sich zivilisiert zu verhalten. Als entbettete Individuen, die vor allem im Internet kaum noch sozialer Kontrolle unterliegen und sich für hasserfüllte Botschaften nicht verantworten müssen, lassen sie ihren Vorurteilen freien Lauf. Am Ende treffen sie sich in den Affektkoalitionen der Ressentimentgeladenen.«[214]

Jeder Buch- und Filmautor kennt den Ressentiment-getriebenen Charakter vieler Reaktionen nach der Publikation. Es wäre völlig falsch, dies als einen zu vernachlässigenden Gefühlsausbruch abzutun, denn hier geht es um mehr: Der am diskursiven Begriff und damit an der Aufklärung orientierte Charakter der Debatte weicht den intuitiven Reflexen eines irrationalen Zorns und damit den Tendenzen der Gegenaufklärung. Der argumentative Diskurs wird überlagert von einem »identitären« Diskursmodell, das den Respekt vor den Überlegungen anderer ersetzt durch Ein- und Ausgrenzung nach dem Motto: »Willst Du nicht mein Bruder sein, schlag ich Dir den Schädel ein!« Umso bedeutsamer wird bei der Auswertung der Reaktionen die Interessenanalyse. Sie kann helfen herauszufinden, welche Motive die Kritik antreiben, und die Form der Einlassung selbst einer kritischen Betrachtung unterziehen.

Die Auswertung der Reaktionen ist unabdingbar. Denn aus der Evaluation erwachsen neue Informationen, Impulse für die weitere Recherche oder Hinweise auf neue Themen. Nun kann die Recherche von vorne beginnen – und damit ist der Prozess wieder bei Kapitel 1 – und den Quellen.

Für den Werkzeugkasten

Checkliste: Auswertung

1. Quantitative Auswertung
▷ Reaktionen Print
▷ Hörfunk, Fernsehen
▷ Online und Social Media
▷ Klicks, Quoten, Auflage, Reichweite

2. Qualitative Auswertung
▷ Inhaltliches Feedback der Nutzer
▷ Inhalte auf Social Media
▷ Redaktionelle Kritik
▷ Regionaler Bezug
▷ Verständlichkeit
▷ Storytelling
▷ Recherche-Leistung
▷ Aktualıtat
▷ Relevanz

2. Interessenanalyse
▷ Ressentiment-getriebene Reaktionen
▷ Vernunftgetriebene Reaktionen
▷ Welchen Interessen dienen diese Reaktionen?
▷ Wem nützen sie, wem schaden sie?

3. Neue Recherche-Ansätze
▷ Offene Fragen
▷ Weiterführende Recherchen
▷ Mögliche Folgeberichte
▷ 4. Wiedervorlage
▷ Terminmappe ergänzen
▷ Weitere Schritte planen
▷ Informanten pflegen

5. Ablage
▷ Archiv komplettieren
▷ Kontakt-Daten vervollständigen

Anmerkungen

1 Kisch 1981, S. 125-129.
2 Ebd., S. 123.
3 Lippmann 2018 (1922), S. 303, 305.
4 Vgl. Eichhorn 2008, S. 28-32.
5 Vgl. Ruß-Mohl 2003, S. 126 f.
6 Lippmann 2008, S. 285 f.
7 Mausfeld 2018, S. 156.
8 Vgl. Lee & Solomon 1990, S. 16 ff.
9 Vgl. Chomsky 2002, S. 19; Ders. 1991.
10 Jungbluth 2020.
11 Vgl. Krüger 2016.
12 Vgl. Horsch, Ohler & Schwiesau 1994, S. 15 f.
13 Vgl. Scheiter 2009, S. 23; Noske 2015, S. 26.
14 Vgl. Schneider & Raue 1999, S. 64 f.
15 Vgl. Lippmann 2018, S. 284-291.
16 Vgl. auch Rieg 2003, S. 142-144.
17 Vgl. Cosper 2005, S. 16 f. Vgl. auch Potter 2009.
18 »Unravelling riddles, treating street names and street furniture, marks on walls, aerosol revisions to hoardings, found fragments, objects or lists or letters, sodden playing cards, as pages torn from a lost book, identifies London as a detective story. A story with unlimited chapters and no resolution …« Sinclair 2017, S. 18.
19 Vgl. Baumert 2003, S. 86-92.
20 Vgl. Scheiter 2009, S. 43-69.
21 Vgl. Sengers & Hunter 2018.
22 Vgl. Haarkötter 2015, S. 79-85.
23 Vgl. ausführlicher Ruß-Mohl 2003, S. 128-139.
24 Sengers & Hunter 2018, S. 17.
25 Chomsky 1998, Zit. n. Mausfeld 2018, S. 176.
26 Collateral Murder, online unter: www.youtube.com/watch?v=5rXPrfnU3G0, abgerufen am 20.10.2021.
27 Vgl. McGreal 2010.
28 Vgl. Melzer 2020.
29 Online unter: assange-helfen.de/, abgerufen am 20.10.2021.
30 Vgl. Eco 1993, S. 63-74. Vgl. auch Haarkötter 2015, S. 121 f.
31 Falter 2020.
32 Mausfeld 2019, S. 14.
33 Ruß-Mohl 2003, S. 140.
34 Der Autor folgt der ausführlicheren Übersicht bei Haarkötter 2015, S. 104-117.
35 Vgl. Baab & Harkavy 2019, S. 225 f.
36 Vgl. ted.europa.eu/ted/main/homepage.do, abgerufen am 20.10.2021.
37 Vgl. www.eu-presse.europedirect-aachen.de, abgerufen am 20.10.2021.
38 Vgl. www.un.org/en/documents, abgerufen am 20.10.2021.
39 Vgl. www.uia.org, abgerufen am 20.10.2021.
40 Vgl. Tillack 2008, S. 6.
41 Ebd., S. 9.
42 Leyendecker 2008, S. 26.
43 Vgl. Baab 2008, S. 57; Ders. 1998, S. 164-169.
44 Crawford 2008, S. 36.

45 Mausfeld 2018, S. 192; Teusch 2018, S. 78-103.
46 Weischenberg 2008.
47 Vgl. Starkman 2014.
48 »The derivatives genie is now well out of the bottle, and these instruments will almost certainly multiply in variety and number until some event makes their toxicity clear … Central banks and governments have so far found no effective way to control, or even monitor, the risks posed by these contracts … In our view, however, derivatives are financial weapons of mass destruction, carrying dangers that, while now latent, are potentially lethal.« Buffett 2003, S. 15.
49 Sendung und Autor tun hier nichts zur Sache. Es geht lediglich um die Bearbeitung möglicher Quellen und nicht um Magazin-Kritik.
50 Vgl. Wember 1976, S. 30.
51 Eine Probeversion für dreißig Tage kann auf www.mindmanager.com/de/ unentgeltlich heruntergeladen werden, die Vollversion hat erweiterte Funktionen wie die Einfügung von Fotos, PDFs und Word-Dateien sowie von Verlinkungen.
52 Vgl. Sengers & Hunter 2018, S. 33 f.
53 Vgl. Haller 2004, S. 52.
54 »When businesspeople provide funding for a politician or a political party, they ask for anonymity, not because they believe in doing good by stealth but because publicity is likely to ruin the implicit bargain. As soon as a link is disclosed, the politician simply cannot provide the reward. At the very least it is embarrassing and at the worst it may invite corruption charges. If there is publicity, the donation is wasted.« Whittam Smith 2008, S. 31.
55 Woodward 2005, S. 71. Vgl. auch Bernstein & Woodward 2014.
56 Ebd., S. 10.
57 Vgl. Ebd., S. 147. Vgl. auch Haarkötter 2015, S. 118 f.
58 Vgl. Kaiser 2015, S. 22-24. Vgl. auch: Lilienthal 2014, S. 21.
59 Vgl. Iraq's Weapons of Mass Destruction 2002, S. 5.
60 Vgl. Sengupta 2003, S. 1.
61 Vgl. Report of the Inquiry into the Circumstances Surrounding the Death of Dr David Kelly C. M.G 2004, S. 319.
62 Vgl. Witness Statement of Alexander Richard Allan, Forensic Scientist 2003; sowie Statement of Witness of Dr. Nicholas Charles Alexander Hunt, Forensic Pathology Services 2003.
63 Vgl. Baker 2007; Ders. 2007.
64 Leif 2003. Vgl. auch die Seite des Whistleblower-Netzwerks: www.whistleblower-net.de/informieren/, abgerufen am 20.10.2021.
65 »The first is to say simply that one never discusses in any way the identity of those who provide information confidentially. My advice is to stop there and keep on repeating the phrase ad nauseum. The second is to say straight away, if confronted by an authority which claims the right to compel disclosure, that one would cheerfully go to prison rather than yield up the informant … If you find yourself in a fight with the state, this is the rule: the state gives nothing, you give nothing … I would cheerfully go to prison rather than yield up the name.« Whittam Smith 2003, S. 14.
66 Vgl. Welchering 2019.
67 Vgl. Eco 1977, S. 9-15.
68 Vgl. Welchering 2017, S. 2-8. Ich folge in diesem Kapitel dieser Darstellung.
69 Vgl. Rasmus 2020.
70 Vgl. Algorithmen Allmächtig? 2014.

71 Perez, Kipman & Fuller 2012.
72 Jin & Wang 2018.
73 Vgl. Unabhängiges Landeszentrum für Datenschutz 2019.
74 Vgl. Graham 2017.
75 Vgl. Greenberg 2020.
76 S. Kaiser 2015, S. 102.
77 Vgl. Poitras 2014. Vgl. auch Greenwald 2014.
78 Zit. n. Müller 2018. Vgl. auch Rieger 2011.
79 Vgl. Meister 2020.
80 Vgl. Welchering & Kloiber 2017, S. 31-56. Vgl. auch www.informantenschutz-fuer-journalisten.de/online-plus/, abgerufen am 20.10.2021.
81 Ebd., S. 67 f. Vgl. auch Zuboff 2018.
82 de.pdfforge.org/pdfcreator, abgerufen am 20.10.2021.
83 eraser.heidi.ie/, abgerufen am 20.10.2021.
84 Welchering & Kloiber 2017, S. 32 f.
85 Beispielswiese anonymouse.org, abgerufen am 20.10.2021.
86 Welchering & Kloiber 2017, S. 77-92.
87 www.mozilla.org/de/thunderbird, abgerufen am 20.10.2021.
88 Welchering & Kloiber 2017, S. 41.
89 Ebd., S. 59.
90 www.tor-project.org, abgerufen am 20.10.2021.
91 Welchering & Kloiber 2017, S. 64.
92 geti2p.net/de/, abgerufen am 20.10.2021.
93 www.anonym-surfen.de/jondo.html, abgerufen am 20.10.2021.Vgl. auch Welchering & Kloiber 2017, S. 73 f.
94 Ebd., S. 75.
95 Vgl. Lazaridis O. J.
96 Snowden 2020.
97 Brink 2020, S. 4.
98 Vgl. Stäheli 2021.
99 Whittam Smith 2003.
100 Vgl. Ders. 2011, S. 31.
101 »Where an offence under any provision of this Act … is committed by a body corporate and is proved to have been committed with the consent or connivance of, or to be attributable to any neglect on the part of a director, manager, secretary or other similar officer of the body corporate, or any person who was purporting to act in any such capacity he (as well as the body corporate) shall be guilty of that offence and liable to be proceeded against and punished accordingly.« Section 79, Regulation of Investigatory Powers Act 2000.
102 Vgl. Brooks 2011.
103 »You see, I fear that my room will have been bugged.« Zit. n.: Whittam Smith 2011.
104 Deutscher Bundestag 2020.
105 Aly 2020, S. 7.
106 Vgl. Müller 2019, S. 90-92. Vgl. auch Teusch 2018, S. 93-110.
107 *Bild*-Zeitung 2010.
108 Alle Zitate sind Ausgaben der Bild-Zeitung vom 28.06.2015 bis 14.07.2015 entnommen. Zit. n.: Zweierlei Absagen an den Supranationalismus der deutschen Europapolitik 2015, S. 61-69.
109 Vgl. Mason 2016, S. 21 f., 29, 56, 351.

110 Gropp 2015.
111 Hetzer 2014, S. 103. Vgl. auch: Franke & Herdolor 2015.
112 Vgl. Mausfeld 2018, S. 34.
113 Vgl. Müller 2019, S. 21 f.
114 Vgl. Ritsert 1972, S. 98-116.
115 Ludz 1976, S. 126.
116 Mausfeld 2018, S. 160.
117 Vgl. Interest Analysis O. J.; Coltri 2004.
118 Vgl. von Pax 2014.
119 Vgl. Lieb 2011.
120 GegenStandpunkt 2015, S. 52, 57.
121 Mausfeld 2018, S. 204 f.
122 Vgl. Kellner-Lewandowsky 2015.
123 Mausfeld 2018, S. 200.
124 »Hypotheses non fingo«. Newton 1999, S. 943.
125 »I have not yet been able to discover the reason for these properties of gravity from phenomena, and I do not feign hypotheses. For whatever is not deduced from the phenomena must be called a hypothesis; and hypotheses, whether metaphysical or physical, or based on occult qualities, or mechanical, have no place in experimental philosophy. In this philosophy particular propositions are inferred from the phenomena, and afterwards rendered general by induction.« Ebd.
126 Kant 1974, S. 653 f. Vgl. auch Ders. 1973, S. 224 f.
127 Ders. 1963.
128 Kant 1974, S. 652 f., 655.
129 Vgl. Hegel 1983, S. 338, 396.
130 Kant 1974, S. 658.
131 Popper 1979, S. 105 f.
132 Adorno 1979, S. 69.
133 Vgl. Michaels 2020.
134 Vgl. Müller 2020, S. 6.
135 Zit. n. Haug 1976, S. 7.
136 Vgl. Hunter 2011, S. 16 f. Ich folge dieser Darstellung.
137 Lilienthal 2014, S. 21.
138 Müller 2020, S. 6.
139 Vgl. Stevenson 2013.
140 Vgl. Eco 1993, S. 140.
141 Davis 2020, S. 11. Original-Beitrag online unter: jacobinmag.com/2020/03/mike-davis-coronavirus-outbreak-capitalism-left-international-solidarity/, abgerufen am 20.10.2021.
142 Vgl. Sengers & Hunter 2009, S. 64-69. Ich folge dieser Darstellung.
143 documentcloud.org, abgerufen am 20.10.2021.
144 www.devontechnologies.com/products/devonthink/overview.html, abgerufen am 20.10.2021.
145 evernote.com/intl/de, abgerufen am 20.10.2021.
146 www.onenote.com, abgerufen am 20.10.2021.
147 Vgl. Sengers & Hunter 2009, S. 44-49.
148 Troller 2008, S. 92.
149 Friedman 2003.
150 Troller 2008, S. 93.
151 »Never begin an interview by asking core questions.« Hersh 2018, S. 108.

152 Vgl. LaRoche & Buchhholz 1988, S. 121-137.
153 Zit. n. Thiele 2009, S. 24.
154 Vgl. Ebd., S. 29.
155 LaRoche & Buchholz 1988, S. 131.
156 Thiele 2009, S. 46-55. Ich folge hier dieser Darstellung.
157 Vgl. Leif 2003, S. 81-84. Vgl. auch Friedman 2013; Stuteville 2013.
158 Vgl. Thiele 2009, S. 92. Hier findet sich auch eine gute Checkliste für die Vorbereitung, vgl. S. 116-120.
159 Vgl. Gössmann 2020.
160 Müller 2019, S. 38.
161 Schreiner 2018.
162 Betzelt 2017. Vgl. auch Butterwegge 2015.
163 Vgl. Eichengreen 2018.
164 Komlos & Schubert 2020, S. 16.
165 S. Müller 2019, S. 118 f.
166 Nachtwey 2016, S. 60 f.
167 Ebd., S. 162.
168 »I scarcely know where to begin, though I sometimes facetiously place the cause of it all to Charley Furuseth's credit. He kept a summer cottage in Mill Valley, under the shadow of Mount Tamalpais, and never occupied it except when he loafed through the winter months and read Nietzsche and Schopenhauer to rest his brain. When summer came on, he elected to sweat out a hot and dusty existence in the city and to toil incessantly. Had it not been my custom to run up to see him every Saturday afternoon and to stop over till Monday morning, this particular January Monday morning would not have found me afloat on San Francisco Bay.« London 2020, S. 9.
169 Jung 1981, S. 283.
170 Vgl. Kisch 1923.
171 Vgl. Carey 1987.
172 Vgl. Prinzing 2015, S. 9.
173 Vgl. Ebd., S. 14.
174 Wember 1976, S. 69 f.
175 Vgl. Eco 1977, S. 73.
176 Vgl. Barthes 1979, S. 27 f.
177 Arijon 2000, S. 11.
178 Field 1987, S. 44. Vgl. auch Prinzing 2015, S. 99-109.
179 »Clouzot: But surely you agree, M. Godard, that films should have a beginning, a middle part and an end? Godard: Yes, but not necessarily in that order.« Zit. n.: Tynan 1966, S. 24.
180 Vgl. Sayles 1987.
181 Vgl. Scheiter 2009, S. 94. Vgl. auch Lampert & Wespe 2013, S. 175-177.
182 Vgl. Prinzing 2015, S. 138.
183 Die Darstellung folgt den Grundmustern in Lampert & Wespe 2013, S. 129-148.
184 Vgl. Arijon 2000, S. 16-23. Vgl. zu Montagetechniken im Film auch Kandorfer 1990, S. 240-249.
185 Vgl. Baab, Kirsch & Lamby 2008.
186 Vgl. auch die etwas andere Form in Werner 2009, S. 61.
187 Vgl. Matzen 2010, S. 11.
188 Vgl. Prinzing 2015, S. 135-147.
189 Vgl. Graves & Amazeen: 2019. Vgl. auch Graves 2016.

190 Zit. n. Der Fall Relotius 2019, S. 137.
191 Enzensberger 1972, S. 19, 23.
192 Vgl. Van Rossum 2019.
193 Ruß-Mohl, 2017, S. 52.
194 Vgl. Wardle 2017; Bager 2017, S. 66-73.
195 Vgl. Borel 2016.
196 Harrison Smith 2004.
197 Merkel 2014.
198 Vgl. Borel 2016. Vgl. auch: Janssen 2010, S. 90-102.
199 Vgl. Lutz 2020. Der Autor folgt hier dieser Darstellung.
200 Vgl. Schreyer 2017.
201 Vgl. Rubinstein & Blumenthal 2019.
202 Schreyer 2017.
203 Vgl. dazu Bell 2020.
204 Vgl. Savage 2020.
205 Meyen 2021, S. 48.
206 »I was back on overnight duty at the central police headquarters when two cops called in to report that a robbery suspect had been shot trying to avoid arrest. The cops who had done the shooting were driving in to make a report. Always ambitious, and always curious, I raced down to the basement parking lot in the hope of getting some firsthand quotes before calling in the story. The driver – white, beefy, and very Irish, like far too many Chicago cops then – obviously did not see me as he parked the car. As he climbed out, a fellow cop, who clearly had heard the same radio report I had, shouted something like ›So the guy tried to run on you?‹ The driver said, ›Naw. I told the nigger to beat it and then plugged him.‹ I got the hell out of there, without being seen, called the bureau, and asked for the editor on duty … What to do? The editor urged me to do nothing. It would be my word versus that of all the cops involved, and all would accuse me of lying. The message was clear: I did not have a story. But of course, I did. So, I waited a few days and then asked for and got a copy of the coroner's report. The victim has been shot in the back. I took a copy of the report to an editor. He was not interested. No one was interested. I had no proof that a felony murder had been committed other than what the killer himself had sad, and he, of course, would deny it. So, I left the story alone. I did not try to find and interview the cop who bragged about doing the shooting, nor did I seek out his partner. Nor did I raise hell at City News. I shuffled off to six months of army training, full of despair at my weakness and the weakness of a profession that dealt so easily with compromise and self-censorship.« Hersh 2018, S. 22.
207 Sengers & Hunter 2018, S. 72.
208 Schneider & Raue 1999, S. 227.
209 Vgl. den Themenvorschlag bei Werner 2009, S. 40.
210 Vgl. Hunter, van Wassenhove & Besiou 2017.
211 Vgl. Sengers & Hunter 2018, S. 74-80. Im Weiteren folge ich dieser Darstellung.
212 Kant 1800.
213 Narr 1979, S. 523.
214 Nachtwey 2017, S. 229.

3. Recherchieren in Zeiten der Gegenaufklärung

Dieses Buch stellt Recherche-Werkzeuge vor, die dem Autor bei seinen Recherchen nützlich sind. Diese Werkzeuge dienen dazu, Informationen zu sichern, Zusammenhänge zu erkennen und die dahinter liegenden Interessen zu analysieren. Ziel ist es, im Sinne der Aufklärung zu wirken, das heißt, die Einhegung von Macht praktisch umzusetzen und den Einfluss der herrschenden Machteliten auf die öffentliche Debatte zurückzudrängen. Deshalb ist Recherche ein oppositionelles Konzept. Dabei sind die Werkzeuge nur so gut wie der Handwerker, der sie anwendet. Die Qualität der Ergebnisse hängt aber nicht nur von seinen Fähigkeiten ab; man muss ihn auch lassen. Wenn Recherchieren bedeutet, etwas gegen Widerstände herauszufinden, dann ist das Resultat oft ernüchternd.

Als Volontär des Saarländischen Rundfunks beauftragte mich 1988 der Politikredakteur Martin Geiling mit einer Recherche zur Rolle der unternehmerischen Wirtschaft im Dritten Reich. Das Manuskript diskutierte die Nähe des großen Geldes zur Hitlerdiktatur und die Kontinuität der Machteliten in der Bundesrepublik.[1] Daraus ergab sich eine Kontroverse mit dem damaligen Chefredakteur des SR, Otto Klinkhammer, einem sehr konservativen Journalisten, der mir die Ausstrahlung ausreden wollte.[2] Wir stritten mehr als eine Stunde im Atrium des Hörfunk-Gebäudes, unter den gespitzten Ohren der Kolleginnen und Kollegen. Schließlich entschied Klinkhammer: »Dann machen Sie es halt! Ich werde meinen Kopf schon hinhalten!« Wie zu erwarten, ließen die kritischen Reaktionen aus der Wirtschaft nicht lange auf sich warten. Ihm, dem Konservativen, der entschieden anderer Meinung war als ich, wäre es im Traum nicht eingefallen, das

Feature aus dem Programm zu nehmen. Dies wäre mit seinem Selbstverständnis als Chefredakteur und seiner Auffassung von Pressefreiheit nicht vereinbar gewesen. Dass dies aber wie ein Märchen aus einer längst untergegangenen Epoche wirkt, dass dies heute kaum mehr vorstellbar erscheint, zeigt schlaglichtartig den Zerfall bürgerlicher Öffentlichkeit. Letztere hat sich verwandelt von einem Ort der Selbstverständigung über öffentliche Angelegenheiten zu einem Ort vorauseilender Meinungslenkung; von einem Ort der vernunftgeleiteten Debatte zu einem Ort der Zensur und der Denunziation.

Diese Sklerose demokratischer Öffentlichkeit ist keine eigenständige Krankheit, sondern geht einher mit einer anderen Krise – der Involution der repräsentativen Demokratie. Schon vor mehr als fünf Jahrzehnten hat Johannes Agnoli diesen Prozess der Rückbildung zu einer Fassadendemokratie und damit den Übergang in ein postdemokratisches Stadium analysiert:

> »Die damit verbundene, allenthalben sich zeigende Involutionstendenz zu einem autoritären Staat rechtsstaatlichen Typus widerspiegelt allgemeinere Disziplinierungstendenzen, die den Gesamtprozess westlicher Gesellschaften kennzeichnen … Der Notstand wird ausgerufen, um den Wohlstand … zu retten, falls ›unvernünftige‹ und das heißt der Sache nach, proletarische und proletarisierte Massen den sozialen Ausgleich durch hohe Forderungen gefährden; oder – die Stilregeln missachtend und aus der Erfahrung, im Vertretungssystem nicht ausreichend vertreten zu sein – … die Frage nach den Produktionsverhältnissen außerparlamentarisch stellen.«[3]

Peter Brückner hat damals die Transformation des demokratischen Bewusstseins erörtert.[4] Zwischen demokratischen Institutionen und demokratischem Bewusstsein steht die bürgerliche Öffentlichkeit, die unter dem Einfluss der Machteliten und der kapitalistischen Profitlogik von einem öffentlichen Debattenraum zunehmend zu einer »Propaganda-Matrix«, wie Michael Meyen schreibt, regrediert.[5] Hintergrund dieser Regression ist die Krise des modernen Finanzkapitalismus.

Die globale Finanzkrise ab 2007 hat gezeigt, wie fragil dieser Finanzkapitalismus ist. Ausgelöst überwiegend durch spekulativ aufgeblähte Immobilienmärkte und überdimensionierte Börsenwetten, konnte das Bankensystem nur durch staatliche Interventionen gerettet werden. Statt die Banken in den Konkurs und die verantwortlichen Manager ins Gefängnis zu schicken, wurden die Lasten der Finanzkrise den Steuerzahlern aufgebürdet. Inzwischen pumpen die Zentralbanken massiv Geld ins Bankensystem, ohne dass es dadurch gelingen würde, die Wirtschaft wieder anzukurbeln. Sie stecken in einem Dilemma, denn dem Markt die Liquidität wieder zu entziehen erscheint unmöglich, so Joscha Wullweber,

> »sonst kommt es sofort zu einer Finanzkrise. Dieser Teufelskreis macht den Zentralbankkapitalismus aus. Er ist völlig instabil. Weil die Regierungen nicht investieren, sind die Zentralbanken gezwungen, massiv Liquidität bereitzustellen. Diese Geldmittel fließen aber nicht in die produktive Wirtschaft, sondern in Aktienrückkäufe und Finanzspekulation. Sehen wir uns den Aktienmarkt an: eine gigantische Blase, die irgendwann zusammenbrechen wird. Und wenn die Zentralbanken damit aufhören, bricht das System sofort zusammen.«[6]

Auch aus diesem Grunde werden die staatlichen Repressionsapparate sukzessive ausgebaut. Im Krisenfalle soll ein möglicher Widerstand der Lohnabhängigen gebrochen werden können. Seit Ende der Siebzigerjahre unterwirft die neoliberale Politik der Privatisierungen, der Sozialkürzungen, der Steuersenkungen für Reiche und der Liberalisierung der Märkte immer weitere Teile der Gesellschaft der Profitlogik und entzieht sie der öffentlichen Kontrolle. Nach den Anschlägen auf das World Trade Center am Elften September 2001 haben nahezu alle westlichen Staaten ihre Sicherheits- und Geheimdienstapparate hochgerüstet und die Überwachung der Bevölkerung quasi-totalitär ausgebaut. Treibendes Element dieser Politik ist weniger die viel beschworene terroristische Bedrohung als vielmehr die Befürchtung, dass die abhängig Beschäftigten den »Giftcocktail aus Sparpolitik, Freihandel, Schuldknechtschaft und schlecht bezahlten prekarisierten Arbeitsplätzen, den der herrschende finanzmarktgetriebene Kapitalismus vor allem anderen serviert«[7], nicht mehr schlucken wollen und ihren Protest gegen die herrschenden Machteliten richten.

Die Corona-Krise verstärkt die autoritären Tendenzen des Neoliberalismus. Regierungen und Internet-Konzerne betreiben eine schleichende Enteignung des Mittelstandes und der kleinen Selbstständigen. Im Zuge der Covid-19-Restriktionen geraten viele Klein- und Familienbetriebe in die Insolvenz und werden so im Interesse globaler Akteure und proprietärer Märkte beseitigt. Im Ergebnis kann dies als ein Vernichtungskrieg gegen den Mittelstand betrachtet werden. Jetzt wird die Enteignung der Unterschichten durch die Enteignung von Teilen der bürgerlichen Klasse ergänzt.

Von Beginn der Pandemie an war klar, dass Corona soziale Ungleichheiten verstärkt. Das Heer der Frustrierten und ihrer Existenz Beraubten, die Deklassierten aller Klassen, sie alle werden zur Massenbasis einer neuen nationalreaktionären politischen Kraft. In dem Maße, in dem das Virus die soziale Spaltung vorantreibt, schafft es auch den Nährboden für neuen Rechtsextremismus und neue autoritäre staatliche Maßnahmen. Gleichzeitig befördert die Corona-Krise die Involution, sprich die schleichende Rückbildung demokratischer Institutionen in vor- und antidemokratische Formen.

Viele Grundrechte wie das Versammlungs- und Demonstrationsrecht werden auf dem Verordnungswege außer Kraft gesetzt. Regiert wird unter Umgehung der Parlamente mittels Ausnahmeregelungen und Notverordnungen. Durch Kontaktverbote werden Kommunikation und Kollektivität verhindert, Orte der Zusammenkunft gibt es nicht mehr. Homeoffice und Homeschooling vereinzeln die Menschen und verhindern auf diese Weise die Einübung von Widerstand. Henry Giroux spricht von einer profitgetriebenen Wirtschafts- und Gesellschaftsordnung, der

> »eine Form systemischer Gewalt immanent ist, die den Planeten, jeden Sinn für das Gemeinwohl und die Demokratie zerstört; und diese Gewalt wird nicht mehr durch eine Ideologie, sondern durch das Aufkommen des strafenden Staates gesteuert – in dem zunehmend alles Mögliche kriminalisiert wird, weil es eine Bedrohung für die Finanzelite und deren Herrschaft über das Land darstellt … Der Neoliberalismus speist unser Leben mit Gewalt und unsere Politik mit Furcht.«[8]

Was bleibt, sind die Trümmer einer Fassadendemokratie, hinter denen eine neue, autoritäre bürgerliche Herrschaftsform heraufzieht. Die wirtschaftlichen und politischen Machteliten des digitalen Kapitalismus geben demokratische Einbindungs- und Befriedungsstrategien auf und implementieren Elemente eines neuen Bonapartismus.

Als Bonapartismus gilt in der Forschung der Aufstieg und die Herrschaft von Napoleon III. in Frankreich, wie sie Karl Marx in seiner Schrift *Der achtzehnte Brumaire des Louis Bonaparte* beschrieben hat.[9] Vier Elemente kennzeichnen diese Herrschaftsform: Erstens gibt das Bürgertum seine politische Macht an einen Autokraten ab, um seine wirtschaftliche Macht unter Krisenbedingungen zu sichern. Kurz: Profit ist dem Bürgertum wichtiger als Demokratie. Zweitens nutzt der Autokrat die Mittel der Demokratie, um die Demokratie abzuschaffen. Drittens setzt er dazu auf direkte Kommunikation mit dem Wahlvolk und schaltet so das Parlament als gewählte Repräsentation aus. Viertens gelingt ihm dies, weil sich die mit der bürgerlichen Demokratie Unzufriedenen, die »Deklassierten aller Klassen« (August Thalheimer)[10] hinter ihm versammeln und ihm ein quasiplebiszitäres Mandat verschaffen.

Der Bonapartismus kann als grundlegendes Muster bürgerlicher Herrschaftssicherung gelten. Neben der repräsentativen Demokratie etabliert er sich zunehmend als postdemokratische, aber dennoch bürgerliche Herrschaft. Auch der Faschismus ist demnach eine bürgerliche Herrschaftsform,[11] denn das Privateigentum an Produktionsmitteln und damit die private Aneignung von Mehrwert bleiben erhalten. Der Aufstieg von Donald Trump kann als Beispiel bonapartistischer Herrschaftsstrategien gelten. So hat er sich die starke Rolle des US-Präsidenten in der Verfassung zunutze gemacht, es ist ihm schnell gelungen, die Republikanische Partei hinter sich zu bringen, und er nutzte seine präsidiale Autonomie, die Republikaner zu einer Trump-Partei zu formen. Aufgrund seiner starken Stellung konnte er Minister und Berater ernennen und wieder entlassen. Gegen die führenden liberalen Medien in den USA konnte er eine weitgehende Autonomie gewinnen, weil er Rupert Murdochs Sender Fox News hinter sich hatte und über Twitter direkt mit seinen Anhängern kommunizierte. So schürte er erfolgreich die Unzufriedenheit traditioneller Wähler der Demokraten mit den Washingtoner Eliten.

War die Wahl von Donald Trump 2016 nur vor dem Hintergrund der Verschärfung sozialer Gegensätze in den USA möglich, so löste er dennoch kein einziges Versprechen für die Menschen in den ehemaligen Industriestandorten ein. Trump holte mehr Milliardäre in seine Administration als jeder Präsident vor ihm, bescherte Großunternehmen und Superreichen Steuererleichterungen, kürzte bei Bildung, Wohnungsbau und Ernährungsprogrammen und versuchte, Millionen Menschen ihre Gesundheitsversorgung zu nehmen. Die Liste ließe sich leicht verlängern. De facto machte Trump Politik ganz im Sinne der bürgerlichen Besitzeliten und suchte die Verwertungsbedingungen des Kapitals durch Deregulierung und Umverteilung von unten nach oben zu verbessern.[12] Der Historiker Arthur Rosenberg zieht aus der Revolution von 1848/49 in Deutschland die hierzu passende Lehre,

> »dass zwar die Selbstregierung des Volkes nach wie vor das allgemeine Stimmrecht voraussetzt, dass aber zugleich eine Karikatur des allgemeinen Stimmrechts auch mit brutalster Unterdrückung der Volksmassen vereinbar ist.«[13]

Betrachtet man als Beispiele Länder wie Ungarn, Polen oder Frankreich, so lässt sich zeigen, dass sich in den westlichen Demokratien die autokratischen Strukturen verstärken. Demokratische Institutionen bleiben erhalten; sie verlieren aber ihre Funktion, da an ihnen vorbei Politik gemacht wird.[14]

Die sozioökonomische Transformation des Neoliberalismus in den digitalen Kapitalismus und die parallele Involution der demokratischen Institutionen auf dem Weg zu postdemokratischen Herrschaftsformen werden begleitet von einem Strukturwandel der Öffentlichkeit, der wiederum den konstitutiven Rahmen für die Recherche darstellt. Dieser Strukturwandel kann als Zerfall der kritischen Öffentlichkeit verstanden werden. Die fortschreitende Kommerzialisierung der Medien, ihre Abhängigkeit vom Geld der werbetreibenden Wirtschaft sowie die Professionalisierung der Öffentlichkeitsarbeit von Parteien, Verbänden, Regierungen und Unternehmen führen, so Jürgen Habermas, zu einer fortschreitenden »Refeudalisierung der Öffentlichkeit«:

> »Die bürgerliche Öffentlichkeit nimmt im Maße ihrer Gestaltung durch public relations wieder feudale Züge an … Die Formen der gezielten Meinungslenkung … sind solche, die bewusst vom liberalen Ideal der Öffentlichkeit abweichen.«[15]

Diese Involution bürgerlicher Öffentlichkeit vollzieht sich in mehreren Dimensionen. Auf der Inhaltsebene kommt es zu einer Verengung des Diskussionsfeldes. Rainer Mausfeld erläutert:

Den ideologischen Apparaten ist es gelungen, den öffentlichen Debattenraum auf Detaildiskussionen innerhalb der neoliberalen Agenda zu verengen. Die Diskussion grundlegender Reform-Alternativen wird als »Verschwörungstheorie« ausgegrenzt oder der materiellen Grundlage beraubt. So konnte die kritische Dokumentation »Wer rettet wen?« über die Finanzkrise als Geschäftsmodell auf Kosten von Demokratie und sozialer Sicherheit nur als »Film von unten«, also durch Fundraising, entstehen.[16] Die erzwungene Alternativlosigkeit geht so weit, dass sogar das wirtschaftsnahe *Wall Street Journal* schreibt, das neoliberale Programm sei nicht mehr auf demokratischem Wege abwählbar.[17]

Das Diskussionsfeld, also der Bereich des Sagbaren, unterliegt damit einer kontinuierlichen Strangulierung. Es handelt sich hier um eine neoliberale Verzwergung des Debattenraums, die in der Konsequenz restaurativen, autoritären und nationaldemokratischen Ideologien Vorschub leistet und so grundlegend die Voraussetzungen von Demokratie unterminiert.

Auch auf der Verfahrensebene bürgerlicher Öffentlichkeit wirkt der Übergang der repräsentativen Demokratie zu stärker autokratischen Herrschaftsformen. An vernunftgeleiteter Argumentation und intersubjektiv überprüfbaren Aussagen orientierte Diskursstrategien werden zunehmend durch identitätspolitische Argumentationsfiguren ersetzt. Ihr Ziel ist nicht mehr die Verständigung und der argumentative Schlagabtausch, der für eine demokratische Öffentlichkeit konstitutiv ist, sondern die Ressentiment-getriebene Ab- und Ausgrenzung. Es geht nicht mehr um das bessere Argument, sondern um Lagerbildung: »Wir« gegen »Die«, die Guten gegen die Bösen, das Eigene gegen das Fremde, die politisch Korrekten gegen die Abweichler.

Damit wird auch der Anspruch auf Wahrheit, Wahrhaftigkeit und Argumentation auf Augenhöhe in der öffentlichen Debatte aufgegeben: Die Aussagen des identitätspolitisch orientierten Diskussionsteilnehmers verzichten darauf, der Wirklichkeit zu entsprechen, die Meinung des Sprechers zum Ausdruck zu bringen und dem Gesprächspartner verständigungsorientiert entgegenzutreten. Der Anspruch auf rationale, herrschaftsfrei-diskursive Verständigung, wiewohl immer brüchig, verliert seine kontrafaktische Geltung.[18] Zurück bleibt der Versuch des Bürgertums, Diskursherrschaft durchzusetzen, ohne demokratische Maskerade. Um mit Foucault zu sprechen:

> »Es ist immer möglich, dass man im Raum eines wilden Außen die Wahrheit sagt; aber im Wahren ist man nur, wenn man den Regeln einer diskursiven ›Polizei‹ gehorcht, die man in jedem seiner Diskurse reaktivieren muss.«[19]

Der »Diskurs-Polizei« (bestehend aus interessengeleiteten Think-Tanks, Verbänden und personalen Netzwerken) geht es um Durchsetzung eines Wahrheitsregimes durch Ausgrenzung. Geistig minder bemittelte, politisch aber umso mehr gefestigte Lohnschreiber, die sich an solchen Kampagnen beteiligen, finden sich leicht. Denn wer identitätspolitisch argumentiert, spart sich die fachliche Auseinandersetzung. Recherche regrediert zur Vorbereitung einer Denunziation. Michael Meyen beschreibt seine eigenen Erfahrungen:

> »Diffamierungen im Netz und in der Presse, Menschen mit Schaum vor dem Mund und Hass auf den Lippen, Kollegen, die sich ›distanzieren‹, und ein Unipräsident, der mich morgens um neun in sein Büro bittet, um eine Aktennotiz machen zu können. Für die Freiheit der Wissenschaft einstehen? Den Mann aus dem eigenen Haus verteidigen? Wenigstens fragen, wie er die Sache sieht? Nicht doch. Es ist völlig egal, was da passiert ist. Hauptsache, es gibt keine negativen Berichte in den Leitmedien und niemanden

mit Einfluss, der böse Briefe an das Ministerium schickt ... Aus ... Projekten, die man eher mit Vokabeln wie ›links‹, ›emanzipatorisch‹, ›herrschaftskritisch‹ oder ›aufklärerisch‹ beschreiben könnte, werden so No-Go-Areas für alle, die auf eine Karriere im Staat, in der Politik oder in der Wissenschaft hoffen.«[20]

Die Hilfsmittel der identitätspolitischen »Diskurs-Polizei« sind: Herstellung einer »Kontaktschuld« – nicht was ich sage ist wichtig, sondern bei wem oder mit wem ich diskutiert habe –; Verwendung von nicht weiter begründeten Signalbegriffen wie »Querfront«, »Antisemit«, »Rechtsextremist«, »Verschwörungstheoretiker« – damit sollen Diskussionsteilnehmer aus dem akzeptablen Debattenraum ausgegrenzt werden; »stille Post« – verdeckte Kommunikation hinter dem Rücken der Betroffenen und verdeckte Diffamierung. Damit bildet sich bürgerliche Öffentlichkeit, die einmal den Anspruch erhob, einen argumentativen Austausch unter Freien und Gleichen zu ermöglichen, zurück zu einer Denunziations- und Zensur-Öffentlichkeit. Ihr Ziel ist Volkslenkung und -zerstreuung.

Dies bedeutet aber auch, dass jene Diskursmuster, die in den Faschismus führen, in der bürgerlichen Öffentlichkeit lange vor einer autoritären Transformation bereits vorgeprägt werden. Identitätspolitische Denkfiguren sind nahtlos anschlussfähig an antidemokratische Diskursstrategien. So geht mit der »neobonapartistischen« Transformation der parlamentarischen Demokratie auch eine Entdemokatisierung der Diskursstruktur einher. Öffentlichkeit wird wieder zum Propaganda-Projekt, das auf Meinungslenkung abzielt – eine neo-feudale Restauration. Das Bürgertum sucht angesichts einer drohenden neuen Finanzkrise sein Heil in Anlehnung an feudalaristokratische Herrschaftsformen, strebt nach scharfer Abgrenzung von emanzipatorischem Denken und den abhängig Beschäftigten als möglichem Träger von Veränderungsprozessen und kehrt zurück zur Restauration einer Zensur-Öffentlichkeit im Geiste des Fürsten Metternich. Verhaftung, Gefängnis, Folter, Mord – das sind für den Rechercheur in der heutigen Öffentlichkeit keine leeren Drohungen. Es ist der Sieg der Vergangenheit über die Zukunft.

Der Zerfall bürgerlicher Öffentlichkeit wird gefördert von tektonischen Verschiebungen im Bereich der Sozialpsychologie. Präzise beobachtend hat Steve Fraser eine neue »Epoche des Einverständnisses« diagnostiziert. Er stellt die Frage, warum nach der Finanzkrise 2008 der Widerstand gegen die Macht- und Finanzeliten weitgehend folgenlos zusammengebrochen ist, obwohl

> »[d]ie politische Klasse verordnete, wovon die Menschen schon genug hatten: eine weitere Dosis Austeritätspolitik, plus einem auf Wunschdenken beruhenden Glauben an eine ›Erholung‹, die für 99 % der Amerikaner niemals mehr sein würde als eine optische Täuschung. In diesen Jahren schwanden die Hoffnungen normaler Leute auf eine würdige Zukunft und wichen der Verbitterung.«[21]

Das Brechen von Widerstand und die Erzwingung von Einverständnis kann als ein Ergebnis jahrzehntelanger neoliberaler Politik und ihrer sozialpsychologischen Folgen verstanden werden. Das schleichende Gift globaler Konkurrenz, prekärer Beschäftigung und staatlicher Repression erzeugt eine beständige Abstiegs- und Versagensangst, die vorauseilenden Gehorsam erzwingt. Dies lässt auf Dauer auch soziale Bindungen prekär werden, da sich die Menschen nur noch als Verkäufer ihrer selbst oder als Erwerber kurzfristiger Vorteile in einem fortgesetzten Konkurrenzkampf entgegentreten. Christopher Lasch beschreibt den Typus des neoliberalen Egomanen als »neuen Narziss«, der an die Stelle der autoritären Persönlichkeit getreten sei. Dieser Charaktertypus gehe

> »der Sicherheit von Gruppenloyalitäten verlustig und fasst jedermann als Rivalen um die Vergünstigungen auf, die ein paternalistischer Staat zu vergeben hat … Einerseits in seinem Verlangen nach Anerkennung und Bewunderung von ungestümem Konkurrenzdenken geprägt, misstraut er dem Wettbewerb doch, weil er ihn unbewusst mit ungezügeltem Zerstörungsdrang assoziiert … Habsüchtig in dem Sinne, dass seine Erwartungen und Ansprüche unermesslich sind, … verlangt er nach unverzüglicher Befriedigung seiner Wünsche und lebt in einem Zustand ruhelosen, ewig unbefriedigten Begehrens.«[22]

Offensichtlich handelt es sich hier um eine Persönlichkeitsstörung, die als soziale Störung zu gelten hat. Allerdings verschwindet der autoritäre Charakter keineswegs. Gerade der Narziss ist auf Anerkennung und Bewunderung angewiesen. Die narzisstische Bestätigung erlangt er an einem sozialen Ort, wie Mario Erdheim schreibt, und dieser Ort ist die Herrschaft. Denn persönliche Anerkennung und materielle Gratifikationen verteilen die jeweiligen Machteliten. Sie lassen damit den Narziss nicht nur symbolisch an ihrer Herrschaft teilhaben, sondern heben ihn auch in seinem sozialen Status, wobei er die Realität teilweise verdrängt:

> »Die Verflechtung der narzisstischen Störung und der sozio-ökonomischen Sonderstellung skotomisiert das Individuum [lässt das Individuum Tatsachen negieren, Anm. des Autors] und lässt qualitative Veränderungen menschlicher Beziehungen gar nicht als erstrebenswert erscheinen, auf jeden Fall nicht so, dass der Verlust an Geld, Besitz und Macht aufgewogen werden könnte.«[23]

Wie ein Untoter kehrt damit im narzisstischen Charakter dic autoritäre Persönlichkeit zurück und wird dadurch zum eilfertigen Stützen bestehender Herrschaftsverhältnisse. Die Flucht aus der volatilen, weil von Mächtigeren abhängigen Existenz ins Autoritäre verursacht eine »autoritäre Wende« des narzisstischen Charakters und macht ihn zu einem ebenso gefährlichen Helfer nicht demokratisch legitimierter Herrschaftsverhältnisse als der traditionelle autoritär strukturierte Überzeugungstäter.[24]

Ein Sozialcharakter, der durch Konformismus, Konventionalismus und Anti-Pluralismus, Unterwürfigkeit und Gehorsam, Machtorientierung und Autoritätsgläubigkeit sowie einem sadomasochistischen Verhältnis zu anderen Menschen[25] geprägt ist, verdrängt die an Zivilcourage, Verantwortungsbewusstsein und Solidarität orientierte Persönlichkeit. So zersetzt der narzisstisch-autoritäre Charakter die demokratische politische Kultur und das demokratische Fundament der Gesellschaft. An den heutigen Börsen der Lebenspolitik, schreibt Zygmunt Bauman, zahlt sich Solidarität nicht aus; stattdessen würden dort »Selbstbezüglichkeit, Egoismus und antisoziale Formen der Selbstbestätigung«[26] prämiert. Damit wird der Übergang der bürgerlichen Öffentlichkeit aus dem demokratischen ins autoritäre Stadium auch sozialpsychologisch angetrieben.

Es lässt sich leicht erahnen, was die Transformation der bürgerlichen Öffentlichkeit mit Recherche zu tun hat. Aber zunächst gilt es, einen weiteren Punkt zu bedenken, der den Zerfall demokratischer Öffentlichkeit beschleunigt, nämlich den digitalen Kapitalismus. Das Vordringen digitaler Technologien in alle Arbeits-, Lebens- und Wirtschaftsbereiche bringt gerade keine Dezentralisierung und Demokratisierung ökonomischer und politischer Macht, sondern fördert deren Konzentration. Denn im Zentrum stehen Märkte in Privatbesitz, wie sie die großen Plattform-Unternehmen wie Google, Facebook, Amazon, Apple und andere darstellen. Kennzeichnend für diese proprietären Märkte sind vier besondere Kontrollformen.[27] Informationskontrolle sichert den Zugriff auf Marktdaten, die es erlauben, Nachfrageentwicklungen vorauszuberechnen und durch entsprechende Angebote Nutzerverhalten zu steuern. Zugangskontrolle ermöglicht es den Plattformen zu kontrollieren, welche Angebote die Nutzer erreichen. Die Digitalkonzerne können Anbietern den Zugang zu ihren proprietären Märkten verknappen oder sperren und so letztlich die Preise kontrollieren – was beispielsweise die Margen von US-Verlagen signifikant drückt.[28] Daneben schreiben die Plattformen Standards fest und üben so Leistungskontrolle aus.

Es ist völlig klar, dass proprietäre Märkte über Informations-, Zugangs-, Preis- und Leistungskontrolle zunehmend auch die politische Öffentlichkeit steuern, denn sie wirken sich sowohl auf die Produzenten- und auf die Konsumentenseite aus. Die Verbraucher und Nutzer profitieren vordergründig von Gratisangeboten – die sie natürlich mit der Überlassung persönlicher Daten bezahlen. Auf der Seite der Produktion können betriebliche Herrschaft und Kontrolle verschärft, gleichzeitig aber auch die Fertigung automatisiert und damit die Arbeit verdichtet werden. Den Überlegungen von Philipp Staab zufolge

> »haben wir es dort mit Plattformbetreibern zu tun, die rund dreißig Prozent der Produktionsprofite einbehalten, während sie gleichzeitig ihre Markt-

macht einsetzen, um die Preise auf ihren Märkten so niedrig wie nur irgend möglich zu halten … Auf der Produzentenseite ist dies an systematischen Preisdruck gekoppelt … Wirtschaftlicher Druck motiviert, wie man in jedem BWL-Seminar lernen kann, zu Kostensenkungen, die zuallererst den Faktor Arbeit betreffen: Arbeit muss daher technisch substituiert, niedriger entlohnt und/oder effektiver ausgebeutet werden. Das Mittel dazu ist eine Radikalisierung betrieblicher Herrschaft …«[29]

Das bedeutet für die demokratische Öffentlichkeit: Medien kommen durch Umsonst-Angebote genauso unter Druck wie durch die Verknappung der Renditen. Was zu welchem Preis wo publiziert wird, entscheiden zuallererst private Plattformbetreiber. Damit entziehen sie die Informationshoheit dem öffentlichen Raum. Unter dem Aspekt der Refeudalisierung bürgerlicher Öffentlichkeit lässt sich deshalb von einem digitalen Feudalismus sprechen. Die digitale Transformation hat damit auch antidemokratischen Charakter. Und dabei reden wir noch nicht über die allgegenwärtigen Begehrlichkeiten von Ermittlungsbehörden und Geheimdiensten, für die der Daten-Staubsauger der Plattformen ein unerschöpflicher Steinbruch der politischen Kontrolle darstellt. Shoshana Zuboff bezeichnet diesen Überwachungskapitalismus als »Putsch von oben«:

»Es ist kein Umsturz des Staats, sondern vielmehr ein Umsturz der menschlichen Souveränität, was ihn zu einer herausragenden Kraft in der gefährlichen Abdrift macht, der Tendenz zum schleichenden Verfall, die heute die liberalen Demokratien des Westens bedroht.«[30]

Während wir wie gebannt auf die Skandale einer Politiker-Kaste starren, welche vollständig die Erdhaftung zu verlieren droht, vollzieht sich die schleichende Enteignung von Öffentlichkeit hin zu einem digitalen Überwachungs-Feudalismus unbemerkt hinter unserem Rücken.

In der Konsequenz verengt sich der Spielraum für Recherche zusehends. Eingebunden in die Involution der parlamentarischen Demokratie, die Refeudalisierung demokratischer Öffentlichkeit, die Rückkehr der autoritären Persönlichkeit aus dem narzisstischen Sozialcharakter und dem digitalen Überwachungskapitalismus verändert sich auch die Rolle der Presse. Zur Erläuterung trenne ich hier analytisch individuelle, redaktionelle, medien-institutionelle und medienökonomische Sphäre.

Es gibt wohl kaum einen narzisstischeren Beruf als den des Schriftstellers – oder des Journalisten.[31] Wenn also Christopher Lasch von der »Kultur des Narzissmus« spricht, wenn er diagnostiziert, dass es sich heute dabei nicht um eine individuelle, sondern um eine gesellschaftliche Störung handelt, dann ist diese Berufsgruppe in besonderer Weise dafür anfällig. Der neoliberale Egomane, der keine Gruppenloyalitäten kennt und sich mit anderen in andauerndem Wettbewerb um Anerkennung und Bewunderung der Vorgesetzten sieht – im Journalismus kommt dieser Charaktertypus besonders häufig vor. Im vorauseilenden Gehorsam dient er sich den Mächtigen an, erfährt so Lob und Anerkennung und bekommt symbolisch ein Stückchen von der Macht ab.[32] Die »narzisstische Illusion«[33] amalgamiert mit der Methode der Macht, korrumpiert die Person und schafft so den neuen autoritären Charakter. Gleichzeitig produziert der narzisstische Realitätsverlust die Selbstlüge, man vermittle ein umfassendes und kritisches Bild der Wirklichkeit. In seiner Selbstverliebtheit, Gier nach Anerkennung und Autoritätsfixierung steht sich der journalistische Mensch selbst im Weg und versagt vor dem Anspruch, den er in Sonntagsreden umso heftiger beschwört.

Auf der redaktionellen Ebene findet man bei einer soziologischen Betrachtung ein weitgehend homogenes Milieu des gehobenen Mittelstandes vor. In den Redaktionen dominieren Töchter und Söhne von Angestellten, Beamten und Selbstständigen. Der weit verbreitete Typus ist der geschmeidige Jungdynamiker, dessen Habitus auf Anpassung und die Akzeptanz von Herrschaftsverhältnissen ausgerichtet ist. Dieser Habitus der Mittelschicht lässt sich, wie Pierre Bourdieu es ausdrückt, erkennen

> »im Konformismus, der sich an Autoritäten und Verhaltensmuster klammert und sich ans Bewährte und als wertvoll Beglaubigte hält … und in seiner Beziehung zur Sprache einer Tendenz zur Überkorrektheit und Rigorismus

folgt … und auch auf politischem Gebiet als respektvoller Konformismus oder vorsichtiger Reformismus, der das ästhetische Revoluzzertum schier zur Verzweiflung bringt.«[34]

Im Ergebnis erwächst daraus eine sozialstrukturell ausgeformte Zensur, die dann entsteht, wenn eine große Zahl von Redaktionsmitarbeitern über ähnliche oder identische Denkweisen verfügt und sie in ihrer Alltagspraxis, bei der Auswahl, Einordnung und Gewichtung von Informationen anwendet. »Die Folge«, so Markus Klöckner, »ist eine weltanschaulich synchronisierte Berichterstattung.«[35] Denn das Milieu des gehobenen Mittelstandes teilt Lebensgewohnheiten, Denkweisen, Einstellungen und Interessen. Man war auf den gleichen Universitäten, wohnt in denselben Vierteln, kauft in denselben Läden ein und mag die gleichen Restaurants. Dass man auch politisch zur Konformität neigt, wird nicht mehr als Zensur empfunden.

Dafür sorgt schon die Rekrutierung. Ein Teil derer, die in den Journalismus drängen, scheitern an den finanziellen Hürden – wie Marcus Klöckner selbst, der ein unbezahltes Praktikum bei den *Ruhr Nachrichten* nicht wahrnehmen konnte, weil ihm dafür die Rücklagen fehlten. Bei der Rekrutierung haben die Auswahlkriterien mit dem Studieninhalt oft gar nichts zu tun. Man schaut nach bestimmten Persönlichkeitsmerkmalen – und bekommt auf diese Weise »außengeleitete Selbstdarsteller mit starkem Ego«.[36]

Die meisten Redaktionen funktionieren nur, weil sie eine Heerschar von freien Mitarbeitern am Laufen hält. Meist sind zwei Drittel der journalistischen Mitarbeiter »Freie«. So frei, wie der Name vermuten lässt, sind diese Journalisten aber nicht. Denn sie werden pro Zeile, pro Sendeminute, pro Artikel, pro Beitrag bezahlt. Freie Mitarbeiter möchten auch morgen und übermorgen noch einen Auftrag erhalten. Deshalb entwickeln sie ein feines Sensorium für das, was der Chef haben will. Sie leben schließlich davon, dass ihre Themen »gekauft« werden. Wer in diesem System sperrig und unbotmäßig agiert, wird sich schnell einen anderen Job suchen müssen. Er passt nicht zur »redaktionellen Linie«. Der ehemalige Chef der US-amerikanischen Federal Communications Commission, Nicholas Johnson, erzählt die Geschichte von einem freien Mitarbeiter,

> »der zunächst mit einem Recherche-Thema ankommt, die Idee aufschreibt und das Exposé an seinen Redakteur weiterleitet. Dort wird ihm gesagt, dass die Story nicht läuft. Er fragt sich warum, aber beim nächsten Mal ist er vorsichtig genug und bespricht sowas zuerst mit dem Redakteur. Dort wird ihm gesagt, dass es besser wäre, die Geschichte nicht zu schreiben. Beim dritten Mal denkt er zwar an eine Recherche-Geschichte, belästigt seinen Redakteur aber nicht damit, weil er weiß, dass das nichts bringt. Beim vierten Mal denkt er gar nicht weiter über solche Ideen nach.«[37]

In einem solchen redaktionellen Klima fällt es Führungskräften leicht, durch die Erzeugung von Angst Selbstzensur zu erzwingen. Die Auswahlkriterien bei der Rekrutierung, die Milieu-Affinität und das System der freien Mitarbeit mit seinen Abhängigkeiten lassen in den Redaktionen ein verdecktes System vorauseilenden Gehorsams entstehen. Dazu kommt die Tendenz in vielen Redaktionen, die Entscheidungen von der Redaktionskonferenz – und damit von der Diskussion weg – zu verlagern in nichtöffentliche Zirkel, »Vorkonferenzen«, in denen Führungskräfte ihre Entscheidungen durchdrücken, sodass ein Präjudiz aus vollendeten Tatsachen erreicht werden kann. So wird die Redaktionskonferenz, auf der die Entscheidungen eigentlich fallen sollen, reduziert auf ein Forum zur Veröffentlichung von Herrschaft.

Der Elitenforscher Michael Hartmann weist darauf hin, dass im Journalismus die eigene Lebenswirklichkeit und die Herkunft eine entscheidende Rolle spielen. Die Spitzenvertreter der privaten Medienkonzerne stellen mit fast 77 Prozent Bürger- und Großbürgerkindern nach den Topmanagern der Wirtschaft die sozial zweitexklusivste aller Eliten. Daneben sorgen die drei großen Journalistenschulen in Hamburg, München und Köln – die zentrale Karriere-Maschinerie der Medien – für strikte soziale Selektion. Hartmann zitiert eine Studie, der zufolge sechzig Prozent ihrer Journalistenschüler aus den höchsten von vier Herkunftsgruppen (Akademiker in leitender Position) und kein Einziger aus der niedrigsten (Arbeiter sowie untere und mittlere Angestellte und Beamte) stammen. Zur Welt der Normalbevölkerung fehlt diesen Medienvertretern einfach der Draht:

> »Das entscheidende Problem in der Berichterstattung sind deshalb nicht eine bewusst verfälschte Darstellung oder böser Wille, sondern der durch die eigene Situation und Herkunft verengte Blickwinkel.«[38]

Die Ähnlichkeit im Habitus zwischen dem journalistischen Milieu und den Eliten sorgen für Nähe und Sympathie. Wer exklusive Informationen bekommen will, vermeidet Nestbeschmutzung. Das Ergebnis, so Uwe Krüger: »Die Eliten suchen sich ihre Journalisten aus.«[39]

Alles in allem stehen Journalisten nicht vor Recherche-Barrieren – sie sind die Recherche-Barrieren. Denn trotz aller Beeinflussungsversuche – sie dimensionieren durch ihr Tun und Lassen den Bereich des Sagbaren und definieren den öffentlichen Debattenraum. Sie setzen die Themen und bestimmen damit, worüber diskutiert wird. Aber mehr als das: Durch ihre Verfahren zur Portionierung, Formatierung, Atomisierung und Auswahl bestimmen sie die Struktur des Diskurses, also die Art, wie über etwas diskutiert wird. Sie bilden damit den zentralen ideologischen Apparat, der Öffentlichkeit definiert. Es gibt keine »Media Bias«; es gibt nur »Bias of media«, darin sind sich alle Medientheoretiker von Niklas Luhmann bis Pierre Bourdieu einig.[40]

Nicht viel besser sieht es aus, wenn wir die medieninstitutionelle Ebene betrachten. Im Konzert der gesellschaftlichen Kräfte sind der Pressefreiheit Grenzen gesetzt. Zu diesen Grenzen zählen der Tendenzschutz, also das Privileg der Verleger, die politische Meinung seines Mediums zu bestimmen; die Beeinflussungsversuche vonseiten der politischen Kräfte; und schließlich die Macht der Public Relations.

Bei privatwirtschaftlich organisierten Medien bestimmt der Verleger die politische Linie seiner Blätter. Seiner Richtlinienkompetenz haben sich die Redaktionen zu beugen. Im Verleger-Privileg findet also die Freiheit der Rechercheure ihre Grenzen. Der Springer-Verlag hat die politische Linie des Verlegers in seinen weltanschaulichen Grundsätzen festgeschrieben. 1967 formulierte Axel Springer fünf

Punkte, die für jeden Mitarbeiter des Verlages bis heute verbindlich sind. Diese »Essentials«, nach eigener Darstellung eine Art Unternehmensverfassung, wurden im Laufe der Jahrzehnte immer wieder aktualisiert:

> »1. Wir treten ein für Freiheit, Rechtsstaat, Demokratie und ein vereinigtes Europa.
> 2. Wir unterstützen das jüdische Volk und das Existenzrecht des Staates Israel.
> 3. Wir zeigen unsere Solidarität in der freiheitlichen Wertegemeinschaft mit den Vereinigten Staaten von Amerika.
> 4. Wir setzen uns für eine freie und soziale Marktwirtschaft ein.
> 5. Wir lehnen politischen und religiösen Extremismus und jede Art von Rassismus und sexueller Diskriminierung ab.«[41]

Damit gibt der Konzernchef die Grenzen der Berichterstattung vor. Die Bemühungen der sozialliberalen Koalition, der Macht der Verleger mit einem Presserechtsrahmengesetz Grenzen zu setzen, verliefen im Sand. Damit wurde die Möglichkeit vergeben, die »innere Pressefreiheit« grundlegend zu stärken und der Schaffung von Redaktionsstatuten eine stabile gesetzliche Grundlage zu geben. Mit der Föderalismusreform von 2006 liegt die Gesetzgebungskompetenz für das Presserecht bei den Bundesländern, die Kompetenz zur Rahmengesetzgebung entfiel. Heute wird über eine Eingrenzung des Verlegerprivilegs gar nicht mehr diskutiert.

Als Upton Sinclair 1919 seine Untersuchung zur Presse in den Vereinigten Staaten publizierte, da zitierte er den altgedienten Redakteur der *New York Tribune* und späteren Herausgeber John Swinton, der bei einem Bankett einen Toast auf die »unabhängige Presse« so beantwortete:

> »So etwas wie eine unabhängige Presse gibt es in Amerika überhaupt nicht, ausgenommen vielleicht in ländlichen Orten. Sie wissen das und ich weiß es. Es gibt niemanden unter Ihnen, der das Risiko auf sich nimmt, seine ehrlichen Überzeugungen zu schreiben, und wenn Sie es täten, wüssten Sie im Voraus, dass es niemals in Druck gehen würde. Ich bekomme 150 Dollar pro Woche dafür, dass ich meine Überzeugungen aus dem Blatt, für das ich

arbeite, heraushalte – andere hier erhalten ähnliche Gehälter für ähnliche Dinge – und jeder von Ihnen, der so verrückt wäre, seine ehrliche Meinung zu schreiben, säße auf der Straße und könnte sich einen anderen Job suchen. Das Geschäft des New Yorker Journalisten ist es, die Wahrheit zu zerstören, unverblümt zu lügen, zu verdrehen, zu diffamieren, dem Mammon die Füße zu küssen und sein Geschlecht und sein Land für sein tägliches Brot zu verkaufen. Sie wissen das und ich weiß es, und wie dämlich ist es also, anzustoßen auf die ›freie Presse‹. Wir sind Werkzeuge und Knechte reicher Männer hinter den Kulissen. Wir sind ihre Hampelmänner; sie ziehen die Strippen und wir tanzen danach. Unser Talent, unsere Möglichkeiten und unser Leben gehört anderen. Wir sind intelligible Nutten.«[42]

Wenn es aber ein Verleger-Privileg gibt, das besagt, dass sich die Redakteurinnen und Redakteure nach der politischen und weltanschaulichen Tendenz der Eigentümer zu richten haben, warum sind dann öffentlich ausgetragene Konflikte zwischen Redaktion und Besitzern so selten? Tatsächlich ist es so, dass solche Konflikte weitgehend unter Ausschluss der Öffentlichkeit ablaufen. Der Elitenforscher Michael Hartmann schreibt dazu:

»Das Schweigen hat einen Grund: Journalisten, die die internen Entscheidungsprozesse öffentlich machen, müssen damit rechnen, in der Branche keinen Job mehr zu bekommen.«[43]

Politische Beeinflussungsversuche setzen kritischen Recherchen gleich auf mehreren Ebenen Grenzen. Denn Politik definiert den rechtlichen Rahmen journalistischer Tätigkeit, beeinflusst oft die Menge des zur Verfügung stehenden Kapitals, verändert Medienstrukturen und ermöglicht direkte Einschüchterung. Der Münchner Medienforscher Michael Meyen beschreibt beispielhaft das Dilemma des öffentlich-rechtlichen Rundfunks am Beispiel der ihn kontrollierenden Rundfunkräte:

»Die Beitragszahler haben in den Rundfunkräten nichts zu sagen und sogar Schwierigkeiten, dort überhaupt mit ihren Anliegen vorzudringen … Die Politik stellt dort inzwischen zwar nur noch gut ein Drittel der Mitglieder, aber das ist nur die halbe Wahrheit. Es ist ja nicht nur die Politik. Da sitzen

Wirtschaftslobbys und irgendwelche Verbände. Alles Bereiche, die der Journalismus eigentlich kontrollieren sollte. Im Moment ist es genau umgekehrt. Die Politik kontrolliert den Journalismus. Und die Politik bestimmt, wer in den Redaktionen das Sagen hat. Alle wichtigen Personalien werden in den Gremien entschieden und sind damit ein Spielball der Parteien.[44]

Michael Meyen unterschlägt allerdings, dass der öffentlich-rechtliche Rundfunk das einzige wichtige Mediensystem in der Bundesrepublik darstellt, das halbwegs demokratisch kontrolliert wird. Um den Einfluss der Politik zu reduzieren, schlägt er vor, die Rundfunkräte direkt von den Beitragszahlern wählen zu lassen. Insgesamt sind die politischen Einflussfaktoren aber oft weniger wirksam als der viel subtilere Einfluss der Public Relations.

Während Journalismus im öffentlichen Interesse betrieben werden sollte, wird Öffentlichkeitsarbeit von Unternehmen, Verbänden, Behörden, Parteien, Kirchen, Gewerkschaften und Nichtregierungsorganisationen betrieben, um Partialinteressen durchzusetzen. Damit folgt die PR grundsätzlich anderen Interessen als der Journalismus. Es versteht sich von selbst, dass ohne PR ein strukturierter Pressekontakt nicht möglich ist. Doch »der Punkt ist«, so BBC-Redakteur Robert Peston, »als Journalist hatte ich nie einen Zweifel daran, dass die Public Relations der Feind ist.«[45] Dabei sticht die wachsende Übermacht der PR ins Auge: Kamen in den Vereinigten Staaten 1990 zwei PR-Mitarbeiter auf einen Journalisten, so waren es 2011 schon vier, und derzeit wird das Verhältnis auf sechs zu eins geschätzt, Tendenz weiter steigend. Während bei den Zeitungen und Rundfunkanstalten in USA in den Jahren 2000 bis 2010 etwa dreißig Prozent der Geldmittel für die Berichterstattung gekürzt wurden, floss immer mehr Geld in die PR. Der Krise des Journalismus steht ein Überfluss an ungefilterter interessengeleiteter Information gegenüber.[46] Bereits 1922 schrieb Walter Lippmann:

»Hieraus ergibt sich jedoch, dass der Publicity Man das Bild für die Öffentlichkeit für den Reporter zurechtmacht. Er ist Zensor und Propagandist zugleich und dabei lediglich seinen Brotgebern verantwortlich. Der ganzen Wahrheit hingegen ist er nur so weit verantwortlich, wie sich diese mit den Interessen seiner Arbeitgeber deckt.«[47]

Dies macht es für Rechercheure immer schwerer, gegensätzliche Behauptungen zu prüfen, unterschiedliche Interessen zu berücksichtigen, distanzierte Beobachter zu hören, Sachverstand heranzuziehen – dafür fehlt Zeit und Personal. Diese Machtverschiebung hat direkte Konsequenzen für die demokratische Öffentlichkeit und die Meinungsbildung in der Demokratie, weil die Fundamente faktengestützter Kontrolle und Kritik der Machteliten untergraben werden. Die Kürzungen im Medienbereich führen dazu, dass die besten Kräfte in immer größerer Zahl in die PR gehen – zumal dort meist auch besser bezahlt wird. Studierende wechseln häufig während ihres Studiums vom Journalismus in die PR, wenn sie über ihre beruflichen Perspektiven nachdenken.

Für die Recherche bedeutet dies, dass ihre finanziellen, organisatorischen und personellen Spielräume enger werden. Die Folgen: Vorgefertigte Berichte und Meldungen werden ungeprüft übernommen; zugeliefertes Video-Material ungefiltert weiterverbreitet; mit gesponserten Inhalten wird der Journalismus buchstäblich unterwandert – in der Sprache der PR-Strategen »branded content business«. Mit diesen redaktionell aufgemachten PR-Beiträgen wird die Brandmauer zwischen Werbung und journalistischen Inhalten brüchig. Dem Nutzer bleibt meist unklar, ob es sich um recherchierte oder bezahlte Information handelt.

Gleichzeitig erreichen Werbung und PR ihre Zielgruppe leichter über soziale Medien und benötigen die Presse weniger als Werbeträger. Dabei tritt PR zunehmend in journalistischem Gewand auf, präsentiert ihre Inhalte unter Nutzung journalistischer Berichterstattungs-Techniken, bleibt aber interessengeleitet. So wird PR zum eigentlichen Gatekeeper und macht Recherche zu einem tendenziell antiquierten Gewerbe. So offenbart der zunehmende Einfluss der PR strukturelle Defizite im Journalismus, die den Wendekreis der Recherche einschränken. Dazu Ulrike Röttger:

> »Aufgrund weitreichender Ökonomisierungs- und Kommerzialisierungsprozesse der Medien und damit verbundener Einsparungen verfügen immer mehr Redaktionen nicht über das Personal und die Zeit, um erforder-

liche Recherchen in dem Umfang und der Intensität durchzuführen, wie journalistische Berufsregeln dies vorgeben. Die mehr oder weniger unveränderte und ungeprüfte Übernahme von professionell aufbereiteten PR-Mitteilungen kann damit auch als Ausdruck einer Krise des Journalismus betrachtet werden.«[48]

In diesem Kräftefeld aus verlegerischen, politischen und RP-Interessen bewegen sich Rechercheure. Zu den Schwierigkeiten, die aus der Sache erwachsen, kommt der institutionelle Hürdenlauf und die Innenausstattung der Macht. Doch noch viel mächtigere Recherche-Barrieren erwachsen aus den sozioökonomischen Veränderungen der Internet-Wirtschaft.

Viele Rechercheure – insbesondere Daten-Journalisten – glauben, Google sei ein Recherche-Werkzeug. Dabei ist es umgekehrt: Die Recherche ist ein Werkzeug von Google. Viele Rechercheure glauben, sie durchsuchten Google. In Wahrheit durchsucht Google uns. Denn jeder Suchvorgang des Rechercheurs löst im Hintergrund eine Vielzahl von Tracking-, Kontroll-, Überwachungs-, Auswertungs-, Auswahl-, Prognose- und Datenverteilprozessen aus, die erhebliche Auswirkungen auf den Recherche-Prozess, das Ergebnis, die Recherche-Vertraulichkeit, das Verbreitungsorgan und den Recherchierenden selbst haben. Genau daraus erwachsen verdeckte Recherche-Barrieren mit schwerwiegenden Folgen.

Zwar ist dieses neue Geschäftsmodell des digitalen Kapitalismus trotz der großen Machtfülle einzelner Konzerne wie Google, Facebook, Amazon oder Apple noch weit von einer hegemonialen Stellung entfernt. Aber es ist unaufhaltsam im Aufstieg begriffen.[49] Die Corona-Pandemie und der Lockdown haben die Internet-Ökonomie deutlich gestärkt. Harald Neuber:

»In den USA etwa hat das Einkommen der Arbeitnehmer in der Privatwirtschaft von Mitte März bis Mitte Oktober um 2,3 Prozent abgenommen. Gut 98 000 Unternehmen sind in den Konkurs gegangen. Mehr als zwölf Millionen Arbeiter und Angestellte haben ihre arbeitgeberfinanzierte Gesundheitsversicherung verloren. … Die 651 Milliardäre in den USA haben ihren Wohlstand seit Beginn der Pandemie um eine Billion US-Dollar vermehrt.«[50]

Mit dieser Umverteilung von unten nach oben geht ein Transfer von Kapital und Macht von den unmittelbaren Produzenten zu den Anteilseignern der Internet-Plattformen einher. Für die Recherche bedeutet dies: Das für redaktionelle Arbeit zur Verfügung stehende Geld wird tendenziell knapper, die Mittel für Recherche werden gekürzt, die Machtverschiebung zugunsten der Internet-Giganten und zulasten der Content-Produzenten nimmt zu. Dazu kommt: Was dem Rechercheur als Nutzer vordergründig wie eine technische Erleichterung seiner Arbeit erscheint, führt im Hintergrund zur Enteignung seiner Daten und damit der Recherche selbst.

Die Produktionsmittel werden dazu genutzt, menschliches Verhalten zu modifizieren im Sinne der Plattform-Ziele. Dies beeinflusst meist unmerklich die Richtung der Recherche, ihre Inhalte und Ergebnisse und macht die nächsten Schritte des Recherchierenden berechenbar. Dass eine gesellschaftliche Reaktion auf diese Enteignungsstrategien der Internet-Unternehmen und ihre Selbstermächtigung zum Datenraub ausbleibt, hat auch damit zu tun, dass Journalistinnen und Journalisten diesen Zusammenhang entweder nicht durchschauen oder ihm gleichgültig gegenüberstehen. Die Bequemlichkeit als Recherche-Köder funktioniert. Dies führt zu einem Transfer von Macht und Möglichkeiten, weg von den recherchierenden Subjekten hin zu den Plattformbetreibern:

> »Der Überwachungskapitalismus operiert mittels dieser beispiellosen Asymmetrien an Wissen und der Macht, die damit einhergeht. Überwachungskapitalisten wissen alles über uns, während ihre Operationen so gestaltet sind, uns gegenüber unkenntlich zu sein. Überwachungskapitalisten entziehen uns unermessliche Mengen neuen Wissens, aber nicht für uns; sie sagen unsere Zukunft nicht zu unserem, sondern zu anderer Leute Vorteil voraus. Solange wir dem Überwachungskapitalismus und seinen Verhaltensterminkontraktmärkten zu florieren gestatten, solange wird der Besitz der neuen Verhaltensmodifikationsmittel den Besitz der Produktionsmittel als Ursprung kapitalistischen Wohlstands und der Macht im 21. Jahrhundert in den Schatten stellen.«[51]

Es ist klar, dass diese Daten nicht nur Rohstoffvorkommen sind, sondern auch Nachrichtendienste und Strafverfolgungsbehörden brennend interessieren. Die technischen Verfahren sind mithin wie für die Nutzung von Überwachungstechnologien geschaffen. Wenn dies – wie bei der Publikation großflächiger Überwachungsmaßnahmen durch Edward Snowden – bekannt wird, ist das Geschrei der Medien groß. Dabei hätte jedem Journalisten längst klar sein können, wie die Plattformunternehmen arbeiten, dass sie selbstverständlich nicht nur in den USA mit Geheimdiensten und anderen Behörden kooperieren, um ihr Geschäftsmodell nicht zu gefährden, und insbesondere Pressevertreter zu den bevorzugten Zielobjekten zählen. Klar ist jedenfalls: An dem Überwachungsprogramm »Prism« der NSA beteiligen sich neun der größten Internet-Konzerne, darunter Microsoft (mit Skype), Google (unter anderem mit YouTube), Facebook, Yahoo, Apple, AOL und PalTalk.[52] Die Geheimdienste sind geradezu auf die Plattformbetreiber angewiesen.

Eine weitere große Recherche-Barriere stellt aber die verdeckte und intransparente Einflussnahme auf den öffentlichen Kommunikations- und den journalistischen Suchprozess durch die einprogrammierten Algorithmen dar. Denn die Daten werden durch die Suchalgorithmen aufbereitet. Dadurch ergibt sich eine veränderbare Auswahl. Die Algorithmen begünstigen Hassbotschaften und Falschnachrichten, weil emotionsgetriebene Einlassungen Aufmerksamkeit binden und Reaktionen provozieren. Damit führt der Haupttreiber der Plattformgestaltung, nämlich die Maximierung der Werbeeinnahmen und die dazu geeigneten Steuerungsinteressen, zu informationellen Verzerrungen. Der Algorithmus bleibt aber geheim. Die Plattformen organisieren die Datenwelt als Geschäftsgeheimnis. Die digitale Gestaltung des Recherche-Raumes erfolgt durch auf Algorithmen gestützte Informationsverarbeitung nach den Direktiven der Unternehmen ohne Beteiligung des Recherchierenden. Er ist nicht mehr alleiniger Akteur des Prozesses. Pointiert ausgedrückt bedeutet dies: Die Internetkonzerne bestimmen das Recherche-Ergebnis. Keine guten Aussichten fürs Recherchieren.

Ein noch größeres Problem ist es, dass die Überwachungsstrukturen es nicht nur möglich machen, gute Kunden zu locken, sondern auch unerwünschte Personen abzuwehren oder politisch missliebige

Organisationen zu diskriminieren. Dabei machen die Plattformen einfach das Hausrecht geltend. Allerdings gilt dieses Hausrecht nicht uneingeschränkt, wenn eine Quasi-Monopolstellung vorhanden ist.[53] Wer die Löschung nicht hinnehmen will, muss also den Rechtsweg beschreiten. Ein Aufschrei der Presse über diese Einschränkung des Rechts auf freie Meinungsäußerung blieb aus. Was hier geschieht, kann also getrost als die Privatisierung der Zensur bezeichnet werden. Aus den verdeckten Recherche-Barrieren der Internet-Giganten wird offene Diskriminierung kritischer Inhalte. Die Juristen Jörg Kühling und Rolf Schwartmann führen aus:

> »Die Torwächterfunktion und Wirkmächtigkeit zumindest einzelner Intermediäre wie Facebook, Twitter oder YouTube rücken diese jedenfalls in eine staatsähnliche Machtposition … Denn um bestimmte Zielgruppen zu erreichen, ist der ungehinderte Zugang zu Facebook – wie auch zu Twitter, Instagram oder YouTube – essentiell … Die potentielle Gefahr des Einflusses auf die demokratische Willensbildung ist demnach evident, das tatsächliche Ausmaß hingegen unklar. Im Übrigen dürfen sich die Intermediäre nicht zum Schiedsrichter über Wahrheiten erheben. Wenden sie das Hausrecht an, dann müssen die Anbieter gesetzlich dazu verpflichtet werden darzulegen, warum sich darauf gestützte Maßnahmen im Rahmen des Rechts bewegen. Nur so kann eine Paralleljustiz verhindert werden … Auf dem Spiel stehen die demokratische Öffentlichkeit und daher nicht weniger als eine zentrale Grundlage der Demokratie.«[54]

Natürlich – die genannten Recherche-Barrieren sind im journalistischen Alltag kaum zu spüren. Sie wirken subkutan, eben als verdeckte Recherche-Barrieren. Wer sich im redaktionellen Alltag an der herrschenden Meinung orientiert, der dürfte sich dadurch kaum beeinträchtigt fühlen. Deshalb gelingt es vielen Journalisten, diese allumfassenden Überwachungs- und Zensurmöglichkeiten der Plattformbetreiber zu verdrängen. So erliegt der Journalismus dem Fetisch der Gratis-Ökonomie und hilft zu verschleiern, dass die Angebote der Plattform-Unternehmen nicht neutral ins Haus kommen, sondern mit wirtschaftlichen und politischen Interessen aufgeladen sind, die ihre Recherchen beeinflussen und fremdsteuern.

Anders sieht es aus mit den direkten wirtschaftlichen Folgen für die Medienhäuser. Die Geschäftsmodelle der Internet-Riesen haben die Verlagsbranche massiv unter Druck gesetzt. So haben seit der Jahrtausendwende insbesondere die Regionalzeitungen zwischen einem Viertel und der Hälfte ihres Umsatzes verloren. Verantwortlich dafür sind die Digitalisierung und die Handelskonzentration. Dies hat die Zahl der Werbetreibenden massiv reduziert und deren Werbe-Etats in andere Kanäle wie das kommerzielle Fernsehen gelenkt. In der digitalen Welt können außerdem Werbebotschaften personalisiert und damit Werbebudgets zielgenauer eingesetzt werden. Die genannten Zahlen sind Schätzungen, denn die Verlegerverbände wollen die schleichende Erosion nicht an die große Glocke hängen und die Journalistenverbände bleiben kleinlaut, weil viele ihrer Mitglieder keine unabhängigen Journalisten mehr sind, sondern heute in den Bereichen Öffentlichkeitsarbeit, Kundenpublikation oder Anzeigenblätter arbeiten.[55] Denn der Personalabbau in den Redaktionen geht weiter.

Damit wirken die proprietären Märkte unmittelbar auf die Beschäftigten der Medienhäuser. Der Recherchierende bewegt sich zwangsläufig auf diesen Märkten in Privatbesitz, denn er wird über Suchmaschinen Informationen beschaffen, über Online-Dienste wie Amazon Bücher oder andere Hilfsmittel bestellen, er wird Facebook oder andere soziale Netzwerke zur Kontaktaufnahme mit Gesprächspartnern nutzen, auf YouTube Filme und Dokumentationen zu seinen Themen schauen, wichtigen Personen auf Twitter folgen, bestimmte Informationen in Clouds ablegen. Dabei wirken die proprietären Märkte aber nicht nur auf der Konsumenten-, sondern auch auf der Produzentenseite.

Als Nutzer und Konsument profitiert der Recherchierende von vielen Gratis- oder quersubventionierten Dienstleistungen und Gütern. Das macht die Nutzung dieser Marktplätze für Journalistinnen und Journalisten so verlockend. Auf der Produzentenseite, also der Herstellung journalistischer Inhalte, sieht es aber ganz anders aus. Hier sind die Recherche-Barrieren direkt spürbar, denn die finanziellen Spielräume für Recherche werden enger. Über die Nutzung proprietärer Märkte lässt sich die Arbeit rationalisieren und intensivieren, die Kontrolle über die Arbeitskraft ausbauen und der Druck auf Löhne und Honorare verstärken. Während die Plattformbetreiber für die Nutzung ihres proprietären Marktes hohe Produzentenprofite einbehalten, setzen sie gleichzeitig ihre Marktmacht ein, um die Preise auf ihren Märkten zu drücken. Denn es geht um Expansion: Immer mehr Nutzer und Konsumenten müssen an die jeweiligen Plattformen gebunden werden, damit diese ihre Marktmacht sichern können.

Auf der Produzentenseite sind auch die Verlagshäuser und Medienunternehmen zu finden, also all jene, die journalistische Inhalte herstellen. Der zunehmende wirtschaftliche Druck der Internet-Giganten zwingt sie, Arbeitsprozesse zu rationalisieren und effizienter zu wirtschaften. Für diese Restrukturierung von Arbeit im Medienbereich dienen wiederum die proprietären Märkte als Vorbild. Dies betrifft etwa das Vordringen von Kontrollstrategien, die Kontrolle des Informationsflusses oder der Einsatz neuer Ratingsysteme, die Integration und zugleich die Personalisierung von Nutzeroberflächen. Damit entfalten auch die redaktionellen Recherche-Barrieren einen wachsenden Druck auf die Beschäftigten. Die Maßnahmen zur Leistungsverdichtung und Rationalisierung können aber nicht darüber hinwegtäuschen, dass den Verlagshäusern ein für die Zukunft tragfähiges Geschäftsmodell fehlt, während gleichzeitig die Prekarisierung weiter Teile des Journalistenberufs und die Entwertung der Recherche zunimmt. Insoweit entstehen, wie Philipp Staab das ausdrückt, »Risikokaskaden«, die Marktrisiken nach unten, am Ende zu den freien Mitarbeitern, durchreichen:

> »Beschäftigte sind auch in der Hinsicht zentrale Risikoträger dieser Dynamiken, als sie … ihr ökonomisches Risiko kaum streuen können. Nachhaltige Profite lassen sich im Kontext schlanker digitaler Infrastrukturen zudem häufig nur auf Kosten der Arbeit erzielen … In diesen Fällen werden die Gewinne der Anteilseigner letztlich aus Lohnsenkungen finanziert … Konsolidierte proprietäre Märkte verstetigen … den Transfer ökonomischen Wohlstands vom Faktor Arbeit zum Faktor Vermögen.«[56]

Nun könnte man erwarten, dass dies zu einer Rückbesinnung auf das Alleinstellungsmerkmal von Presse, nämlich die Bereitstellung journalistischer Inhalte und letztlich einer potenziellen Aufwertung von Recherche führt, also etwa zu einem Schulterschluss von Content-Produzenten, Verlagen und kommerziellen wie öffentlich-rechtlichen Anbietern von informationellem Content. Das Gegenteil ist aber der Fall. Viele Zeitungsverlage dienen sich Plattformbetreibern wie Google und Facebook geradezu an. Dies hat wiederum langfristige Auswirkungen auf die Recherche und errichtet neue Barrieren.

Im digitalen Kapitalismus verengt sich der Spielraum der Recherche in bedrohlichem Maß. Dem journalistischen Engagement stehen nicht nur die Kontrollmechanismen proprietärer Märkte und des Sicherheitsstaats gegenüber, sondern auch die Umverteilung von Geld und Macht weg von der journalistischen Arbeit hin zu den Anteilseignern der Plattformbetreiber. In den Redaktionen werden Geld und Personal knapp. Die Zukunft der Recherche gerät zu einem dystopischen Alptraum: vom Verlust des Arbeitsplatzes und der an ihn geknüpften sozialen Stellung; von der Aussicht auf lebenslange prekäre Beschäftigung; der Übermacht der Public Relations und des Lobbyismus; der eingeschränkten Bewegungsfreiheit in unterfinanzierten und zusammengesparten Redaktionen; von der Machtlosigkeit gegenüber den Internet-Giganten. Der Rechercheur von heute ist der Spielball einer profitgetriebenen Wirtschaftsordnung.

Wenn diese Diagnose stimmt, dann ist Recherche heute ein zerbrechliches, verwundbares Gewerbe. Die Internet-Ökonomie krempelt das Mediensystem um: Digitalkonzerne verwerten Informationen, ohne dafür zu zahlen. Sie nutzen unsere Daten oder verbreiten – wie Amazon – Buchinhalte umsonst, zulasten der Kopfarbeiter, die sie geschaffen haben. Den Zeitungen bricht die ökonomische Basis weg, weil die werbetreibende Wirtschaft über Internet-Plattformen ihre Zielgruppen präziser erreichen kann als mit Anzeigen.

In den Redaktionen haben dagegen die Controller Einzug gehalten. Sie unterwerfen journalistische Arbeit Bewertungssystemen, die im Einzelhandel angemessen sein mögen, aber nicht bei Zeitungen, Magazinen oder audiovisuellen Medien. Die Quote bildet die Qualität von Informationen nicht ab, sondern lediglich die Intensität bedingter Reflexe. Leistungsverdichtung durch Zusatzaufgaben für Online-Ausgaben, neue Redaktionssysteme und Stellenkürzungen verengen den Spielraum für Recherche. Freie Mitarbeit und befristete Verträge tragen erheblich zur Eindämmung von Zivilcourage bei. Leo Kotkin spricht von einem »Neo-Feudalismus«[57], der Rechercheure zu einem Prekariat auf proprietären Märkten und zu Leibeigenen ihrer Anteilseigner macht.

Mit der Verschärfung der Ausbeutung in Redaktionen und der Verengung des Debattenraums gelangt im Wesentlichen aber jener Prozess der Verdinglichung auf eine neue Stufe, auf den Georg Lukács schon 1923 hingewiesen hat und der im Kern darin besteht, dass auch Journalisten die Ergebnisse ihrer Recherche verkaufen müssen:

> »Die Trennung der Arbeitskraft von der Persönlichkeit des Arbeiters, ihre Verwandlung in ein Ding, in einen Gegenstand, den er auf dem Markte verkauft, wiederholt sich auch hier … Am groteskesten zeigt sich diese Struktur im Journalismus, wo gerade die Subjektivität selbst, das Wissen, das Temperament, die Ausdrucksfähigkeit zu einem abstrakten, sowohl von der Persönlichkeit des ›Besitzers‹ wie von dem materiell-konkreten Wesen der behandelten Gegenstände unabhängigen und eigengesetzlich in Gang gebrachten Mechanismus wird. Die ›Gesinnungslosigkeit‹ der Journalisten, die Prostitution ihrer Erlebnisse und Überzeugungen ist nur als Gipfelpunkt der kapitalistischen Verdinglichung begreifbar.«[58]

Was Lukács hier meint, dazu sagt der Volksmund schlicht: »Wes Brot ich ess, des Lied ich sing!« Ein paar Jahre später beschrieb es der amerikanische Schriftsteller Upton Sinclair so: »Es ist schwierig, einen Mann dazu zu bringen, etwas zu verstehen, wenn sein Gehalt davon abhängt, dass er es nicht versteht!«[59]

Dies beschreibt präzise das Problem, dass ausgerechnet Journalisten, die sich in einem Anfall von Hybris gerne als »Vierte Gewalt« bezeichnen, äußerst beleidigt auf jede Art Kritik reagieren. Entgegen dieser Selbstidealisierung üben sie meist keine wirksame Kontrolle der politischen und wirtschaftlichen Machtzentren aus. Vielmehr wirken sie durch ihre Nachrichtenselektion und -interpretation als Torwächter bei der Formierung des öffentlichen Diskussionsraumes.

Diese Blickverengung ist zu einem Gutteil ihrer sozialen, politischen und wirtschaftlichen Verflechtung mit den herrschenden Eliten geschuldet.[60]

Didier Eribon beschreibt diesen Verrat der Intellektuellen, an dem Journalisten entscheidenden Anteil hatten. Sie begannen, den Rückbau des Wohlfahrtsstaates zu legitimieren, schrieben sich das Projekt des Sozialabbaus auf die Fahnen, redeten Rentenkürzungen und der Agenda 2010 das Wort. Sie sprachen nicht mehr die Sprache der Regierten, sondern jene der herrschenden Machteliten.[61] So ist auch der Standpunkt der Kritik zugunsten neoliberaler Werturteile aufgegeben worden – und so die intellektuelle Tradition der Aufklärung: »Die critische Methode suspendiert das Urtheil in Hoffnung, dazu zu gelangen.«[62] Das hat Immanuel Kant geschrieben. Doch dieses Projekt der Aufklärung, das die Rolle der Kritik in den Mittelpunkt stellt und letztlich auf die Einhegung von Macht abzielt, haben weite Teile der Presse zu den Akten gelegt. Dass Begriffe wie »Kritik«, »Kritische Theorie« und »Skepsis« heute negativ aufgeladen werden, kommt einer Umwertung aufklärerischer Werte gleich. Damit beschädigt der Journalismus seinen Wesenskern. Es ist der Weg von der Kritik zur Affirmation. Vom Standpunkt der Recherche als oppositionelles Projekt haben große Teile der Branche ihre Bankrotterklärung unterschrieben.

Auf eine sehr beredte Art wird der neoliberale Gesinnungsjournalismus zu einem Schweigekartell. Die Presse fordert offenbar nichts mehr ein von der Politik. Stattdessen verkündet sie den Menschen andauernd, dass sie »alternativlos« in der besten aller möglichen Welten leben. So haben sie selbst dazu beigetragen, den öffentlichen Debattenraum auf die alternativlose Fortführung des Bestehenden mit allen seinen Missständen zu verengen. Politische Maßnahmen fokussieren nur noch auf einige systemimmanente Auswüchse, die grundlegenden Fragen werden ins Reich der Verschwörungstheorien verwiesen.

Damit kommt es zu einem neuerlichen Strukturwandel der Öffentlichkeit. Sie wandelt sich in eine postdemokratische, neobonapartistische Öffentlichkeit, in der offene Zensur, arbeitsrechtliche

Maßnahmen oder Berufsverbote an die Stelle subtilen Meinungsmanagements treten. Der Debattenraum dient immer weniger dem offenen Diskurs als vielmehr der Veröffentlichung von Herrschaft. Exekutiert wird die Zensur in vorauseilendem Gehorsam von mittleren und unteren Chargen in den demokratischen Institutionen und in den Medien selbst, es bedarf keines direkten Eingriffs mehr.

Öffentlichkeit verliert zunehmend ihren Charakter als Ort der politischen Diskussion und wird zu einem Raum moralischer Manifestationen. Statt Konflikte als demokratisches Ringen um die beste Lösung zu verstehen, bürgert sich eine Geisteshaltung ein, die nicht mehr zwischen richtigen und falschen, sondern zwischen guten und bösen Positionen unterscheidet. Aus dem kritischen wird ein identitätspolitischer Diskurs. Wer sich dem Einverständnis mit der herrschenden Meinung – die ja bekanntlich meist die Meinung der Herrschenden ist – verweigert, wird auf den Platz rechts außen oder ins Lager der Verschwörungstheoretiker verwiesen. Die libertäre Beschwörung von Diversität entpuppt sich in Wahrheit als exklusiv. Sie beschränkt sich auf Herkunft und Geschlecht, aber nicht auf Meinungen, Geisteshaltungen, politische Positionen.[63] Bürgerliche Öffentlichkeit funktioniert zunehmend als exkludierende Öffentlichkeit, demokratische Öffentlichkeit transformiert sich in eine repressive Öffentlichkeit.

Der öffentliche Debattenraum wird so zum Exekutionsfeld politischer Säuberungen. Dies lässt in den Institutionen ein Klima der Angst und Selbstzensur wachsen, welches keines direkten staatlichen Eingriffs mehr bedarf. So entsteht eine verdeckte privatisierte Tyrannei, die dafür sorgt, dass Abweichler ausgegrenzt, gemobbt, mit arbeitsrechtlichen Verfahren überzogen oder von ihren Arbeitgebern gefeuert werden – nicht, weil sie gegen Gesetze verstoßen, sondern weil sie kontroverse Überzeugungen geäußert haben. Der Gedanke, dass verbal ausgetragene Konflikte ein Zeichen kulturellen und demokratischen Fortschritts sind, ist dieser repressiven Öffentlichkeit fremd. Damit nimmt das kritische Denken insgesamt Schaden, es weicht der Affirmation bestehender Machtverhältnisse: Die aufklärende

Vernunft bildet sich zurück zur rein instrumentellen. Das Ergebnis dieser Identitätspolitik ist das weit verbreitete Mittelmaß, das heute in der Medienlandschaft zu beobachten ist. Es deckt sich mit den politischen Vorstellungen einer vom sozialen Abstieg bedrohten Mittelklasse, die sich an ihre Identifikation mit der Oberschicht klammert. Allerdings sind es die Denkverbote und ideologischen Trümmer des Neoliberalismus, welche das geistige Klima prägen. Rainer Mausfeld fasst zusammen:

> »Kurz: Wir leben in einer Phase der Gegenaufklärung, wie es sie in diesem räumlichen und zeitlichen Umfang, in dieser fast alle gesellschaftlichen Lebensbereiche tiefgehend umfassenden und in dieser unsere sozialen und ökologischen Lebensgrundlagen zerstörenden Weise seit den Zeiten der Aufklärung noch nicht gegeben hat – eine Phase der Gegenaufklärung, die es perfiderweise sogar geschafft hat, sich als Aufklärung zu tarnen.«[64]

Die Tendenz vieler Journalisten, ja der ganzen Branche, zur Selbstgleichrichtung hat fundamentale Bedeutung für den Fortbestand der Demokratie, lehrt doch die historische Erfahrung, dass die Presse als »Sturmgeschütz der Demokratie« meist wenig taugt. Vielmehr verhält sie sich im sozio-politischen Kontext wie andere akademische Berufsgruppen auch und bildet mehrheitlich eben keine besondere Verantwortungs-Elite. Der – linksradikaler Tendenzen unverdächtige – Historiker Karl Dietrich Bracher attestiert dem Großteil der Intellektuellen bei der Zerschlagung der Weimarer Republik und der Machtübergabe an die Hitler-Diktatur jedenfalls nicht nur eine Art kampflose Kapitulation, sondern vielmehr tatkräftige Mitwirkung:

> »Die Synkrisis des deutschen Geisteslebens mit der nationalen Revolution Hitlers war bestürzend nicht nur im Blick auf die Primitivität des Ideenkonglomerats, aus dem die NS-Weltanschauung gespeist wurde, sondern mehr noch durch die blinde Unterwerfung unter ihren betont unduldsamen Ausschließlichkeitsanspruch … Aber dies demonstrierte nur den Vorgang der Selbstgleichschaltung, der von Staatsrechtlern zu Nationalökonomen, von Historikern zu Germanisten, von Philosophen zu Naturwissenschaftlern, von Publizisten zu Dichtern, Musikern, bildenden Künstlern reichte. Untrennbar griffen Byzantinismus, Manipulation und Zwang ineinander.«[65]

Es ist dieser vorauseilende Gehorsam, welcher Journalisten nicht nur zu Mitläufern, sondern zu Propagandisten der Entdemokratisierung werden lässt; und es ist die narzisstische Illusion, die dafür sorgt, dass sie dies mit Begeisterung und aus innerster Überzeugung heraus tun. In der narzisstischen Persönlichkeit erlebt der autoritäre Charakter seine Renaissance und schafft die Gruppe der »affirmativen Intellektuellen«, deren Funktion es ist, so Antonio Gramsci, »die gesellschaftliche Hegemonie einer Gruppe und ihre staatliche Herrschaft zu organisieren«, und die so »wieder zu unmittelbaren Agenten der herrschenden Klasse«[66] werden, zu willigen Vollstreckern der Machteliten.

Auch wenn dies dem Selbstbild der Journalisten zuwiderläuft – nichts spricht dafür, dass die Medien-Intellektuellen dem heutigen Rechtsruck mit mehr Zivilcourage entgegentreten. Vielmehr zeigt die Berichterstattung während der Corona-Pandemie, dass sich in der aktuellen Demokratiekrise der moralische Bankrott eines ganzen Berufsstandes wiederholt. Das journalistische Selbstverständnis als eines engagiert-herrschaftskritischen Akteurs entpuppt sich in der Praxis als eine Ideologie, die geeignet ist, die affirmative Rolle der Medien-Intellektuellen zu verschleiern.

Den Angriff auf den demokratischen Diskussionsraum abzuwehren bedarf es einer Neuorientierung – auf der sozio-ökonomischen, der institutionellen, der redaktionellen und der individuell-ethischen Ebene. Dazu benötigen Rechercheure allerdings einen Standpunkt. Hier kann die Rückbesinnung auf die Überlegungen der Aufklärung helfen. Ihre Gedanken zur Einhegung politischer Macht bleiben aktuell: »Philosophie, die einmal überholt schien«, so Adorno, »erhält sich am Leben, weil der Augenblick ihrer Verwirklichung versäumt ward.«[67] Dies gilt auch für Recherchen. Denn beim Recherchieren geht es nicht darum, als begriffliche Unterhändler aufzutreten, die mit sozialverträglicher Argumentationspflege Spannungen beilegen und ihren Nutzern Wahlmöglichkeiten offerieren. Es geht nicht darum, Streitigkeiten zu schlichten und Meinungsverschiedenheiten zu moderieren, auch nicht darum, zahm und zuvorkommend zu sein.[68] Der erste Auftrag der Recherche besteht darin, den Befehl zu verweigern. Recherche, die sich der Einhegung von Macht nicht stellt, verliert ihren Sinn. Im Zentrum steht, so Immanuel Kant, ein Schlüsselbegriff der Aufklärung: Kritik.

> »Unser Zeitalter ist das eigentliche Zeitalter der Kritik, der sich alles unterwerfen muss. Religion, durch ihre Heiligkeit, und Gesetzgebung, durch ihre Majestät, wollen sich gemeiniglich derselben entziehen. Aber alsdenn erregen sie gerechten Verdacht wieder sich, und können auf unverstellte Achtung nicht Anspruch machen, die die Vernunft nur demjenigen bewilligt, was ihre freie und öffentliche Prüfung hat aushalten können.«[69]

Die gesamte Idee demokratischer Selbstregulierung lässt sich als Institutionalisierung von Kritik verstehen. Damit ist Demokratie ein Verfahren kritischer Weltbetrachtung. Denn gegebene Institutionen werden ebenso wenig wie Entscheidungen in ihnen oder über sie einfach nur hingenommen; vielmehr werden sie kritischer Betrachtung unterzogen.[70] Diese Haltung dürfen sich Rechercheure zu eigen machen. Nur dann lasst sich das Diskursfeld wieder erweitern.

Dabei kann Kritik nicht als Intervention innerhalb bestehender Ordnungen verstanden werden, auch nicht innerhalb bestehender Ordnungen des Diskurses. Dies zeigt der Kampf um die Ausweitung des allgemeinen Wahlrechts auf Frauen. Dieser Kampf, wie er im Laufe des 20. Jahrhunderts geführt wurde, lässt sich nicht innerhalb der bestehenden politischen Ordnung austragen und er lässt sich gerade nicht innerhalb des bestehenden Institutionengefüges führen, denn dieses enthält bis zur Einführung des Frauenwahlrechts Frauen ja gerade das Wahlrecht und damit die Möglichkeit der Partizipation an den demokratischen Institutionen vor. Deshalb ist diese Auseinandersetzung auf eine Kritik angewiesen, welche die Grundlosigkeit der herrschenden Ordnung und ihrer Legitimationsdiskurse herausstellt. Die Frauenrechtlerinnen waren darauf angewiesen, im Modus des Politischen über die herrschende politische Ordnung hinauszugehen. Die Konsequenz: »Demokratie ist kritisch, oder sie ist nicht.«[71]

Das berührt auch den Streit um das Engagement der Presse: unparteiisch oder anwaltschaftlich? Doch journalistische Neutralität zu fordern ist selbst Ausdruck einer Interessenposition, nämlich der, die gegenwärtigen Zustände als gegeben hinzunehmen. Wer aber schreibt und publiziert, der hat sich bereits dafür entschieden, Rechercheergebnisse zu verbreiten, Diskurse zu beeinflussen, den Lauf der Welt also mitgestalten zu wollen. In einer Welt, die durchzogen ist von Herrschaftsstrukturen, die geprägt ist von wachsender sozialer Ungleichheit, von Machtmissbrauch und Gewalt, bedeutet Engagement, politische und wirtschaftliche Macht infrage zu stellen, die Welt zu verändern, zur Beseitigung von Missständen beizutragen, das Ausmaß der Gewalt zu verringern. Was Max Horkheimer für die Wissenschaft formuliert hat, gilt auch für den Journalismus: Eine Presse,

> »der in eingebildeter Selbständigkeit die Gestaltung der Praxis, der sie dient und angehört, bloß als ihr Jenseits betrachtet und sich bei der Trennung von Denken und Handeln bescheidet, hat auf die Humanität schon verzichtet.«[72]

Horkheimer spricht vom »persönlichen Friedensschluss ... mit einer unmenschlichen Welt«, und so haben auch Journalisten mit den herrschenden Missständen ihren Frieden gemacht. Dadurch werden sie zu Komplizen im Dienst der Machtsysteme. Wenn Recherchieren aber bedeutet, sich zu engagieren, dann ist in Wirklichkeit Engagement die normale Haltung, nicht die Neutralität. Das Neutralitätsgebot verschleiert, dass Journalisten sich längst in den Dienst der Macht gestellt haben. Denn diese Neutralität ist nichts als ein Engagement gegen das Engagement und für die Kollaboration mit den bestehenden Herrschaftsverhältnissen.[73] Der französische Philosoph Geoffroy de Lagasnerie weist darauf hin,

> »dass die schlechte Welt auf dem Vormarsch ist, dass sie funktioniert und die Machtsysteme sich durchsetzen und reproduzieren. Die Berufung auf eine Art Reinheit und Neutralität oder sogar die Hoffnung, durch sie zu einer Art Unabhängigkeit zu gelangen, ergibt daher wenig Sinn. Wenn wir uns für das Schreiben entscheiden, stürzen wir uns in die Welt, sodass wir, wenn wir uns dem nicht widersetzen, faktisch – ob wir es wollen oder nicht, ob wir es anerkennen oder bestreiten – zu ihrem Fortbestehen beitragen.

> Und eben darin besteht eine unethische Art und Weise, ein Leben als Autor zu führen.«[74]

Als Rechercheur ethisch zu handeln bedeutet, danach zu fragen: Trägt meine Veröffentlichung zu mehr Gleichheit und Gerechtigkeit bei? Trägt sie dazu bei, Herrschaftsverhältnisse abzubauen – oder lässt sie das bestehende System intakt? Recherche heißt, Missstände in der Gesellschaft aufzudecken, die Interessen zu benennen, die zu diesen Missständen geführt haben, die Ursachen in den herrschenden Machtverhältnissen offenzulegen. Noch einmal de Lagasnerie:

> »Anders formuliert: Wahrheit ist kein neutraler Begriff ohne gesellschaftliche Implikationen. Sie lässt sich als ein aktiver und oppositioneller Begriff fassen. Es gibt ein gesellschaftliches Interesse an der Wahrheit und an der Unwahrheit.«[75]

Danach wäre es die Aufgabe von Recherche, die Falschheit der Welt zu erkennen und auszusprechen; die dafür Verantwortlichen zu nennen und ihre sozialen Strukturen zu destabilisieren, ihren Verschleierungscharakter offenzulegen. Damit hat Recherche die Aufgabe, in Alternativen zur bestehenden Ordnung zu denken, sie als von Menschen gemacht, erkennbaren Interessen folgend und von Menschen veränderbar darzustellen. Nur so ist es möglich, dem Umschlag »von Aufklärung in Positivismus, den Mythos dessen, was der Fall ist«,[76] zu erkennen und zu überwinden. Dies unterscheidet den kritischen vom affirmativen Intellektuellen: Ein Verzicht auf Kritik, gegenüber welchem Gegenstand auch immer, bedeutet, sich von der eigenen Urteilskraft zu verabschieden. De Lagasnerie versteht deshalb Wahrheit als »oppositionellen Begriff«: »Wissen heißt, die Missstände in der Gesellschaft aufzudecken, ihre Probleme und ihre Falschheit«.[77]

In diesem Sinne kann auch Recherche ihrem Wesen nach als ein oppositionelles Konzept gelten. Recherchieren bedeutet, den Debattenraum zu erweitern, sich nicht auf die Themen festzulegen, die rechte und neoliberale Think-Tanks setzen wollen, sondern die Grenzen des Sagbaren zu transformieren.[78]

Deshalb wäre es an der Zeit, mit einem Perspektivenwechsel auch den eigenen Standpunkt zu verändern. Tendenziell bedroht von sozialem Abstieg und Prekarisierung, wäre der Platz des Rechercheurs eigentlich an der Seite jener, die ebenfalls Prekarisierung und sozialen Abstiegsängsten ausgesetzt sind. Nicht an der Seite der Machteliten, sondern an der Seite der abhängig Beschäftigten, vom Klimawandel bedrohten, von Deklassierung betroffenen. Nicht an der Seite derjenigen, die journalistische Arbeit entwerten und enteignen, sondern an der Seite derer, die den Risikokaskaden zulasten des Faktors Arbeit etwas entgegensetzen wollen. Wie Noam Chomsky schreibt:

> »Eine wahrhaftig unabhängige Presse weist eine Unterordnung zurück. Sie wehrt sich gegen Macht und Autorität. Sie prüft die bestehende Glaubenslehre kritisch und stellt jene Fragen, die von Menschen, die meinen, richtig zu denken, nicht gestellt werden. Sie reißt den Schleier der Zensur weg und macht der Öffentlichkeit jene Informationen und Meinungsvielfalt zugänglich, die für eine politische Partizipation sowie für das soziale und politische Leben im Allgemeinen notwendig sind. Hinzu kommt, dass es Aufgabe einer unabhängigen Presse ist, den Menschen eine Plattform anzubieten, die sie betreten und auf der sie über jene Themen, die sie als wichtig empfinden, debattieren können. Sobald sie das tut, erfüllt sie ihre Funktion als ein Fundament einer wahrhaftig freien und demokratischen Gesellschaft.«[79]

Wenn Öffentlichkeit mehr sein soll als ein Raum zur Veröffentlichung von Herrschaft, dann ist Recherche dafür konstitutiv. Denn Recherchieren heißt überschreiten. Dadurch wird eine kritische Öffentlichkeit erst erzeugt. Medial inszenierte journalistische Komplizenschaft ist der Recherche wesensfremd. Sie wirkt mit an Gegenöffentlichkeit und überwindet vorauseilenden Opportunismus. Die Mechanismen der Gegenaufklärung transparent zu machen ist ihr Geschäft. Dies ist die Grundlage für eine publizistische Offensive gegen die Zerstörung der Vernunft und ein Engagement für eine Welt, die von den Finanz- und Machteliten nicht erobert werden kann.[80] In der Konsequenz bedeutet das: Recherche als Kritik der Machteliten ist tendenziell erst dann möglich, wenn sie vom herrschenden Parteienkartell und dessen Erfüllungsgehilfen genauso unabhängig ist wie von der Profitlogik der Konzerne. Denn Recherchieren soll helfen, jene Interessen zu erkennen, die den Diskurs der Aufklärung verhindern und die Involution der demokratischen Institutionen betreiben. Solche Recherche wäre Solidarität mit der bürgerlichen Demokratie im Augenblick ihrer Zerschlagung.

Anmerkungen

1 Vgl. Baab 1988.
2 Zum publizistischen Wirken vgl. Klinkhammer 1987, S. 258-262.
3 Agnoli 1978, S. 10, 53.
4 Ebd., S. 89-191.
5 Meyen 2021, S. 16.
6 Wullweber 2021, S. 8. Detaillierter: Wullweber 2021.
7 Fraser 2017, S. 77.
8 Giroux 2016.
9 Vgl. Marx 1982, S. 111-207.
10 Thalheimer 1930.
11 Dies ist in zahlreichen Studien gut belegt. Vgl. Kühnl 1971. Siehe auch die Fallstudie über Gabriele d'Annunzios Fiume (das heutige Rijeka) 1918-1921, vgl. Kircher Reill 2020.
12 Vgl. Wehr 2021.
13 Rosenberg 1967, S. 114.
14 Die Involutions-Diagnose ist inzwischen vielfach untersucht. Vgl. Agnoli 1986, S. 7-40; Crouch 2008; Crouch 2021; Mausfeld 2018; Mies & Wernicke 2017. Vgl. vor allem die empirische Studie von Lofgren 2016.
15 Habermas 1976, S. 233 f.
16 Vgl. Franke & Herdolor 2015.
17 Vgl. Dalton 2013.
18 Vgl. Habermas 1973, S. 219, 258.
19 Foucault 1979, S. 25.
20 Meyen 2021, S. 101f, 121.
21 »The political class prescribed what people already had enough of: yet another dose of austerity, plus a faith-based belief in a ›recovery‹ that for the 99% of Americans would never be much more than an optical illusion. In those years, the hopes of ordinary people for a chance at a decent future waned and bitterness set in.« Fraser 2015, S. 3 f.
22 »He … forfeits the security of group loyalties and regards everyone as a rival for the favors conferred by a paternalistic state … Fiercely competitive in his demand for approval and acclaim, he distrusts competition because he associates it unconsciously with an unbridged urge to destroy … Acquisitive in the sense that his cravings have no limits, he … demands immediate gratification and lives in a state of restless, perpetually unsatisfied desire.« Lasch 2018, S. 4 f.
23 Erdheim 1982, S. 393.
24 Vgl. Dämgen 2020, S. 303 f.
25 Fromm 1983, S. 163. Vgl. auch Teusch 2021.

26 Bauman 2017, S. 124.
27 Vgl. Staab 2019, S. 209f.
28 Vgl. Gespräch mit Howard Aster 2018.
29 Staab 2019, S. 227.
30 Zuboff 2018, S. 37.
31 Vgl. Linder 1981, S. 27.
32 Vgl. Mausfeld 2018, S. 130.
33 Erdheim 1982, S. 393.
34 Bourdieu 1982, S. 519.
35 Klöckner 2019, S. 26.
36 Meyen 2021, S. 194f.
37 »The story is told of a reporter who first comes up with an investigative story idea, writes it up and submits it to the editor and is told the story is not going to run. He wonders why, but the next time he is cautious enough to check with the editor first. He is told by the editor that it would be better not to write that story. The third time he thinks of an investigative story idea but doesn't bother the editor with it because he knows it's silly. The fourth time he doesn't even think of the idea anymore.« Zit. nach Lee & Solomon 1991, S. 98.
38 Hartmann 2019, S. 15.
39 Krüger 2016, S. 84.
40 Vgl. Bourdieu 1998; Luhmann 2009.
41 Vgl. www.axelspringer.com/de/unternehmen/grundsaetze-und-werte, abgerufen am 20.10.2021.
42 »There is no such thing in America as an independent press, unless it is in the country towns. You know it and I know it. There is not one of you who dares to write his honest opinions, and if you did you know beforehand that it would never appear in print. I am paid one hundred and fifty dollars a week for keeping my honest opinions out of the paper I am connected with – others of you are paid similar salaries for similar things – and any of you who would be so foolish as to write his honest opinions would be out on the streets looking for another job. The business of the New York journalist is to destroy the truth, to lie outright, to pervert, to vilify, to fawn at the feet of Mammon, and to sell his race and his country for his daily bread. You know this and I know it, and what folly is this to be toasting an ›Independent Press.‹ We are the tools and vassals of rich men behind the scenes. We are the jumping-jacks; they pull the strings, and we dance. Our talents, our possibilities and our lives are all the property of other men. We are intellectual prostitutes.« Sinclair 1919, S. 366f.
43 Hartmann 2018, S. 39.
44 Meyen 2020.
45 »The point is that as a journalist I have never been in any doubt that PRs are the enemy.« Peston 2014. Vgl. auch Schmidt 2013.
46 Vgl. McChesney 2010.
47 Lippmann 2018, S. 296.
48 Röttger 2008, S. 315.
49 Vgl. Staab 2020, S. 285f., 292.
50 Neuber 2020.
51 Zuboff 2018., S. 26.
52 Vgl. beispielsweise Gellman & Poitras 2013.
53 Vgl. Goldbrunner 2020.
54 Kühling 2020, S. 8.

55 Vgl. Turner 2020, S. 15.
56 Ebd., S. 275.
57 Vgl. Kotkin 2020.
58 Lukács 1970, S. 192-194.
59 »It is difficult to get a man to understand something, when his salary depends upon his not understanding it.« Sinclair 1934, S. 19, Spalte 3.
60 Vgl. Mausfeld 2018, S. 157.
61 Vgl. Eribon 2016, S. 120-122.
62 Kant 1902ff, Bd. 16, S. 459.
63 Vgl. Aguirre 2021; Lederman 2021.
64 Mausfeld 2018.
65 Bracher 1969, S. 274.
66 Gramsci 1992, S. 515, 659.
67 Adorno 1982, S. 15.
68 Vgl. Di Cesare 2020.
69 Kant 1974, S. 13.
70 Vgl. Flügel-Martinsen 2019, S. 578.
71 Ebd., S. 581.
72 Horkheimer 1980, S. 292, 259.
73 Vgl. de Lagasnerie 2018, S. 26f.
74 Ebd., S. 37f.
75 Ebd., S. 60.
76 Horkheimer & Adorno 1982, S. 9.
77 De Lagasnerie 2018, S. 61.
78 »Transformer la scène, c'est changer l'espace du dicible.« De Lagasnerie & Louis 2015.
79 Chomsky & Feroz 2018, S. 117.
80 Vgl. Schell 2003.

Dank

Ich danke:

Jane & Paddy Ashdown; Wolfgang Bittner; Jacques-Marie Bourget; Friedhelm, Linda & Luise Boyken; Patrick Breyer; Alexander Chizhenok; Bernhard Claußen; Wolfgang Dudda; Przemyslaw Fill; Allan Francovich; Marit Hansen; Robert E. Harkavy; Klaus L. Helf; Seymour M. Hersh; Constanze Hofstaetter; Marcus B. Kloeckner; Thomas Leif; Antonin J. Liehm; Sarah Meister; Kim Murphy; Andreas Mytze; Hans Georg Piroth; Dirk Pohlmann; Richard Reeves; Jonathan Schell; Ricardo Tarli; Kenneth R. Timmerman; Felix von Stutterheim; Bettina Wildi; Andreas Wittham Smith; Markus Ziener; Martin Ziesche.

Etwaige Fehler sind allein dem Autor zuzuschreiben.

Literatur

Adorno, Theodor W. u. a.: *Der Positivismusstreit in der deutschen Soziologie*. Darmstadt/Neuwied: Luchterhand 1979.

Ders.: *Negative Dialektik*. Frankfurt am Main: Suhrkamp 1982.

Ders. & Horkheimer, Max: *Dialektik der Aufklärung*. Frankfurt am Main: Fischer 1982.

Agnoli, Johannes & Brückner, Peter: *Die Transformation der Demokratie*. 2. Aufl. Frankfurt am Main: Europäische Verlagsanstalt 1978.

Ders.: »Zwanzig Jahre danach. Kommemorativabhandlung zur ›Transformation der Demokratie‹«. In: *Prokla*, 1986/62, S. 7-40.

Aguirre, Carmen: »Video Essay Commissioned for the PuSh International Performing Arts Festival's Rally« vom 24.1.2021.

»Algorithmen Allmächtig? Freiheit in den Zeiten der Statistik.« In: Netzpolitik.org vom 25.07.2014, online unter: netzpolitik.org/2014/algorithmen-allmaechtig-freiheit-in-den-zeiten-der-statistik/, abgerufen am 20.10.2021.

Ahdad, Mohamed & Marai, Montaser: *Investigative Journalism Handbook*. Doha: Al Jazeera Media Institute 2020, online unter: institute.aljazeera.net/sites/default/files/2020/Investigative%20Journalism%20Handbook_0.pdf, abgerufen am 20.10.2021.

Aly, Götz: »Das Dankesfest am 8./9. Mai – wie aber feiern?« In: *Berliner Zeitung* vom 21.4.2020.

»Appell ›Julian Assange aus der Haft entlassen‹«, vorgestellt am 06.02.2020, online unter: assange-helfen.de/, abgerufen am 20.10.2021.

Arijon, Daniel: *Grammatik der Filmsprache*. Frankfurt am Main: Zweitausendeins 2000.

Baab, Patrik: »Der Fall Hagenuk – Die Informationssperre durchbrechen.« In: Thomas Leif (Hrsg.): *Leidenschaft: Recherche. Skandal-Geschichten und Enthüllungsberichte.* Opladen/Wiesbaden: Westdeutscher Verlag 1998.

Ders.; Kirsch, Andreas & Lamby, Stephan: »Der Tod des Uwe Barschel. Die ganze Geschichte.« 88', NDR-Fernsehen vom 01.01.2008, online unter: vimeo.com/105852644, abgerufen am 20.10.2021.

Ders. & Harkavy, Robert E.: *Im Spinnennetz der Geheimdienste. Warum wurden Olof Palme, Uwe Barschel und William Colby ermordet?* 4. Aufl. Frankfurt am Main: Westend 2019.

Ders.: »Vom Hitlerreich zur Bundesrepublik. Die Tradition des großen Geldes in der deutschen Politik.« 45', Saarländischer Rundfunk vom 07.02.1988.

Bager, Jo: »Das Lügen-Biotop. Wie Fake News entstehen und warum sie eine Gefahr darstellen.« In: *c't – magazin für computertechnik* 2017/16, S. 66-73.

Baker, Norman: *The Strange Death of David Kelly*. London: Methuen 2007.

Ders.: »Why I know weapons expert Dr David Kelly was murdered.« In: Daily Mail Online vom 20.10.2007, online unter: www.dailymail.co.uk/news/article-488667/Why-I-know-weapons-expert-Dr-David-Kelly-murdered-MP-spent-year-investigating-death.html, abgerufen am 20.10.2021.

Barthes, Roland: *Elemente der Semiologie*. Frankfurt am Main: Syndikat 1979.

Bauman, Zygmunt: *Retrotopia*. Berlin: Suhrkamp 2017.

Bell, Emily: »The Fact-Checking Industry. Has our investment in debunking worked?« In: *Columbia Journalism Review* vom 11.10.2020, online unter: www.cjr.org/special_report/fact-check-industry-twitter.php, abgerufen am 20.10.2021.

Bernstein, Carl & Woodward, Bob: *All the President's Men*. New York: Simon & Schuster 2014.

Betzelt, Sigrid & Bode, Ingo: »Angst im Sozialstaat – Hintergründe und Konsequenzen.« In: *Wiso Direkt* 2017/38, online unter: library.fes.de/pdf-files/wiso/13889.pdf, abgerufen am 20.10.2021.

Borel, Brooke: *The Chicago Guide to Fact-Checking*. Chicago: The University of Chicago Press 2016.

Bourdieu, Pierre: *Über das Fernsehen*. Frankfurt am Main: Suhrkamp 1998.

Ders.: Die *feinen Unterschiede. Kritik der gesellschaftlichen Urteilskraft*. Frankfurt am Main: Suhrkamp 1982.

Bracher, Karl Dietrich: *Die deutsche Diktatur. Entstehung, Struktur, Folgen des Nationalsozialismus*. Köln/Berlin: Kiepenheuer & Witsch 1969.

Brink, Stefan: »Der EuGH könnte seinen Hebel überschätzen. Die Richter wollen Europas Standards mit harter Hand durchsetzen, sagt der Datenschutzbeauftragte Stefan Brink.« In: *Frankfurter Allgemeine Zeitung* vom 20.08.2020, S. 4.

Buffett, Warren E.: *Berkshire Hathaway Inc., 2002 Annual Report*. Omaha NE 2003.

Butterwegge, Christoph: *Hartz IV und die Folgen. Auf dem Weg in eine andere Republik?* Weinheim/Basel: Beltz Juventa 2015.

Cadwalladr, Carole & Graham-Harrison, Emma: »Revealed: 50 million Facebook profiles harvested for Cambridge Analytica in major data breach.« In: *The Guardian* vom 17.03.2018, online unter: www.theguardian.com/news/2018/mar/17/cambridge-analytica-facebook-influence-us-election, abgerufen am 20.10.2021.

John Carey (Hrsg.): *The Faber Book of Reportage*. London: Faber and Faber 1987.

Carpentier, Alejo: *El Siglo de las Luces*. México Stadt: Companía General de Ediciones 1962, S. 114. Deutsche Ausgabe: *Explosion in der Kathedrale*. Frankfurt am Main: Suhrkamp 1977.

Chomsky, Noam: *The Attack. Hintergründe und Folgen*. Hamburg/Wien: Europa Verlag 2002.

Ders.: *Media Control. The Spectacular Achievements of Propaganda*. Westfield: Open Magazine Pamphlet Series 1991.

Ders.: *The Common Good*. Tucson: Odonian Press 1998.

Ders. & Feroz, Emran: *Kampf oder Untergang! Warum wir gegen die Herren der Menschheit aufstehen müssen*. Frankfurt am Main: Westend 2018.

Collateral Murder – Wikileaks – Iraq. Online unter: www.youtube.com/watch?v=5rXPrfnU3G0, abgerufen am 20.10.2021.

Coltri, Laurie S.: *Conflict Diagnosis and Alternative Dispute Resolution*. Upper Saddle River, New Jersey: Prentice Hall 2004.

Dagmar Comtesse u. a. (Hrsg.): *Radikale Demokratietheorie. Ein Handbuch*. Berlin: Suhrkamp 2019.

Cosper, Doug: »Covering Beats.« In: Ders.; Michelle Fulcher & Nadine Alfa (Hrsg.): *Journalism Tipsheets*. Colorado: International Center for Journalists 2005.

Crouch, Colin: *Postdemokratie*. Frankfurt am Main: Suhrkamp 2008.

Ders.: *Postdemokratie revisited*. Frankfurt am Main: Suhrkamp 2021.

Dalton, Matthew: »Europe's Institutions pose Counterweight to Voter's Wishes.« In: *Wall Street Journal* vom 28.02.2013, online unter: www.wsj.com/articles/SB10001424127887324662404578332292730125024, abgerufen am 20.10.2021.

Davis, Mike: »Auf uns kommt ein Hurrikan zu. Das auf Profit getrimmte Gesundheitssystem in den USA wird an Corona scheitern. Wofür wir nun kämpfen müssen.« In: *taz* vom 21./22.03.2020, S. 11, online unter: taz.de/US-Gesundheitssystem-und-Corona/!5669242/. Original-Beitrag: Davis, Mike: »In a Plague Year«. In: *Jacobine Magazine* vom 14.03.2020, online unter: jacobinmag.com/2020/03/mike-davis-coronavirus-outbreak-capitalism-left-international-solidarity/, beide abgerufen am 20.10.2021.

De Lagasnerie, Geoffroy: *Denken in einer schlechten Welt*. Berlin: Matthes & Seitz 2018.

Ders. & Louis, Edouard: »Manifeste pour une contre-offensive intellectuelle et politique.« In: *Le Monde* vom 27/28.09.2015, online unter: blogs.mediapart.fr/geoffroy-de-lagasnerie/blog/260915/manifeste-pour-une-contre-offensive-intellectuelle-et-politique, abgerufen am 20.10.2021.

»Der Fall Relotius. Abschlussbericht der Aufklärungskommission.« In: *Der Spiegel* 2019/22, S. 130-146.

Deutscher Bundestag: *Drucksache 19/15287, Antwort der Bundesregierung auf die Kleine Anfrage der Abgeordneten Sevim Dagdelen, Dr. Gesine Lötzsch, Brigitte Freihold, weiterer Abgeordneter und der Fraktion Die Linke, DS 19/14656, Gedenken an den 75. Jahrestag der Befreiung und des Sieges über die Nazi-Herrschaft in Deutschland und Europa*. Berlin 2020.

Deutscher Presserat: *Publizistische Grundsätze (Pressekodex)*. Online unter: www.presserat.de/files/presserat/dokumente/download/Presse kodex2017light_web.pdf, abgerufen am 20.10.2021.

Di Cesare, Donatella: *Von der politischen Bedeutung der Philosophie*. Berlin: Matthes & Seitz 2020.

Eco, Umberto: *Wie man eine wissenschaftliche Abschlussarbeit schreibt*. 6. Aufl. Heidelberg: C. F. Müller 1993.

Ders.: *Zeichen. Einführung in einen Begriff und seine Geschichte*. Frankfurt am Main: Suhrkamp 1977.

Eichengreen, Barry: *The Populist Temptation. Economic Grievanca and Political Reaction in the Modern Era*. New York: Oxford University Press 2018.

Enzensberger, Hans Magnus: »Die Sprache des ›Spiegel‹«. In: Hans Mayer (Hrsg.): *Deutsche Literaturkritik der Gegenwart*. Bd. IV/2. Frankfurt am Main: Goverts 1972, S. 7-40.

Eribon, Didier: *Rückkehr nach Reims*. Frankfurt am Main: Suhrkamp 2016.

Erdheim, Mario: *Die gesellschaftliche Produktion von Unbewusstheit. Eine Einführung in den ethnopsychoanalytischen Prozess*. Frankfurt am Main: Suhrkamp 1982.

Falter, Annegret: »10 Jahre ›Collateral Murder‹ oder die Verfolgung von Chelsea Manning und Julian Assange.« In: Whistleblower Netzwerk vom 06.04.2020, online unter: www.whistleblower-net.de/online-magazin/2020/04/06/10-jahre-collateral-murder-oder-die-verfolgung-von-chelsea-manning-und-julian-assange/, abgerufen am 20.10.2021.

Field, Syd u. a.: *Drehbuchschreiben für Fernsehen und Film. Ein Handbuch für Ausbildung und Praxis*. München: List 1987.

Foucault, Michel: *Archäologie des Wissens*. Frankfurt am Main: Suhrkamp 1981.

Ders.: *Die Ordnung des Diskurses. Inauguralvorlesung am Collège de France*. München: Ullstein 1979.

Franke, Leslie & Lorenz, Herdolor: *Wer rettet wen? Die Krise als Geschäftsmodell*. Hamburg: VSA-Verlag 2015.

Fraser, Nancy: »Vom Regen des progressiven Neoliberalismus in die Traufe des reaktionären Populismus.« In: Heinrich Geiselberger (Hrsg.): *Die große Regression. Eine internationale Debatte über die geistige Situation der Zeit*. Frankfurt am Main: Suhrkamp 2017, S. 77-91.

Fraser, Steve: *The Age of Acquiescence: The Life and Death of American Resistance to Organized Wealth and Power*. New York: Little, Brown and Company 2015.

Friedman, Ann: »The Art of the Interview. Asking hard questions about asking the hard questions.« In: *Columbia Journalism Review* vom 30.05.2013, online unter: www.cjr.org/realtalk/the_art_of_the_interview.php, abgerufen am 20.10.2021.

Friedmann, Michel: Interview mit Angelika Beer, in: Das Erste vom 20.04.2003.

Fromm, Erich: *Die Angst vor der Freiheit*. Frankfurt am Main: Ullstein 1983.

Gellman, Barton & Poitras, Laura: »U. S., British intelligence mining data from nine U. S. Internet companies in broad secret program.« In: *The Washington Post* vom 07.06.2013, online unter: www.washingtonpost.com/investigations/us-intelligence-mining-data-from-nine-us-internet-companies-in-broad-secret-program/2013/06/06/3a0c0da8-cebf-11e2-8845-d970ccb04497_story.html?utm_term=.61ae97db20af, abgerufen am 20.10.2021.

Giroux, Henry: »Neoliberalism injects violence into our lives, and fear into our politics.« In: This is Hell! vom 09.01.2016, online unter: soundcloud.com/this-is-hell/882henrygiroux, abgerufen am 20.10.2021.

Gössmann, Sven: »Gerhard Schröder als Podcast-Pionier.« In: *Saarbrücker Zeitung* vom 26.05.2020, online unter: www.saarbruecker-zeitung.de/nachrichten/politik/inland/gerhard-schroeder-als-podcast-pionier_aid-51305689, abgerufen am 20.10.2021.

Goldbrunner, Christian: »Kritische Stimmen werden entfernt.« In: Nachdenkseiten vom 20.11.2020, online unter: www.nachdenkseiten.de/?p=67155, abgerufen am 20.10.2021.

Graham, Robert S.: »How The Intercept Outed Reality Winner.« In: Errata Security vom 05.06.2017, online unter: blog.erratasec.com/2017/06/how-intercept-outed-reality-winner.html#.Xxa2iB3goXo, abgerufen am 20.10.2021.

Gramsci, Antonio: *Gefängnishefte. Kritische Gesamtausgabe*. Hrsg. v. Klaus Bochmann & Wolfgang Fritz Haug. Hamburg/Berlin: Argument-Verlag 1991 ff.

Graves, Lucas: *Deciding What's True. The Rise of Political Fact-Checking in American Journalism*. New York: Columbia University Press 2016.

Ders. & Amazeen, Michelle A.: *Fact-Checking as Idea and practice in Journalism*. Oxford Oxford: University Press 2019, online unter: oxfordre.com/communication/view/10.1093/acrefore/9780190228613.001.0001/acrefore-9780190228613-e-808, abgerufen am 20.10.2021.

Greenberg, Andy: »Spies Can Eavesdrop by Watching a Light Bulb's Vibrations.« In: Wired vom 12.6.2020, www.wired.com/story/lamphone-light-bulb-vibration-spying/, abgerufen am 20.10.2021.

Greenwald, Glenn: *No Place to Hide. Edward Snowden, the NSA, and the U. S. Surveillance State*. New York: Henry Holt and Company 2014.

Gropp, Reint E.: *Deutschland hat finanziell stark von der Griechenlandkrise profitiert*. Pressemitteilung des Leibnitz-Instituts für Wirtschaftsforschung Halle vom 10.08.2015, online unter: www.iwh-halle.de/nc/presse/pressemitteilungen/detail/deutschland-hat-finanziell-stark-von-der-griechenlandkrise-profitiert/, abgerufen am 20.10.2021.

Haarkötter, Hektor: *Die Kunst der Recherche*. Konstanz/München: UVK 2015.

Habermas, Jürgen: *Strukturwandel der Öffentlichkeit*. 8. Aufl. Neuwied/Berlin: Luchterhand 1976.

Ders.: »Wahrheitstheorien«. In: Helmut Fehrenbach (Hrsg.): *Wirklichkeit und Reflexion. Festschrift für Walter Schulz*. Pfullingen: Neske 1973.

Hachmeister, Lutz: *Grundlagen der Medienpolitik. Ein Handbuch*. Bonn: Bundeszentrale für politische Bildung 2008.

Haller, Michael: *Methodisches Recherchieren*. 8. Aufl. Konstanz/München: UVK 2017.

Ders.: *Recherchieren*. 6. Aufl. Konstanz/München: UVK 2004.

Harrison Smith, Sarah: *The Fact Checker's Bible: A Guide to Getting it Right*. New York: Anchor Books 2004.

Hartmann, Michael: *Die Abgehobenen. Wie die Eliten die Demokratie gefährden*. Frankfurt am Main/New York: Campus 2019.

Ders.: »Die Medien sind Teil des Problems geworden. Interview mit den Nachdenkseiten vom 22.09.2018, online unter: www.nachdenkseiten.de/?p=46147, abgerufen am 20.10.2021.

Ders.: »Töchter des studierten Bürgertums verdrängen männliche Arbeiterkinder.« In: *Die Welt* vom 01.10.2019, online unter: www.welt.de/politik/deutschland/article201155576/Erhebung-Politische_Elite-wird-akademischer-und-weiblicher.html, abgerufen am 20.10.2021.

Wolfgang Fritz Haug (Hrsg.): *Brechts Tui-Kritik*. Berlin: Argument Verlag 1976.

Hegel, Georg Wilhelm Friedrich: *Phänomenologie des Geistes*. In: Ders.: *Werke*. Bd. 3. Frankfurt am Main: Suhrkamp 1983.

Ders.: *Wissenschaft der Logik*. Bd. 2. In: Ders.: *Werke*. Bd. 6. Frankfurt am Main: Suhrkamp 1983.

Katrin Henkelmann u. a. (Hrsg.): *Konformistische Rebellen. Zur Aktualität des autoritären Charakters*. Berlin: Verbrecher Verlag 2020.

Hersh, Seymour M.: *Reporter. A Memoir*. New York: Knopf 2018.

Hetzer, Wolfgang: *Die Euro-Party ist vorbei. Wer bezahlt die Rechnung?* Frankfurt am Main: Westend 2014.

Hock, Martin: »Erinnerungen an frühere Krisen werden wach.« In: *Frankfurter Allgemeine Zeitung* vom 20.02.2021, S. 30.

Hohlfeld, Ralf; Müller, Philipp; Richter, Annekathrin & Zacher, Franziska: *Crossmedia – Wer bleibt auf der Strecke? Beiträge aus Wissenschaft und Praxis*. Berlin: Lit Verlag 2013.

Horkheimer, Max: »Traditionelle und kritische Theorie.« In: Ders. (Hrsg.): *Zeitschrift für Sozialforschung* 1937/6, S. 245-295.

Jürgen Horsch; Josef Ohler & Dietz Schwiesau (Hrsg.): *Radio-Nachrichten. Ein Handbuch für Ausbildung und Praxis*. München: List 1994.

Hunter, Mark Lee: *Story-Based Inquiry. A manual for investigative journalists*. Paris: United Nations Educational, Scientific and Cultural Organization 2011, online unter: en.arij.net/wp-content/uploads/sites/3/2015/02/englishmanual.pdf, abgerufen am 20.10.2021.

Ders. (Hrsg.): *The Global Investigative Journalism Case*book. Paris: UNESCO 2012, online unter: unesdoc.unesco.org/ark:/48223/pf0000217636.locale=en, abgerufen am 20.10.2021.

Ders.; van Wassenhove, Luk N. & Besiou, Maria: *Power is Everywhere. How Stakeholder-Driven Media built the Future of Watchdog News.* Stakeholder Media Project 2017, online unter: www.researchgate.net/publication/321316410_Power_is_Everywhere_How_stakeholder-driven_media_build_the_future_of_watchdog_news, abgerufen am 20.10.2021.

Interest Analysis 1: Analyzing your interests, analyzing the other disputant's interests. Online unter: www.zeepedia.com/read.php?interest_analysis_i_analyzing_your_interests_analyzing_the_other_disputants_interests_conflict_managment&b=30&c=13, abgerufen am 20.10.2021.

Iraq's Weapons of Mass Destruction. The Assessment of the British Government. Printed in the UK by The Stationary Office Limited, ID 114567, 09/2002.

Jin, Huafeng & Wang, Shuo: *Voice-based determination of physical and emotional characteristics of users*. United States Patent No. US 10,096,319 B1, 9.10.2018, online unter: patents.google.com/patent/US10096319B1/en, abgerufen am 20.10.2021.

Johnson, Jake: »Es geht ums Ganze! Nicht nur Assanges Leben steht auf dem Spiel – auch der Fortbestand der Pressefreiheit und damit ein Grundpfeiler der Demokratie.« In: Rubikon vom 18.04.2019, online unter: www.rubikon.news/artikel/es-geht-ums-ganze, abgerufen am 20.10.2021.

Jung, Franz: »Jack London, ein Dichter der Arbeiterklasse.« In: Ders.: *Feinde Ringsum*. Werke 1/1. Hamburg: Edition Nautilus 1981, S. 283f.

Jungbluth, David: Verbot von Kurzreisen über Ostern. Interview mit Marcus Klöckner für Telepolis vom 07.04.2020, online unter: www.heise.de/tp/features/Verbot-von-Kurzreisen-ueber-Ostern-4698655.html?seite=all, abgerufen am 20.10.2021.

Kaiser, Markus: *Recherchieren. Klassisch – online – crossmedial*. Wiesbaden: Springer VS 2015.

Kandorfer, Pierre: *DuMonts Lehrbuch der Filmgestaltung. Theoretisch-technische Grundlagen der Filmkunde*. Köln: DuMont 1990.

Kant, Immanuel: *Beantwortung der Frage: Was ist Aufklärung?* In: Ders.: *Was ist Aufklärung? Ausgewählte kleine Schriften*. Hrsg. von Horst D. Brandt. Hamburg 1999, S. 20-22. Zuerst veröffentlicht in: *Berlinische Monatsschrift*, Dez. 1784, S. 481-494.

Ders.: *Logik. Ein Handbuch zu Vorlesungen*. Hrsg. von Gottlob Benjamin Jesche. Königsberg 1800, online unter: www.textlog.de/kant-logik-intuitive.html, abgerufen am 20.10.2021.

Ders.: *Logik*. In: Ders.: *Kant's Gesammelte Schriften*. Hrsg. von Akademie der Wissenschaften. Bd. 16. Berlin 1902ff, S. 459, online unter: https://korpora.zim.uni-duisburg-essen.de/kant/aa16/459.html, abgerufen am 20.10.2021.

Ders.: *Kritik der reinen Vernunft*. Bd. 2. In: Ders.: *Werkausgabe* Bd. IV. Frankfurt am Main: Suhrkamp 1974.

Ders.: *Kritik der praktischen Vernunft*. Stuttgart: Reclam 1973.

Ders.: *Kritik der Urteilskraft*. In: Ders.: *Werke*. Bd. 5, S. 165-486, online unter: korpora.zim.uni-duisburg-essen.de/Kant/aa05/, abgerufen am 20.10.2021.

Karp, Walter: *Buried Alive. Essays on Our Endangered Republic*. New York: Franklin Square Press 1992.

Keenan, John: »Why raw data sites need journalism.« In: *The Guardian* vom 11.08.2010, online unter: www.theguardian.com/commentisfree/libertycentral/2010/aug/11/raw-data-journalism-wikileaks, abgerufen am 20.10.2021.

Kellner-Lewandowsky, Marion: »Stakeholder-Interessen-Analyse – Die Interessen der Beteiligten hinterfragen.« Blogeintrag vom 13.04.2015, online unter: cooperation-coach.de/stakeholderanalyse-interessen-beteiligten-hinterfragen-20234999/, abgerufen am 20.10.2021.

Kernberg, Otto F.: *Hass, Wut, Gewalt und Narzissmus*. Stuttgart: Kohlhammer 2012.

Kirchner Reill, Dominique: *»The Fiume Crisis«. Life in the Wake of the Habsburg Empire.* Cambridge: Harvard University Press 2020.

Kisch, Egon Erwin: *Klassischer Journalismus*. Berlin: Rudolf Kaemmerer Verlag 1923.

Ders.: »Rettungsgürtel an einer kleinen Brücke.« In: *Nichts ist erregender als die Wahrheit. Reportagen aus vier Jahrzehnten*. 2 Bde. Frankfurt am Main: Büchergilde Gutenberg 1981, S. 125-129. Erstmals erschienen in: *Die Weltbühne* 1928/22.

Klinkhammer, Otto: »›Nein‹ war positiv, ›Ja‹ war negativ. Die Abstimmung über das Saar-Statut 1955.« In: Klaus-Michael Mallmann; Gerhard Paul, Ralph Schock & Reinhard Klimmt (Hrsg.): *Richtig daheim waren wir nie. Entdeckungsreisen im Saarrevier 1815-1955*. Berlin/Bonn: Dietz 1987, S. 258-262.

Kloeckner, Marcus B.: *Sabotierte Wirklichkeit oder: Wenn Journalismus zur Glaubenslehre wird.* Frankfurt am Main: Westend 2019.

Komlos, John & Schubert, Hermann: »Das Problem heißt nicht Donald Trump. Warum der Siegeszug des heutigen Präsidenten im Jahr 1981 begann.« In: *Frankfurter Allgemeine Zeitung* vom 25.05.2020, S. 16.

Kotkin, Joel: *The Coming of Neo-Feudalism. A Warning to the Global Middle Class*. London/New York: Encounter Books 2020.

Krischke, Wolfgang: »Gegen die Mächte der Gegenaufklärung. Das neue ›Journal of Controversial Ideas‹ sagt akademischen Diskurswächtern den Kampf an – mit anonymen Autoren.« In: *Frankfurter Allgemeine Zeitung* vom 15.07.2020, S. N4.

Krüger, Uwe: Mainstream. Warum wir den Medien nicht mehr trauen. München: Beck 2016.

Kühling, Jörg & Schwartmann, Rolf: »Es ist an der Zeit. Die Internetgiganten müssen reguliert werden.« In: *Frankfurter Allgemeine Zeitung* vom 19.11.2020, S. 8.

Kühnl, Reinhard: *Formen bürgerlicher Herrschaft. Liberalismus – Faschismus*. Reinbek: Rowohlt 1971.

Lampert, Marie & Wespe, Rolf: *Storytelling für Journalisten*. Konstanz/München: UVK 2013.

LaRoche, Walter von: *Einführung in den praktischen Journalismus*. München: List 1984.

Ders. & Buchhholz, Axel: *Radio-Journalismus. Ein Handbuch für Ausbildung und Praxis im Hörfunk.* 4. Aufl. München: List 1988.

Lasch, Christopher: *The Culture of Narcissism. American Life in an Age of Diminishing Expectations*. New York/London: W. W. Norton & Company 2018.

Lazaridis, Chari: »Datensicherheit – so gehen Sie auf Nummer sicher.« Online unter: www.informantenschutz-fuer-journalisten.de/online-plus/datensicherheit-daten-verschluesseln/, abgerufen am 20.10.2021.

Lederman, Marsha: »Playwright and author Carmen Aguirre calls for end to cancel culture in theatre community.« In: *The Globe and Mail* vom 27.01.2021 online unter: www.theglobeandmail.com/arts/theatre-and-performance/article-playwright-and-author-carmen-aguirre-calls-for-end-to-cancel-culture, abgerufen am 20.10.2021.

Lee, Martin E. & Solomon, Norman: *Unreliable Sources. A Guide to Detecting Bias in News Media*. New York: Lyle Stuart Book 1991.

Leif, Thomas: »Herzstück des Recherchejournalismus. Der Schutz von Informanten ist Grundlage für Enthüllungsgeschichten – und nicht nur in Großbritannien bedroht.« In: *Frankfurter Rundschau* vom 23.07.2003, online unter: www.fr.de/politik/herzstueck-recherche journalismus-11730077.html, abgerufen am 20.10.2021.

Lieb, Wolfgang: »Das Triumfeminat – Angela Merkel, Friede Springer, Liz Mohn.« In: Nachdenkseiten vom 28.01.2011, online unter: www.nach denkseiten.de/?p=8146, abgerufen am 20.10.2021.

Lilienthal, Volker: *Recherchieren*. Konstanz/München: UVK 2014.

Linder, Christian: *Die Träume der Wunschmaschine*. Reinbek: Rowohlt 1981.

Lippmann, Walter: *Die öffentliche Meinung. Wie sie entsteht und manipuliert wird*. Frankfurt am Main: Westend 2018.

Locke, John: *Two Treatises of Government*. London: Printed for Thomas Tegg, W. Sharpe and Son 1823 (Erschienen 1690), online unter: www.yorku.ca/comninel/courses/3025pdf/Locke.pdf, abgerufen am 20.10.2021.

Lofgren, Mike: *The Deep State. The Fall of the Constitution and the Rise of a Shadow Government*. New York: Penguin 2016.

London, Jack: *The Sea Wolf*. United States: Brian Westland 2020, S. 9 (Erstausgabe 1904), online unter: www.pinkmonkey.com/dl/library1/london04.pdf. Deutsche Ausgabe: Der Seewolf. Frankfurt am Main: Büchergilde Gutenberg 1980.

Ludz, Peter Christian: *Ideologiebegriff und marxistische Theorie. Ansätze zu einer immanenten Kritik*. Opladen: Westdeutscher Verlag 1976.

Luhmann, Niklas: *Die Realität der Massenmedien*. 4. Aufl. Wiesbaden: Springer VS 2009.

Lukács, Georg: *Geschichte und Klassenbewusstsein*. Darmstadt/Neuwied: Luchterhand 1970.

Lutz, Rafael: »Wer die Bekämpfung von ›Fake News‹ finanziert. In: Infosperber vom 28.05.2020, online unter: www.infosperber.ch/Artikel/Politik/Bekampfung-von-Fake-News-im-Interesse-der-Machtigen, abgerufen am 20.10.2021.

Marx, Karl: *Der achtzehnte Brumaire des Louis Bonaparte*. In: Ders. & Friedrich Engels: *Werke*. Bd. 8. Berlin: Dietz 1982, S. 111-207.

Ders. & Engels, Friedrich: *Die heilige Familie oder Kritik der kritischen Kritik*. In: Dies.: *Werke*. Bd. 2, Berlin: Dietz 1980, S. 5-223.

Ders. & Engels, Friedrich: Die deutsche Ideologie. In: Dies.: *Werke*. Bd. 3. Berlin: Dietz 1978, S. 9-530.

Mason, Paul: *Postkapitalismus. Grundrisse einer kommenden Ökonomie*. Berlin: Suhrkamp 2016.

Matzen, Nea: *Onlinejournalismus*. Konstanz/München: UVK 2010.

Mausfeld, Rainer: *Angst und Macht. Herrschaftstechniken der Angsterzeugung in kapitalistischen Demokratien*. Frankfurt am Main: Westend 2019.

Ders.: *Warum schweigen die Lämmer? Wie Elitendemokratie und Neoliberalismus unsere Gesellschaft und unsere Lebensgrundlagen zerstören*. Frankfurt am Main: Westend 2018.

Ders.: »Wir leben in einer Zeit der Gegenaufklärung.« Interview mit Paul Schreyer für Telepolis vom 02.10.2018, online unter: www.heise.de/tp/features/Wir-leben-in-einer-Zeit-der-Gegenaufklaerung-4178715.html, abgerufen am 20.10.2021.

McChesney, Robert W. & Nichols, John: *The Death and Life of American Journalism. The Media Revolution that will begin the World again*. New York: Bold Type Books 2010.

McGreal, Chris: »Wikileaks reveals video showing US air crew shooting down Iraqi civilians.« In: *The Guardian* vom 05.04.2010, online unter: www.theguardian.com/world/2010/apr/05/wikileaks-us-army-iraq-attack, abgerufen am 20.10.2021.

Meister, André: »Staatstrojaner für Geheimdienste: ›Tritt die Regelung in Kraft, werden wir dagegen klagen.‹« In: Netzpolitik.org vom 18.06.2020, online unter: netzpolitik.org/2020/staatstrojaner-fuer-geheimdienste-tritt-die-regelung-in-kraft-werden-wir-dagegen-klagen/, abgerufen am 20.10.2021.

Melzer, Nils: »Präzedenzfall für ein repressives Vorgehen gegen investigative Journalisten«. Interview mit Harald Neuber für Telepolis vom 22.01.2020, online unter: www.heise.de/tp/features/Praezedenzfall-fuer-ein-repressives-Vorgehen-gegen-investigative-Journalisten-4643313.html, abgerufen am 20.10.2021.

Merkel, Reinhard: »Kühle Ironie der Geschichte. Die Krim und das Völkerrecht.« In: *Frankfurter Allgemeine Zeitung* vom 08.04.2014, online unter: www.faz.net/aktuell/feuilleton/debatten/die-krim-und-das-voelkerrecht-kuehle-ironie-der-geschichte-12884464.html, abgerufen am 20.10.2021.

Meyen, Michael: *Die Propaganda-Matrix. Der Kampf für freie Medien entscheidet über unsere Zukunft.* München: Rubikon 2021.

Ders.: »Und der Rundfunk würde plötzlich wieder denen gehören, die dafür bezahlen müssen.« Interview mit den Nachdenkseiten vom 26.12.2020, online unter www.nachdenkseiten.de/?p=68236, abgerufen am 20.10.2021.

Michaels, David: *The Triumph of Doubt. Dark Money and the Science of Deception.* Oxford: Oxford University Press 2020.

Ulrich Mies & Jens Wernicke (Hrsg.): *Fassadendemokratie und Tiefer Staat. Auf dem Weg in ein autoritäres Zeitalter.* Wien: ProMedia 2017.

Montesquieu: *De l'esprit des lois*. Bd. 2. Paris: Flammarion 1979.

Müller, Albrecht: *Glaube wenig, hinterfrage alles, denke selbst. Wie man Manipulationen durchschaut.* Frankfurt am Main: Westend 2019.

Müller, Andrea: »Verfassungsklage gegen Staatstrojaner.« Blogeintrag vom 07.08.2018, online unter: blog.ard-hauptstadtstudio.de/staats trojaner-101/, abgerufen am 20.10.2021.

Müller, Jan-Werner: »Nicht gut für Amerika, aber verdammt gut für CBS. Die amerikanischen Mainstream-Medien stehen angesichts der Corona-Pandemie vor einem mittlerweile altbekannten Dilemma.« In: *Frankfurter Allgemeine Zeitung* vom 27.04.2020, S. 6.

Nachtwey, Oliver: *Die Abstiegsgesellschaft. Über das Aufbegehren in der regressiven Moderne.* Berlin: Suhrkamp 2016.

Ders.: »Entzivilisierung. Über regressive Tendenzen in westlichen Gesellschaften.« In: Heinrich Geiselberger (Hrsg.): *Die große Regression. Eine internationale Debatte über die geistige Situation der Zeit.* Frankfurt am Main: Suhrkamp 2017, S. 215-231.

Narr, Wolf-Dieter: »Hin zu einer Gesellschaft bedingter Reflexe.« In: Jürgen Habermas (Hrsg.): *Stichworte zur geistigen Situation der Zeit*. Bd. 2. Frankfurt am Main: Suhrkamp 1979, S. 489-528.

Netzwerk Recherche (Hrsg.): *Fact Checking: Fakten finden, Fehler vermeiden. Dokumentation zur nr-Fachkonferenz im Spiegel-Redaktionsgebäude Hamburg am 27. Und 28. März 2010*. Hamburg 2010.

Ders. (Hrsg.): *Trainingshandbuch Recherche. Informationsbeschaffung professionell.* Wiesbaden: Westdeutscher Verlag 2003.

Ders. (Hrsg.): *Quellenmanagement – Quellen finden und öffnen.* Berlin: Netzwerk Recherche 2008.

Neuber, Harald: »Schuldenhaushalt 2021: Wer muss sparen, wer darf feiern?« In: Telepolis vom 14.12.2020, online unter: www.heise.de/tp/features/Schuldenhaushalt-2021-Wer-muss-sparen-wer-darf-feiern-4988613.html, abgerufen am 20.10.2021.

Newton, Isaac: *Philosophiae Naturalis Principia Mathematica, General Scholium.* Berkeley: University of California Press 1999.

Noske, Henning: *Journalismus. Was man wissen und können muss. Ein Lese- und Lernbuch*. Bonn: Bundeszentrale für politische Bildung 2015.

Pax, Wilhelm von: »Ach wie gut, dass niemand weiß, dass meine Freundin Springer heißt.« In: *Neopresse* vom 10.09.2014, online unter: www.neopresse.com/politik/dach/ach-wie-gut-dass-niemand-weiss-dass-meine-freundin-springer-heisst/, abgerufen am 20.10.2021.

Perez, Kathryn Stone; Kipman Alex Aben-Athar & Fuller, Andrew John: *Content distribution regulation by viewing user.* United States Patent Application Publication No. US 2012/0278904 A 1, 01.11.2012, online unter: patentimages.storage.googleapis.com/1d/bd/0a/55aa8bf880764e/US20120278904A1.pdf, abgerufen am 20.10.2021.

Peston, Robert: »BBC follows Daily Mail's lead too much. BBC economics editor's British Journalism Review Charles Wheeler lecture also expressed fears over influence of PR.« In: *The Guardian* vom 06.06.2014, online unter: www.theguardian.com/media/2014/jun/06/robert-peston-threat-journalism-native-ads-charles-wheeler-lecture-full-text, abgerufen am 20.10.2021.

Poitras, Laura: Citizenfour. Dokumentarfilm, Prod.: Prais Film, NDR & BR. 114', 2014.

Potter, Deborah: »How to build a beat system.« In: Newslab. School of Journalism and New Media, online unter: newslab.org/how-to-build-a-beat-system/, abgerufen am 20.10.2021.

Marlis Prinzing (Hrsg.): *Die Kunst der Story*. Thun/Gwatt: Wird & Weber 2015.

Radu, Paul Christian: *Follow the Money: A Digital Guide for Tracking Corruption*. Washington: International Center for Journalists 2008, online unter: issuu.com/kijf/docs/follow_the_money_web, abgerufen am 20.10.2021.

Rasmus, Jack: »A new Technology that will dangerously expand Government Spying on Citizens.« In: *Counterpunch* vom 2.12.2020. www.counterpunch.org/2020/12/02/a-new-technology-that-will-dangerously-expand-government-spying-on-citizens/, abgerufen am 20.10.2021.

Rebekah Brooks: »A ruthless, charming super-schmoozer.« In: *The Guardian* vom 08.07.2011.

Regulation of Investigatory Powers Act 2000. Online unter: www.legisla tion.gov.uk/ukpga/2000/23/section/79/enacted, abgerufen am 20.10.2021.

Report of the Inquiry into the Circumstances Surrounding the Death of Dr David Kelly C. M.G by Lord Hutton, ordered by the House of Commons to be printed 28th January 2004. Online unter: web.archive.org/web/20110813051142/www.the-hutton-inquiry.org.uk/content/report/huttonreport.pdf, abgerufen am 20.10.2021.

Rieger, Frank: »Anatomie eines digitalen Ungeziefers. Wie der Staatstrojaner zerlegt wurde.« In: *Frankfurter Allgemeine Zeitung* vom 09.10.2011, online unter: www.faz.net/aktuell/feuilleton/ein-amtlicher-trojaner-anatomie-eines-digitalen-ungeziefers-11486473.html?printPaged Article=true#pageIndex_2, abgerufen am 20.10.2021.

Ritsert, Jürgen: *Inhaltsanalyse und Ideologiekritik. Ein Versuch über kritische Sozialforschung.* Frankfurt am Main: Athenäum 1972.

Roberts, Jamie: Der Aufstieg der Murdoch-Dynastie. Prod.: 72 Films. 50', 2020, online unter: www.arte.tv/de/videos/098154-000-A/der-auf stieg-der-murdoch-dynastie-1-3/, abgerufen am 20.10.2021.

Rosenberg, Arthur: *Demokratie und Sozialismus. Zur politischen Geschichte der letzten 150 Jahre.* Frankfurt am Main: Hasi-Press 1967.

Rossum, Walter van: »Die Wirklichkeitsmacher. Der Skandal um den betrügerischen Spiegel-Reporter Claas Relotius muss im Kontext eines insgesamt gestörten Verhältnisses der Presse zur Wahrheit gesehen werden.« In: Rubikon vom 01.11.2019, online unter: www.rubikon.news/artikel/die-wirklichkeits-macher, abgerufen am 20.10.2021.

Rubinstein, Alexander & und & Blumenthal, Max: »Pierre Omidyar: Sultan of Surveillance, Valley and Funding Agent for CIA Regime Changes Worldwide.« In: *The Millennium Report* vom 11.03.2019, themillenniumreport.com/2019/03/pierre-omidyar-sultan-of-surveillance-valley-and-funding-agent-for-cia-regime-changes-worldwide/, abgerufen am 20.10.2021.

Ruß-Mohl, Stephan: »Likes und Shares statt Fakten? Zum schleichenden Glaubwürdigkeitsverlust des Journalismus.« In: Johannes Varwick (Hrsg.): *Verschwörungstheorien*. Politikum 2017/3, S. 48-56.

Ders.: *Journalismus. Das Hand- und Lehrbuch*. Frankfurt am Main: FAZ-Institut 2003.

Savage, Luke: »Liberals still think Fact-Checking will stop the Right. They're wrong.« In: *The Jacobin* vom 20.07.2020, online unter: jacobinmag.com/2020/07/david-plouffe-citizens-guide-beating-donald trump, abgerufen am 20.10.2021.

Sayles, John: *Thinking in Pictures. The Making of the Movie Matewan*. Boston: Houghton Mifflin Company 1987.

Scheiter, Barbara: *Themen finden*. Konstanz/München: UVK 2009.

Schell, Jonathan: *The Unconquerable World. Power, Nonviolence, And the Will of the People*. New York: Metropolitan 2003.

Schiller, Friedrich: *Über die ästhetische Erziehung des Menschen, in einer Reihe von Briefen. Achter Brief*. In: Ders.: Werke in 5 Bänden. Bd. 5. München: Hanser 1981, online unter: www.projekt-gutenberg.org/schiller/aesterz/aesterz.html, abgerufen am 20.10.2021.

Ders.: *Wallenstein*. In: Ders.: *Werke in 5 Bänden*. Bd. 2. München: Hanser 1981.

Schmidt, Oliver: *Public Relations und Journalismus. Wie die Öffentlichkeitsarbeit die Medienberichterstattung beeinflusst*. Hamburg: disserta Verlag 2013.

Schneider, Wolf & Raue, Paul-Josef: *Handbuch des Journalismus*. Reinbek: Rowohlt 1999.

Schreiner, Patrick: »Jobwunder? Nein, die Agenda 2010 hat keine Arbeit geschaffen ...« In: *Blickpunkt WiSo* vom 08.11.2018, online unter: www.blickpunkt-wiso.de/post/jobwunder-nein-die-agenda-2010-hat-keine-arbeit-geschaffen--2267.html, abgerufen am 20.10.2021.

Schreyer, Paul: »Facebook-›Wahrheitsprüfer‹ Correctiv verstrickt sich in Widersprüche.« In: Telepolis vom 24.01.2017, online unter: www.heise.de/tp/features/Facebook-Wahrheitspruefer-Correctiv-verstrickt-sich-in-Widersprueche-3605916.html, abgerufen am 20.10.2021.

Ders.: »Facebook, ›Fake News‹ und die Privatisierung der Zensur.« In: Telepolis vom 18.01.2017, online unter: www.heise.de/tp/features/Facebook-Fake-News-und-die-Privatisierung-der-Zensur-3599878.html, abgerufen am 20.10.2021.

Sengers, Luuk & Hunter, Mark Lee: *Drehbuch der Recherche. Das verborgene Szenario. Journalistische Recherchen planen und organisieren*. Berlin: Netzwerk Recherche 2019, online unter: netzwerkrecherche.org/wp-content/uploads/2018/07/nr-Werkstatt-25_web.pdf, abgerufen am 20.10.2021.

Sengupta, Kim: »Two reporters, one story: Campbell sexed up the dossier.« In: *The Independent* vom 13.08.2003, S. 1.

Seyhan, Eda: »Coronavirus: Beware the power grab.« In: *African Arguments* vom 07.04.2020, online unter: africanarguments.org/2020/04/07/coronavirus-beware-the-power-grab/, abgerufen am 20.10.2021.

Craig Silverman (Hrsg.): *Verification Handbook for Investigative Reporting. A Guide to Online Search and Research Techniques for Using UGC and Open Source Information in Investigations.* Maastricht: European Journalism Centre 2014, online unter: verificationhandbook.com/downloads/verification.handbook.2.pdf, abgerufen am 20.10.2021.

Sinclair, Iain: *The Last London*. London: Oneworld Publications 2018.

Sinclair, Upton: »I, Candidate for Governor: And How I Got Licked.« In: *Oakland Tribune* vom 11.12.1934, S. 19.

Ders.: *The Brass Check*. Pasadena, California: Publ. by the author 1919, digitalized for Project Gutenberg by Jane Rutledge.

Snowden, Edward: »Der Aufstieg des Autoritarismus. Der ehemalige NSA-Spion und Whistleblower Edward Snowden skizziert im Interview die zu erwartenden Folgen der COVID-19-Pandemie.« Interview mit Shane Smith für Rubikon vom 18.04. 2020, online unter: www.rubikon.news/artikel/der-aufstieg-des-autoritarismus, abgerufen am 20.10.2021.

Staab, Philipp: *Digitaler Kapitalismus. Markt und Herrschaft in der Ökonomie der Unknappheit*. Berlin: Suhrkamp 2020.

Stäheli, Urs: *Soziologie der Entnetzung*. Frankfurt am Main: Suhrkamp 2021.

Starkman, Dean: *The Watchdog That Didn't Bark. The Financial Crisis and the Disappearance of Investigative Journalism.* New York: Columbia University Press 2014.

Statement of Witness of Dr. Nicholoas Charles Alexander Hunt, Forensic Pathology Services. Online unter: www.justice.gov.uk/downloads/publications/corporate-reports/MoJ/2010/pathologist-report-dpa.pdf, abgerufen am 20.10.2021.

Stevenson, Robert Louis: *Die Schatzinsel*. Frankfurt am Main: Büchergilde Gutenberg 2013.

Stuteville, Sarah: »13 Simple Journalist Techniques For Effective Interviews.« In: Matador Network vom 26.04.2013, online unter: matadornetwork.com/bnt/13-simple-journalist-techniques-for-effective-interviews/, abgerufen am 20.10.2021.

Teusch, Ulrich: *Lückenpresse. Das Ende des Journalismus, wie wir ihn kannten.* Frankfurt am Main: Westend 2018.

Ders.: *Politische Angst. Warum wir uns kritisches Denken nicht verbieten lassen dürfen.* Frankfurt am Main: Westend 2021.

Thalheimer, August: »Über den Faschismus.« In: *Gegen den Strom*, Jg. 1930, online unter: www.marxists.org/deutsch/archiv/thalheimer/1928/xx/fasch.htm, abgerufen am 20.10.2021.

Thiele, Christian: *Interviews führen.* Konstanz/München: UVK 2009.

Troller, Georg Stefan: »Die Kunst des Interviews. Verhör, Beichte, Psychoanalyse – die Schleusen des Ungesagten öffnen.« In: *Lettre International* 2008/82, S. 92-95.

Turner, Sebastian: »Ohne Lokaljournalismus geht nichts.« In: *Frankfurter Allgemeine Zeitung* vom 01.12.2020, S. 15.

Tynan, Kenneth: »Verdict on Cannes.« In: *The Observer* vom 22.05.1966, S. 24.

Unabhängiges Landeszentrum für Datenschutz: *Vorsicht: Yellow Dots! Versteckte Informationen in Farbkopien*. Kiel: ULD 2019, online unter: www.datenschutzzentrum.de/uploads/it/2019_ULD_Report-Yellow-Dots.pdf, abgerufen am 20.10.2021.

»Verkauft doch Eure Inseln, ihr Pleite-Griechen ...« In: *Bild* vom 27.10.2010, online unter: archive.is/qkZ9Y, abgerufen am 20.10.2021.

Voltaire: Zadig. Candide. Frankfurt am Main: Diesterweg 1973.

Wardle, Claire: »Fake news. It's complicated.« In: First Draft News vom 16.02.2017, online unter: firstdraftnews.org/latest/fake-news-complicated/, abgerufen am 20.10.2021.

Wehr, Andreas: »Der Bonapartist Donald Trump.« In: Telepolis vom 16.01.2021, online: www.heise.de/tp/features/Der-Bonapartist-Donald-Trump-5022061.html, abgerufen am 20.10.2021.

Weischenberg, Siegfried: »Wirtschaftsjournalismus hat versagt.« Interview mit Stefan Winterbauer für Meedia vom 02.12.2008, online unter: meedia.de/2008/12/02/wirtschaftsjournalismus-hat-versagt/, abgerufen am 20.10.2021.

Ders.: *Gläserne Journalisten gefährden die Pressefreiheit*. Stuttgart: Südwestdeutscher Zeitschriftenverlegerverband 2019, online unter: www.szv.de/informantenschutz/, abgerufen am 20.10.2021.

Ders. & Kloiber, Manfred: *Informantenschutz. Ethische, rechtliche und technische Praxis in Journalismus und Organisationskommunikation*. Wiesbaden: Springer 2017.

Ders.; Scholl, Arnim & Malik, Maja: *Die Souffleure der Mediengesellschaft: Report über die Journalisten in Deutschland*. Konstanz/München: UVK 2006.

Wember, Bernhard: *Wie informiert das Fernsehen? Ein Indizienbeweis*. München: List 1976.

Wengraf, Michael: »Corona beweist: Auch Populisten könnten Grund- und Freiheitsrechte nicht besser abbauen.« Interview mit Reinhard Jellen für Telepolis vom 31.01.2021, online unter: www.heise.de/tp/features/Corona-beweist-Auch-Populisten-koennten-Grund-und-Freiheitsrechte-nicht-besser-abbauen-5036628.html, abgerufen am 20.10.2021.

Wengraf, Michael: *Corona. Ein Essay*. Kassel: Mangroven Verlag 2021.

Werner, Horst: *Fernsehen machen*. Konstanz/München: UVK 2009.

Witness Statement of Alexander Richard Allan, Forensic Scientist. Online unter: www.justice.gov.uk/downloads/publications/corporate-reports/MoJ/2010/toxicologist-report-dpa.pdf, abgerufen am 20.10.2021.

Whittam Smith, Andreas: »Frankly, I don't believe a word Peter Hain says.« In: *The Independent* vom 14.01.2008, S. 31.

Ders.: »If we don't act now, worse will follow.« In: *The Independent* vom 07.07.2011, S. 31.

Ders.: »The BBC was wrong to have admitted its source.« In: *The Independent* vom 22.07.2003, S. 14.

Woodward, Bob: *Der Informant. Deep Throat, Die Geheime Quelle Der Watergate-Enthüller*. München: DVA 2005.

Wullweber, Joscha: »Ohne das Geld der Zentralbanken käme der Kollaps.« In: *Der Freitag* vom 29.07.2021.

Ders.: *Zentralbankkapitalismus. Transformationen des globalen Finanzsystems in Krisenzeiten*. Frankfurt am Main: Suhrkamp 2021.

Zuboff, Shoshana: *Das Zeitalter des Überwachungs-Kapitalismus*. Frankfurt am Main/New York: Campus 2018.

»Zweierlei Absagen an den Supranationalismus der deutschen Europapolitik. Der Fall Bild-Zeitung: Wie man das Fußvolk der europäischen Führungsnation für den Erfolg ihres Imperialismus mobilisiert.« In: *GegenStandpunkt. Politische Vierteljahresschrift* 2015/3, S. 61-69.

Namensregister

Adorno, Theodor W. 11, 220
Agnoli, Johannes 188
Aly, Götz 89
Amazeen, Michelle A.
Anda, Béla 139
Arijon, Daniel 148
Ashdown, Jane 228
Ashdown, Paddy 228
Assange, Julian 39-42, 65

Baker, Norman 64
Barschel, Uwe 155
Bauman, Zygmunt 198
Beer, Angelika 119-124
Bernstein, Carl 61
Bittner, Wolfgang 228
Blair, Tony 64, 85
Bonaparte, Louis 20, 191
Borel, Brooke 163
Bourdieu, Pierre 201, 204
Bourget, Jaques-Marie 228
Boyken, Friedhelm 228
Boyken, Linda 228
Boyken, Luise 228
Bracher, Karl Dietrich 219
Brandt, Willy 89
Brecht, Bertolt 106
Breyer, Patrick 228
Brink, Stefan 83
Brooks, Rebekah 84 f.
Brown, Gordon 85
Brückner, Peter 188
Buchholz, Axel 132
Buffet, Warren E. 50
Bush, George W. 120 f.

Cameron, David 85
Campbell, Alastair 64
Carey, John 145
Carpentier, Alejo 11
Casey, Bill 167
Chizhenok, Alexander 228
Claußen, Bernhard 228
Chmagh, Saeed 39
Chomsky, Noam 28, 36, 223
Clouzot, Henri-Georges 149
Cohen, Jared 167
Crawford, David 47 f.

Davis, Mike 110-114
Dax, Max 126
De Cervantes, Miguel 160
De Lagasnerie, Geoffroy 222 f.
Dijsselbloem, Jeroen 93
Dudda, Wolfgang 228

Ebert, Friedrich 25
Eco, Umberto 41, 66, 110
Eichengreen, Barry 141
Engels, Friedrich 13, 15
Enzensberger, Hans Magnus 159
Erdheim, Mario 197
Eribon, Didier 216

Falter, Annegret 42
Felt, Mark 61, 69
Fenton, James 145
Field, Syd 148 f.
Fill, Przemyslaw 228
Foucault, Michel 194
Francovich, Allan 228
Fraser, Steve 196
Friedman, Michel 119, 122 ff.

Gates, Bill 167
Gates Melinda 167
Geiling, Martin 187
Geiselberger, Heinrich
Geyer, Matthias 158
Gilligan, Andrew 64
Giroux, Henry 190
Godard, Jean-Luc 149
Goodman, Clive 84
Gramsci, Antonio 219
Greenwald, Glenn 71, 167

Habermas, Jürgen 193
Hain, Peter 60
Haller, Michael 15
Hansen, Marit 228
Harkavy, Robert E. 228
Harrison Smith, Sarah 163
Hartmann, Michael 203, 206
Hegel, Georg Wilhelm Friedrich 103
Heise, Michael 55
Helf, Klaus L. 228
Hersh, Seymour M. 123, 169 ff., 173, 228
Hetzer, Wolfgang 94
Hofstaetter, Constanze 228
Horkheimer, Max 11, 222
Hugues, Victor 11
Hunt, Nicholas Charles Alexander
Hunter, Mark Lee 21, 35, 117, 171
Hussein, Saddam 64, 119
Hutton, Brian 64

Jarmusch, Jim 153
Johnson, Nicholas 202
Jung, Franz 145
Jungbluth, David 28

Kaiser, Markus 15
Kant, Immanuel 9 f., 12, 103 f., 107, 177, 217, 220
Kelly, David 63 ff.
Kisch, Egon Erwin 25 f., 145
Klinkhammer, Otto 187
Klöckner, Marcus B. 201 f.
Kloiber, Manfred 66, 73 f., 76, 78
Komlos, John 142
Krüger, Uwe 28, 203
Kühling, Jörg 211

Lasch, Christopher 196, 200
Lec, Stanislaw 42
Lee, Martin E. 28
Leif, Thomas 64, 228
Leyendecker, Hans 47
Lieb, Wolfgang 99
Liebknecht, Karl 25
Liehm, Antonin J. 228
Lilienthal, Volker 109
Lippmann, Walter 26 f., 30, 207
Locke, John 10
Lohmann, Otto 55
London, Jack 145, 155
Lorenz, Herdolor
Ludz, Peter Christian 97
Luhmann, Niklas 204
Lukács, Georg 216
Luxemburg, Rosa 24 f.

Manning, Chelsea 39, 42, 65
Marx, Karl 13, 15, 20, 149, 191
Mausfeld, Rainer 14, 27, 42, 48, 98, 101, 193, 218
Maxwell, Robert 85
Meister, Sarah 228
Melzer, Nils 41

Metternich, Klemens Wenzel Lothar von 196
Meyen, Michael 168, 188, 195, 206
Merkel, Angela 99
Merkel, Reinhard 15, 163
Michaels, David 105 f.
Mohn, Liz 99
Montesquieu (d.i. Charles de Secondat, Baron de La Brède et de Montesquieu) 10
Moreno, Juan 158 f.
Moreno, Lenin 40
Müller, Albrecht 96, 139
Müller, Jan-Werner 109
Murdoch, Rupert 84 ff., 191
Murphy, Kim 228
Mytze, Andreas 228

Nachtwey, Oliver 142 f., 178
Narr, Wolf-Dieter 178
Neuber, Harald 209
Newton, Isaac 102
Nixon, Richard 61
Noor-Eldeen, Namir 39
Noske, Gustav 25

Omidyar, Pierre 167

Padeluun 77
Paul, Stephan 55
Peston, Robert 207
Piroth, Hans Georg 228
Pohlmann, Dirk 228
Poitras, Laura 71
Popper, Karl R. 104 f.
Preston, Richard 112
Putin, Wladimir W. 88 f.

Raue, Paul-Josef 171
Reagan, Ronald 142, 167
Reeves, Richard 228
Relotius, Claas 158 ff.
Richter, Annekathrin
Röttger, Ulrike 208
Roggenkamp, Jan 72
Rosenberg, Arthur 192
Ruß-Mohl, Stephan 42, 161

Sayles, John 149
Schäuble, Wolfgang 93
Schell, Jonathan 228
Scheiter, Barbara
Schiller, Friedrich 13
Schmidt, Eric 167
Schneider, Wolf 171
Schreiner, Patrick 140 f.
Schreyer, Paul 168
Schröder, Gerhard 139
Schubert, Hermann 142
Schwanhold, Ernst 51 f., 55
Schwartmann, Rolf 211
Sengers, Luuk 21, 35, 116, 171
Seyhan, Eda 12
Sinclair, Iain 30
Sinclair, Upton 205, 216
Snowden, Edward 65, 71 f., 82, 167, 210
Soderbergh, Steven 112
Solomon, Norman 28
Soros, George 167
Springer, Axel Cäsar 204
Springer, Friede 99
Staab, Philipp 199, 214
Starkman, Dean 49
Steinmeier, Frank Walter 88
Stevenson, Robert Louis 110
Straub, Jim 111 f.
Ströbele, Hans Christian 120 f., 123 f.
Swinton, John 205

Tangens, Rena 77
Tarli, Ricardo 228
Thalheimer, August 191
Thukydides 145
Tillack, Hans-Martin 46
Timmerman, Kenneth R. 226

Troller, Georg Stefan 119, 122
Trump, Donald 105 f., 142, 159, 191 f.
Tsipras, Alexis 93, 95
Turner, Sebastian
Tynan, Kenneth 149

Von Pflugk-Hartung, Horst 25
Von Stutterheim, Felix 228

Wallraff, Günther 41
Wardle, Claire 162
Weischenberg, Siegfried 49
Welchering, Peter 66, 73 f., 76, 78
Wember, Bernward 147
Whittam Smith, Andreas 60, 65, 84 f.
Wildi, Bettina 228
Winner, Reality 69
Woodward, Bob 61
Wullweber, Sascha 189

Yates, John 84

Ziener, Markus 228
Ziesche, Martin 228
Zuboff, Shoshana 199

Sachregister

Abgeordneten-Watch 173
Ablage 144, 180
Abstiegsgesellschaft 142
Account(s) 74-79
Adobe Premiere 34
Affirmation 217 f.
Agenda 44, 166, 193
Agenda Setting 26 f.
Agenda 2010 139-143, 216
Aggressionen 178
Akkreditierung 44
Aktivist(en) 21, 77, 109
Aktualität 34, 179
Aktualitätsdruck 62
Algorithmus, Algorithmen 211
Alternative für Deutschland (AfD) 141
Alternativlosigkeit 11, 15, 98, 101, 178, 193, 217
Alternativpresse 50
Amazon 68, 113, 198, 209, 213, 215
American Hospital Assoziation 111 f.
AOL 211
Android 81
Annexion 163
Angst, Ängste 42, 57, 92, 95, 119, 141, 147, 159, 202, 218, 223
Anonymisierung 75-81
Anonymität 60 f., 86
Anonymouse.org 77
Anonymous Speech 76
Anschuldigung 62
Antagonist(in) 151
Apple 68, 81, 116, 198, 209, 211
Apple Final Cut 34
Arbeitserlaubnis 40
Arbeitsbeziehung 118, 125, 136
Arbeitshypothese 110 f., 126
Arbeitsmethode 15
Arbeitsplan 110
Arbeitsprozess 163, 214
Archiv(e) 31, 33, 42 f., 88, 90 f., 177, 180
Archivierungspflicht 43
Argumentation 165, 179, 194, 220
Atlantic Council 168
Audiatur et altera pars 17, 58
Audio Jammer 70
Auflage 57, 161, 177, 179
Aufklärung 9-22, 60, 94, 97, 102-107, 178, 187, 217-224
Aufmacher 161
Augenkitzel 54, 147
Augenzeuge(n) 41, 45 f., 124, 127, 130, 171
Ausbeutung 215
Ausbildung 57, 143, 159
Ausgewogenheit 29, 109
Ausgrenzung 179, 194
Auskunft 43 f., 56, 119, 123
Auskunftspflichten 43 f.
Austerität 93, 196
Auswahl 26 ff., 48, 55, 146, 157, 193, 201, 204, 209, 211
Auswahlkriterien 202

Auswertung 16, 45, 90, 124, 136 ff., 176 ff., 209
Autokrat 191 ff.
Autorisierung 134 ff.
Autorität(en) 10 f., 65, 198, 201, 224
Autoritarismus 83
Avid Media Composer 34

Balkon-Frage 124-130
Bambuser 34
Bankenkrise 50 ff.
Bauchladen 33, 177
BBC 64, 297
Beeinflussungsversuch(e) 204 ff.
Befragungsplan 16, 18, 87
Behauptung 62, 64, 86, 96, 161, 165, 207
Beitragszahler 206
Beleg(e) 17-20, 45, 61-65, 90-92, 101, 109-112, 118, 134-138, 143, 152 164 f. 170 ff.
Belmarsh 40 f.
Bericht(e) 27, 44, 55, 159 f., 169-172, 195, 208
Berichterstattung 26, 49, 58, 95, 98, 145-148, 161, 201-208, 220
Berichterstattungsgebiet 30 ff., 46
Bertelsmann 99
Bestätigung 62, 108, 123, 197 f.
Bestätigungs-Frage 123
Betroffenheit 35, 147, 174
Bias 204
Bibliothek(en) 42 f., 66, 68, 76
Bildausschnitt 50
Bildinhalt 50, 54, 155 f.
Bildunterzeile 161
Bild-Zeitung 92, 94, 98, 100
Bill and Melinda Gates Foundation 167
Blackrock 56, 142
Blackstone 142
Blickpunkt Wiso 140
Blogger(in) 21
Börsencrash 50
Bonapartismus 191
Boulevardzeitung 173
Boundless Informant 71
Brainstorming 45, 55 f.
Branchenverband 45
Bündnispartner 124, 170, 173, 176
Bundeskriminalamt (BKA) 67
Bundesnachrichtendienst (BND) 67
Bundesrepublik (Deutschland) 71 f., 187, 206

Central Intelligence Agency (CIA) 64, 71, 167
Chatham House Rule 86, 88
Chatroom 46
Checkliste 136, 149 ff., 162, 172, 175, 179
Chicago 169, 171 f.,
Chronik 18, 90, 117
Chronologie 114 f., 152
Citizenfour 71
City News 169 f., 173
Cloud 80 f., 83, 116, 144, 213
Collateral Murder 39 ff.
Columbia Journalism Review 49
Controller 215
Cookie(s) 74, 77
Corona 12, 28 f., 82 f., 110-113, 190, 209, 220
Correctiv 166 ff.
Covid 19 110, 190
Creditreform 44
Crossmedia 114, 174, 176

DaVinci Resolve 34,
Darstellungsform(en) 16, 118 f., 145
Darstellungskonzept(e) 146
Darstellungstechnik(en) 147
Datenbank 46, 115 f., 175
Datenhändler 73
Datenschutz 76, 78-83, 116
Datenspur 17, 65-69, 72 f., 84

De Correspondent 173
Debattenraum 14, 21, 48 f., 188, 193 ff., 204, 215, 217 f., 223
Deep Throat 61
Dementi 47, 59, 70
Demokratiekrise 220
Denkmuster 165
Denunziation 188, 195
Deregulierung 56, 139, 192
Derivat(e) 50
Der Spiegel 158 ff.
Desinformations-Checkliste 162
Detailrecherche 59
Deutungshoheit 47, 166
Deutungsmuster 97
Die Weltbühne 25
Diffamierung 195
Digitalcourage 72, 77
Digital Forensic Research Lab 168
Digitalisierung 161, 212
Diktatur 187
Diskriminierung 204, 211
Diskurs 27, 147, 179, 194 f., 204, 217 f., 221, 224
Diskussion 26, 72, 95, 120, 136, 172, 174, 193, 203, 217
Diskussionsfeld 49, 193
Diskussionsraum 27, 55, 60, 63, 65, 161, 216, 220
Distanz 11 f., 49, 132
Dokumentation 16, 114, 152, 163, 193, 213
Doppelfrage 130
Dossier 56, 64, 136
Dotcom-Krise 51, 56
Downing Street 64
Dragon Dictation 34
Dramaturgie 145 f., 148, 159
Dreharbeiten 59
Drehbuch 148 f.
Drehplan 19
Dreiecksverhältnis 124
Dropbox 33, 80
Drucksache 43
Duckduckgo 80

East StratCom Task Force 166
Ebay 167
Echokammer 178
Eigentum 10, 93, 191
Einhegung von (politischer) Macht 9-12, 107, 187, 217, 220
Einschüchterung 42, 206
Elite(n) 9, 12, 14, 27, 48, 106, 193, 203, 216
Emanzipation 22
Engagement 214, 221 f., 224
Enigmabox 80
Entdemokratisierung 219
Enteignung 190, 200, 209
Enthüllungs-Geschichte(n) 68
Entnetzung 83
Entscheidungsfrage 123, 126, 130, 133
Entschlüsselungs-Erlaubnis 76
Episodenerzählung 153
Equipment 129
Eraser 74, 76
Erkenntnisinteresse 105, 126
Erkenntnisziel 128, 132
Ermittlungsbehörde(n) 72, 77, 199
Erzählperspektive 146, 155
Erzähltechnik(en) 146
Ethik 22
Europäischer Stabilitäts-Mechanismus (ESM) 94
Europäische Union (EU) 89, 166
Evaluation 45, 180
EverNote 33, 116
Exklusivmeldung 108
Experte, Expertin 11, 19, 46, 57, 60, 97, 107, 114, 127, 130, 166
Exposé 172, 202
Exposition 148, 151

Facebook 34, 46, 74, 76, 87, 167 f., 198, 209, 211-214

Fachredaktion(en) 166
Fachzeitschrift 128
FactCheck.org 158
Fälschung(en) 158 f., 161, 163
Fairness 47, 58, 109
Fake Account 74
Fake News 15, 160 ff., 168
Fakten-Check 16, 20, 158, 163 f., 166
Falschinformation(en) 12, 158, 162
Falsifizierung 104
Fangfrage 123
Fantasie 151
Faschismus 191, 195
Fassadendemokratie 188, 191
Federal Bureau of Investigations (FBI) 61, 71, 83
Federal Communications Commission (FCC) 202
Feedback 179
Fernsehen 19, 50, 125, 145, 147, 155, 174, 179, 212
Festplatte 33, 73 f., 79, 81, 144
Film Engine 34
Filmsprache 154
Filterblase(n) 15
Finanzelite 57, 190, 196
Finanzierung 174, 177
Finanzkrise 49, 99, 142, 188, 189, 193, 196
Firefox 76, 80
First Draft 168
Folge-Berichterstattung 176 f.
Follow the money 15
Folter 41, 196
Format 74, 145
Foto(s) 19, 68, 72, 74, 90 f., 157, 165
Fox News 191
Frageliste 18, 86, 116, 127, 131
Frankfurter Allgemeine Zeitung (FAZ) 202
Freiheit 10 ff., 20, 195, 204
Freikorps 25
Friedrich-Ebert-Stiftung 141, 143
Fristsetzung 138
FullFact 158
Fundraising 193

Gatekeeper 208
Gegenaufklärung 9, 15, 101, 106, 179, 218 f.
Gegendarstellung 163
Gegenfrage 128, 131
Gegenöffentlichkeit 148, 224
Geheimdienst(e) 68 f., 71, 76 f., 83, 167 f., 199, 210 f.
Gesinnungsjournalismus 217
Gesprächsnotiz 17, 86 f., 136
Glaubwürdigkeitsverlust 160
GNU Privacy Guard (GnuPGP) 75, 81
Golfkrieg 28
Gondelbahn-Geschichte 153
Google 68, 80, 166 ff., 198, 209, 211, 214
Google News Lab 168
Google+ 34
Government Communications Headquarters (GCHQ) 71
Grafik(en) 53, 112, 145, 155, 157, 165
Griechenland 93-96, 98 f.
Großbritannien 40, 85, 121
Gründe-Frage 124
Grundausstattung 33, 79
Grundbuch 43
Grundbuchamt 43
Grundrechte 190

Habitus 201, 203
Handapparat 33, 42
Handbuch 15, 163
Handelsregister 43
Handlung 85, 146, 150, 152, 160
Handlungsstrang 151, 154
Hausrecht 211 f.
Headerdaten 76
Headset 33, 114, 134
Hegemonie 219

Herrschaftsinstrument 42
Herrschaftsstruktur(en) 221
Herrschaftsverhältnisse 11, 197 f., 201, 222
Hide My Ass 76
Hilfsmittel 195, 213
Hintergrundgespräch 46, 64
Hitlerdiktatur 187
Hörfunk 145, 155, 179
Homogenisierung 14 f., 48, 193
Honorar(e) 213
Hoppenstedt Holding 44
Human Interest 35
Hushmail 76
Hypothese(n) 16, 18, 26, 102-109, 111, 115, 126 f., 129, 144, 151, 155

Ibbenbühren 51, 55
Ich-Erzähler 155
Icloud 33
Identität 57, 61, 65, 67 f., 70 f., 75, 128
Identitätspolitik 218
Identifizierung 77
Ideologiekritik 12 f., 15 f., 97, 144
Illusion 201, 219
Illustration(en) 165
Impressum 171
Individuum, Individuen 197
Informant 16, 18, 20, 31, 40, 45-48, 61 ff., 65-75, 78 f., 81, 83, 86, 88, 90, 92, 107, 118, 135 f., 157, 165 f., 171, 173 ff., 177, 180
Informanten-Kartei 31
Informanten-Netz 31 f., 47
Informanten-Schutz 48, 73
Informationsbeschaffung 16, 137
Informationsfreiheitsgesetz 43
Informationshonorar 85
Informationsinteresse 132
Informationskartell(e) 47
Informationskontrolle 198
Informationsvorsprung 31
Informationsziel 123 f., 127
Inhaltsanalyse 97
Insider 46, 51
Instagram 46, 74, 76, 212
Institution(en) 188, 190, 192, 217 f., 221, 224
Integrity Initiative 168
Interessenanalyse 15 ff., 97 f., 101, 107, 144, 172, 175, 179
Interessengeflecht 163
Interessengruppe(n) 171, 173
Interessenposition 221
Interessenvertretung 57
Intermediär(e) 212
Internationaler Gerichtshof für Menschenrechte 124
International Fact-Checking Network 166
Internet 42, 73, 80, 82, 146, 160, 163, 178
Interview 16, 60, 114, 118 f., 122-126, 128 ff., 132 f., 136 ff., 145, 155 f.
Interview-Führung 132
Interview-Partner 123, 126, 132, 172
Interview-Vorbereitung 129
Interviewer 118 f., 124-129, 132 ff., 138
Instrumente 9, 13, 50
Invisible Internet Project i2p 78
Involution 188, 190, 192 f., 200, 224
Ipad 33, 77
Irak 39 f., 64, 119, 122

Java Anon Proxy (JAP) 78
Jacobine Magazine 112
Jigsaw 167
Jondofox 78
Journalistenschule(n) 167, 203
Journalistenverband, -verbände 213

Kamera 34, 37 ff., 54, 64, 70, 125, 129, 134, 156
Kampagne(n) 92, 100, 105 f., 168, 173, 195

Kapital 21, 50, 142, 209
Kautionsauflagen 40
Kennzeichen-Scanner 67
Kernaussage(n) 150, 164
Kernfrage(n) 18, 57, 117, 123, 136, 164
Kernthema 55
KKR 142
Klick(s) 177, 179
Knight Foundation 168
Koalition 205
Kommentar 65
Kommunikation 21, 70 f., 78, 80, 132, 139, 148, 190 f., 195
Konformismus 198, 201
Konformität 21
Konfrontation 58, 89 f., 125, 148 f., 152
Konservative(r) 187
Kontaktaufnahme 48, 69, 83, 213
Kontakt-Daten 46, 86, 177, 180
Kontaktschuld 195
Kontext 95, 159, 162, 165, 214, 219
Kontrastmontage 154
Konzept 13, 89, 146, 155, 159, 172, 187, 223
Korrektur 20
Kosovo 120, 164
Krim 163
Kritische Theorie 105, 217
Krypto-Chat 82
Kunia Regional SIGINT Operations Center 71

Landeskriminalamt (LKA) 67
Landespressegesetz(e) 43
Laptop 33, 125
Leistungsverdichtung 214 f.
Leitmedien 195
Liberalisierung 189
Linie, redaktionelle 27, 202
Lobby 171
Lösungsstrategie 101, 176
Logik 90, 104

Machtmissbrauch 73, 222
Machtstruktur(en) 173
Machtsystem(e) 222
Machtverschiebung 208, 210
Magazin 32, 46, 50, 113, 146, 159, 160 ff., 164, 167, 215
Mailing-List 32, 46
Mainstream 29, 49
Mainstream-Medien 162
Manipulation 96 ff., 219
Manipulationstechnik(en) 96, 169
Massenmedien 14, 48, 96
Massenvernichtungswaffe(n) 50, 65, 120,
Masterfile 118
Mediapart 174
Medienhaus, -häuser 161, 213
Medienkampagne 94
Medienkonzern 203
Mediensystem 207, 215
Medienwirkungsforschung 148
Medium 19, 26, 116, 118, 144, 146, 156, 204
Mehrfach-Frage 127
Mehrwert 167, 192,
Meinungsäußerung 15, 212
Meinungsfreiheit 28
Meinungsklima 11, 97, 162, 171 f.
Meldung 30, 153, 170
Memo 16 ff., 72, 85, 87 f., 91 f., 118, 135, 144, 167,
Messenger 73 f., 82 f.
Metadaten 68 f., 75
Methode(n) 12 f., 36, 42, 72, 84, 105, 150, 201, 217
Microsoft 69, 114, 117, 211
Mikrofon(e) 72, 113
Milieu 201-204
Mindmap(ping) 56, 115,
Moskau 72, 90, 164
Motiv(e) 63, 153, 164, 175, 178, 180
Movie Magic Scheduling 33
Mythos 11, 20, 223

Nachdenkseiten 67
Nachfrage(n) 131 f., 135 f., 167, 199
Nachhaltigkeit 47
Nachrichtenagentur 46
Nachrichtendienst(e) 68, 73 f., 78, 210
Nachrichtenselektion 216
Nachrichtensendung(en) 29, 148
Narrativ(e) 14 f., 19, 149
Narzissmus 201
Nationalismus 15, 101,
National Endowment for Democracy (NED) 168
NATO 14, 28, 90
Neoliberalismus 36, 101 f., 140, 191, 193, 219
Neutralität 221 f.
Neutralitätsgebot 222
New Economy 50, 52
Newsletter 32, 83
News Corporation 86
News International 85
News of the World 85, 86
Newsweek 160
New York Times 159
New York Tribune 205
Nicht-Regierungsorganisation (NGO) 45, 57, 176, 207
Nicknumber 82
No-Go-Area(s) 196
Non-Profit-Organisation(en) 174
Nordmetall 45, 57
Nutzer-Strategie 177

Obduktionsbericht 64, 171 f.
Obrigkeit 10
Obrigkeitshörigkeit 28
Öffentlichkeitsarbeit 207, 213
Office Européen de Lutte Anti-Fraude (OLAF) 95
Omidyar Network 168
OneNote 117
One-Pager 115
Online-Dienst 46, 213
OpenPGP 76, 83
Open Society Foundations 168 f.
OwnCloud 81

Paltalk 211
Paper Tiger Television 174
Parallelmontage 155
Parlament(e) 44, 73, 85, 191 f.
Parteienkartell 162, 224
PDF-Creator 75
Pentagon 63, 169
Personalabbau 213
Personalisierung 147, 214
Philosophie 11, 104, 220
Plagiat(e) 164
Plattformbetreiber 199 f., 210 ff., 214 f.
Plot Point 149
Podcast 140
PolitiFact 159
Positivismus 11, 105 f., 223
Postdemokratie 189, 192 f., 217
Posteo 83
Postkapitalismus 168 f.
Präjudiz-Wirkung 56, 64, 203
Prekarisierung 214, 224
Pre-Producer 33
Pressefreiheit 189, 204 f.
Pressekonferenz 29
Presseorgan 100
Presserecht 205
Presserechtsrahmengesetz 205
Pressestelle 47
Pressevertreter(in) 44, 211
Pretty Good Privacy (PGP) 76
Primärquellen 41 f., 45
Print(medium) 116, 146, 156, 175, 181
Privacy Shield Abkommen 84
Privatisierung 94, 112, 140, 169, 190, 212
PRISM 72, 211
Producer 164

Productplacement 161
Produktionsdruck 161
Produktionsplan 19, 22
Produktionsmittel 15, 192, 210
Produktionsverhältnisse 189
Profitinteresse(n) 107
Profitlogik 189 f., 225
Profitrate 144
Propaganda 110, 142, 145, 163 f., 169, 189, 196
ProPublica 174
Provider 75, 77 f.
Prozess 99, 153, 158, 160, 164, 180, 189, 209, 211, 214, 216
Pseudonym 72
Public Relations (PR) 194, 204, 207, 215
Publikationsplan 176
Publikationsstrategie 171, 174, 177
Publikationsweg(e) 115, 164
Publizist 26, 49
Publizität 15

Quant 81,
Quelle(n) 6-18, 20, 37, 41-49, 55 f., 58 f., 60-68, 70 ff., 80, 87 ff., 91 ff., 108, 112-116, 118 f., 135, 142, 144 f., 164, 166 ff., 172, 174 f., 177 f., 180
Quellenangabe 18 f., 72, 118
Quellenmatrix 16 f., 59 f., 113, 116,
Quellenschutz 16 f., 66, 70 f., 80, 88 f., 92
Querfront 96, 196
Quote(n)v167, 181, 215,

Radio 19, 65, 126, 133, 175
Rahmenhandlung 154
Rammstein 123 f.
Rat für deutsche Rechtschreibung 22
Ratingagenturen 56 f.
Ratingsystem(e) 214
Rationalisierung 214
Realitätsprobe 13
Reaktion 16, 20, 144, 175, 176-181, 188, 210 f.
Recherche-Ansatz, -Ansätze 178, 181
Recherche-Aufwand 173
Recherche-Barriere(n) 20, 22, 204, 209, 211-214
Recherche-Dilemma 172
Recherche-Ergebnis(se) 22, 26, 109 f., 144-147, 149, 151-153, 160, 171, 173, 211
Recherche-Gespräch 126
Recherche-Hypothese 105, 107, 165,
Recherche-Impuls 16, 34-36, 67, 171
Recherche-Leistung 181
Recherche-Plan 16, 18, 72, 112-116, 118 f.
Rechercheprofil 70
Recherche-Protokoll(e) 16, 19, 119, 141, 144f, 153, 166
Recherche-Prozess(e) 158, 209
Recherche-Regel(n) 42
Rechercheschritte 87
Recherche-Verfahren 12
Rechercheweg 45, 59
Recherche-Werkzeug(e) 16, 188, 209
Recherche-Ziel(e) 115 f., 171 f.
Rechtsextremismus 191, 196
Rechtsstaat 205
Redaktionskonferenz 203
Redaktionsstatut 205
Refeudalisierung 194, 200
Reflex(e) 99, 179 f., 216
Referendum 94, 96, 99, 164
Reform 94, 98 f., 140, 144 f., 179, 194, 202, 205
Regionalzeitung(en) 213
Regisseur(in) 150
Regulation of Investigatory Powers Act 86
Reichweite(n) 64, 178, 181
Rekonstruktion 18
Rekrutierung 202 f.
Relevanz 35, 132, 151, 181

Rendite(n) 200
Reportage 19, 25, 115, 144, 146, 159 f. 173
Reporterglück 171
Repression(en) 190, 197
Ressentiment(s) 179 ff., 195
Ressort 49, 159 f., 173
Ressortchef 160
Ressortleiter 159 f.
Restauration 196
Revolution 11, 168, 193, 219
Rezipient(in) 149
Richtlinienkompetenz 101, 204
Rolle(n) 27, 36, 50, 59, 70, 87, 124 f., 128, 131, 135 f., 145, 154, 188, 192, 201, 203, 217, 220
Rudel-Journalismus 161
Rückblende 152, 154
Rundfunk 167, 188, 206 f.

Saarländischer Rundfunk 188
Sachverständige(r) 125
Schlagzeile 173
Schufa 44
Schweigekartell 217
Sekundärquellen 41 f., 45
Selbstzensur 171, 203, 218
Selektion 27, 203, 216
Service 45, 138, 172
Setting 26 f., 29, 126, 130, 153
Sezession 164 f.
Sicherheitsbehörde(n) 68, 74
SIGINT 72
Signal 25, 49 f., 71, 82, 196
Silicon Valley 168
SIM-Karte 70
Sinnlichkeit 179
Siri 69, 138
Skandal 63, 85, 86, 200
Skepsis 217
Sklaverei 11
Skype 33, 211
Slack 33
Smartphone 33, 67 f., 73, 77, 135
S/MIME 82
Social Media 87, 181
Solidarität 14, 198, 205, 225
Solid-State-Disk 75
Sozialcharakter 198, 200
Sozialkürzungen 190
Spannung 29, 90, 113, 129, 132, 135, 147, 151 f., 155, 220
Spekulation(en) 50, 102 ff., 190
Spex 127
Spin 17
Spin Doctor 65
Spionage 41, 68, 71, 72, 73
Spionagesoftware 68, 73
Sprachregelung 97, 165
Springer 100, 204
Staatstrojaner 74
Stellarwind 72
Stellungnahme 26
Stereotyp 27
Stichwortzettel 128
Stimmrecht 193
Stockholm-Syndrom 49
Störsignal-Erzeuger 71
Storyline 57, 151, 153
Storytelling 16, 19, 147, 158, 160, 181
Struktur 20, 30, 52, 83, 99, 115, 147, 149 f., 153, 155 f., 158, 160 f., 173, 193, 196, 204, 206, 214, 217, 222 f.
Strukturwandel 20, 193, 217
Subjekt 101, 112, 179, 210
Subjektivität 179, 216
Subkultur 30, 32
Suchmaschine 69, 81, 161, 213
Suggestiv-Frage 124
Synthese 16.

Tablet 67, 69
Täter 91 f., 105, 107, 118, 120, 152 f., 171, 176, 198
Tageszeitung(en) 164
Tarnidentität(en) 75

Tatort 172
taz 111
Telefon-Recherche 136
Telegram 33
Telepolis 67
Tempora 72
Tendenzschutz 204
Tenders Electronic Daily 45
Termin(e) 31, 33, 87
Terminmappe 31, 178, 181
Terminplan 19
The Independent 61
The Intercept 72
Themenangebot(e) 170f.
Themenfindung 29
Themen-Management 36
Themensetzung 27
Themenstruktur 27
Themensuche 29, 32, 34
Themenvorschlag 173
The Times 86
The Washington Post Fact Checker 159
Think-Tank(s) 195, 223
Threema 33, 82
Thunderbird 76, 82
Timeline 18, 57, 92, 118
To-do-list 144
Ton-Bild-Schere(n) 148
TOR-Browser 78f., 81
Torwächterfunktion 212
Tourismusverband 45
Tracking 79, 84, 209
Transformation 21, 189, 193, 196, 199f.
Transkript 138
Transparenz 175, 177
Treatment 50, 156f.
Trello 33, 158
Trinkt 33, 138
Trojaner 73f.
True Crypt 80
Trutzbox 79
Tweet 176
Tweetdeck 33
Twitter 34, 46, 76f., 81, 88, 169, 192, 212f.

Überraschung 34f., 49, 112
Überwachung 50, 74, 77, 190
Überwachungsapparat 168
Überwachungskapitalismus 200, 210
Überwachungsmaßnahme(n) 72, 211
Überwachungsprogramm 72, 211
Überwachungstechnologie(n) 211
Ukraine 14, 89f., 164
Umverteilung 193, 210, 215
Unabhängigkeitserklärung 10
Unmündigkeit 9
Unterhaltungswert 119, 162
Unternehmensverband 57
Untertan 10
Unterzeile 173
Ursache 9, 18, 36, 58, 61, 91f., 103f., 105, 107, 111f., 118, 127, 141, 144, 152f., 176, 179, 223
Urteilsbildung 148
Urteilskraft 104, 223
USA 40f., 49, 84, 101, 106, 111f., 114, 122f., 159, 168f., 174, 192f., 207, 209, 211
USB-Stick 33, 68, 80

Veränderungs-Impuls 178
Verband, Verbände 41, 56f., 59, 123, 128, 194f., 207, 213
Verbindungsdaten 68
Verbreiterhaftung 139
Verdi 41
Verdinglichung 216
Vereinsregister 43
Verfassung 192
Verfassungsbeschwerde(n) 73
Verhaltensterminkontraktmarkt, -märkte 210
Verlag 43, 199, 204f., 215

Verlagsbranche 213
Verleger 25, 27, 85 f., 87, 204 f.
Verleger-Privileg 204, 206
Verlässlichkeit 47, 64
Veröffentlichung 20 f., 40, 43, 47, 59, 63, 87, 139, 159, 163, 171, 174 f., 176 f., 178, 203, 218, 223 f.
Versammlungsfreiheit 28
Verschlüsselung 73, 76, 81
Verschlüsselungstechniken 17
Verschriftung 39, 138
Verschwörung 41
Verschwörungstheoretiker 107, 196, 218
Verschwörungstheorie 28, 34, 194, 217
Verständlichkeit 19, 181
Verwertungsbedingungen 193
Vimeo 33
Volkslenkung 196
Vollständigkeit 10, 34, 72, 83
Vorgespräch 126, 130, 135
Vor-Ort-Recherche 16, 19, 160
Vorurteil(e) 63, 96 f., 110, 160, 165, 179

Wahrheitsgehalt 169
Wahrheitskommission 169
Wahrheitsregime 195
Wall Street Journal 194
Washington Post 62, 159
Watchdog-Medien 174
Watergate 62
Website 44 ff., 87 f., 115, 146
Weimarer Republik 96, 219
Werbebotschaft 213
Werbebudget 213
Werbung 161, 208
W-Fragen 29 f., 91, 139, 152
Whatsapp 33
Widerstand 10, 12, 21, 190 f., 197
Widerstandsrecht 10
Wiedervorlage 31 ff., 181
Willensbildung 212
Wippschaukel-Effekt 97
Whistleblower 41 f., 45, 62, 67, 72
Wikileaks 39 f., 168
Wirkung 42, 50, 56, 104 f., 107, 112, 115, 127, 141 f., 150, 152 f., 175
Wirtschaft 21, 52, 73, 101, 110, 188, 190, 193, 203, 215
Wirtschaftsjournalismus 49
Wirtschaftsmagazin 50
Wirtschaftsmedien 49
Wirtschafts-Ressort 49
World-Trade-Center 190
Wortwahl 129, 138, 166

XKeyscore 72, 79

Yahoo 211
Yamdu 33
Yellow Dot(s) 71
YouTube 76 f., 211 ff.

Zeichensystem(e) 67
Zeitgeist 11 f.
Zeitleiste 18, 91
Zeitplan 177
Zeitungsverlag(e) 215
Zensur 169, 171, 189, 196, 202 f., 212, 217 f., 224
Zentralbank 50, 190
Zerstreuung 196
Zielgruppe(n) 19, 21, 30, 35, 61, 125 f., 129-139, 147, 151 f., 161, 174, 208, 212, 215
Zitat(e) 118, 128, 139, 164 ff.
Zivilcourage 198, 216, 220
Zoom 34
Zuschauerzahlen 178
Zweckpropaganda 17
Zwei-Quellen-Prinzip 17, 63 f., 172
Zwischentitel 139
Zwischenüberschrift(en) 138 f.
Zwooka 77

ISBN: 978-3-86489-157-1
304 Seiten
Auch als eBook erhältlich

Wer wissen will, worauf beim täglichen Medienkonsum zu achten ist, kommt an diesem Buch nicht vorbei

Die Macht der Medien wächst stetig, ihr Einfluss auf unser Leben ist erheblich. Sie prägen unseren Blick auf die Welt, können ihn verstellen oder befreien. Auf diese Weise leiten sie unser Handeln und so muss die Fähigkeit, diese Einflüsse zu durchschauen, in einer offenen Gesellschaft als zentrales Ziel gelten, damit jede und jeder in der Lage ist, sich eine fundierte eigene Meinung zu bilden und für sie einzutreten.
Die Bedeutung dieser Kompetenz wächst heute mindestens genauso rasant wie die Masse an Informationen, denen wir alle zu jeder Tag- und Nachtzeit ausgesetzt sind. Ob für den Laien oder die angehende Akademikerin: Sabine Schiffer legt nun ein Buch vor, das sowohl theoretische Grundlagen liefert als auch an etlichen Beispielen aufzeigt, wie Medienanalyse konkret aussieht. Endlich eine kritische Einführung, die nicht nur Gefahren und Möglichkeiten der Manipulation aufdeckt, sondern zugleich Werkzeuge an die Hand gibt, diese zu erkennen und ihnen zu begegnen!

»Sabine Schiffer hat mit diesem Titel ein Buch vorgelegt, an dem man nicht vorbeikommt. Nicht nur als Medienmensch. Vielleicht befördert es gar das Schulfach ›Medienbildung‹.«
Freitag Blog

»Ein Lehrbuch, nicht nur für die Schule: Sabine Schiffers ›Medien-Analyse‹ fördert die Fähigkeit, Informationen aus allen Medien gleichermaßen kritisch wahrzunehmen.«
Mainpost

ISBN: 978-3-86489-277-7
320 Seiten
Auch als eBook erhältlich

Um ein Nachwort von Rainer Mausfeld erweiterte Studienausgabe

Indoktrination statt Information

In den vergangenen Jahrzehnten wurde die Demokratie in einer beispiellosen Weise ausgehöhlt. Demokratie wurde durch die Illusion von Demokratie ersetzt, die freie öffentliche Debatte durch ein Meinungs- und Empörungsmanagement, das Leitideal des mündigen Bürgers durch das des politisch apathischen Konsumenten. Wahlen spielen mittlerweile für grundlegende politische Fragen praktisch keine Rolle mehr. Rainer Mausfeld deckt die Systematik dieser Indoktrination auf, zeigt dabei auch ihre historischen Konstanten und macht uns sensibel für die vielfältigen psychologischen Beeinflussungsmethoden.

ISBN: 978-3-86489-218-9
144 Seiten
Auch als eBook erhältlich

Die Gedanken sind frei!

Demokratie klingt schön. Tatsächlich wird sie täglich ausgehöhlt. Wir alle werden ständig bedrängt zu denken, was andere uns vorsagen. Die meisten politischen Entscheidungen werden unter dem Einfluss massiver Propaganda getroffen – von der Agenda 2010 bis zu den neuen Kriegen.

Dieses Buch hilft, sich aus dem Gestrüpp der Manipulationen zu befreien. Albrecht Müller beschreibt gängige Methoden der Manipulation sowie Fälle gelungener oder versuchter Meinungsmache und analysiert die dahintersteckenden Strategien. Es ist an der Zeit, skeptischer zu werden, nur noch wenig zu glauben und alles zu hinterfragen. Es ist Zeit, wieder selbst zu denken.